Arte Popular

The Rex May Collection of Mexican Folk Art

From the Permanent Collection of The Mexican Museum

Arte Popular

The Rex May Collection of Mexican Folk Art

From the Permanent Collection of The Mexican Museum

By ~ Por
The Mexican Museum

Edited by ~ Redactado por
Wendy Niles

Introduction by ~ Introducción de
David J. de la Torre

Essay by ~ Ensayo de
Marion Oettinger, Jr.

Photographs by ~ Fotografías de
Susan Burdick

CHRONICLE BOOKS
SAN FRANCISCO

Library of Congress Cataloging-in-Publication Data available.

Datos de catalogación de la publicación disponibles en la Biblioteca del Congreso.

ISBN: 978-1-4521-2591-6

Manufactured in China.

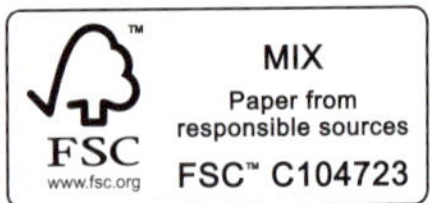

Spanish translation by Mercedes Guhl.

Design by Alejandro Quinto.

10 9 8 7 6 5 4 3 2 1

Chronicle Books LLC
680 Second Street
San Francisco, California 94107

www.chroniclebooks.com

Chronicle books and gifts are available at special quantity discounts to corporations, professional associations, literacy programs, and other organizations. For details and discount information, please contact our premiums department at corporatesales@chroniclebooks.com or at 1-800-759-0190.

Impreso en China.

Traducción al español por Mercedes Guhl.

Diseño por Alejandro Quinto.

Los libros y productos de Chronicle Books están disponibles a descuentos especiales por cantidad para corporaciones, asociaciones profesionales, programas de enseñanza de lectura y otras organizaciones. Para más detalles e información sobre dichos descuentos, póngase en contacto con nosotros escribiendo a nuestro departamento de primas a corporatesales@chroniclebooks.com o llamando al 1-800-759-0190.

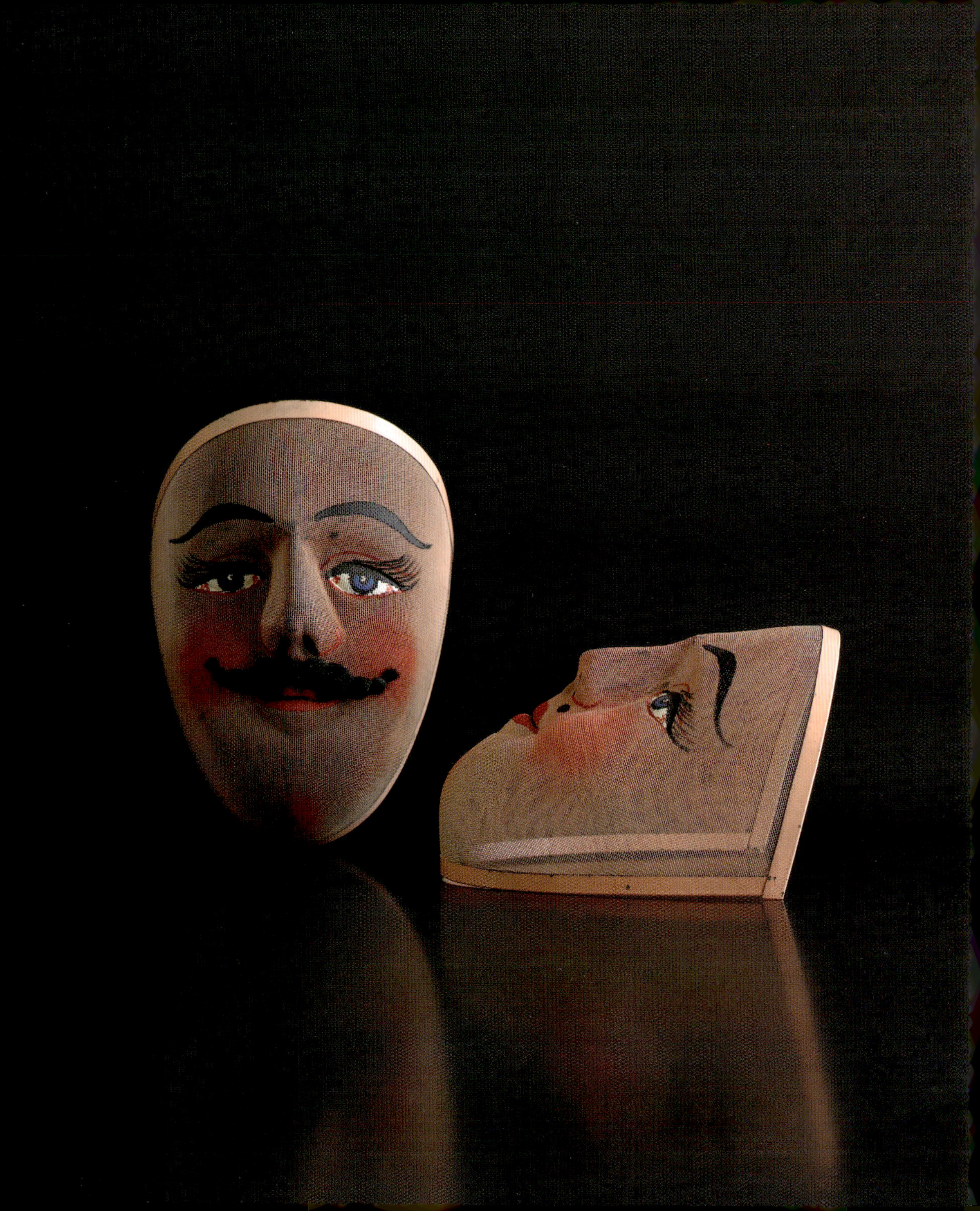

Introduction

Introducción

David J. de la Torre

Director, 1984–1989 + 2013–2015

The Mexican Museum

The Rex May Collection represents the largest group of objects that The Mexican Museum has received in its forty-year history, consisting of 1,400 objects from all over the world, primarily from México and Latin America.

My first introduction to Rex May and his work occurred in the 1980s when colleagues and friends encouraged me to visit the Christmas Store on Sacramento Street in San Francisco's Pacific Heights. I remember peering through the windows of the Victorian storefront and immediately being taken with the colorful, shimmering holiday ornaments from around the world. In the years that followed I became a regular customer, and little did I know that Rex May, the Christmas Store's founder, and his legacy would become a significant part of my work with The Mexican Museum.

Rex May was born in San Antonio, Texas, and raised by middle-class parents, his father a local sheriff and his mother a practicing nurse. During the artist's formative years, he regularly visited his grandmother in nearby Gonzales, and he made and sold ceramic tiles in front of the historic old Alamo. Growing up in the Southwest during the 1940s, May was most assuredly influenced by the Mexican culture as his creativity and entrepreneurial skills started to unfold.

In the late 1940s while attending the Art Students League in New York City, Rex May started a successful card-making business to support himself. In the 1950s, he moved to San Francisco, where his career continued to gain traction. San Francisco provided an extraordinary opportunity for May to engage in a multiethnic environment that would further develop his keen eye and aesthetic sensibilities.

In 1954–55 Rex May and his partner, Chuck Little, set up a silkscreen studio at 3067 Sacramento Street and continued the card-making business. Inspired by trips to China and Sri Lanka, May also began to make ornaments and decorative goods while freelancing for wholesale design companies. During this time he bought a house in Fairfax to pursue an interest in painting. Dora Bothwell, a professor he met at the San Francisco Art Institute, encouraged the artist to engage in experimental work and "slinging paint on the wall." During this period, the artist also bought a large Victorian house on Page Street in San Francisco, where he amassed his Mexican and Latin American folk art collections from his continuing travels.

Also in 1954, Rex May entered a competition to design a sign for the 49-Mile Scenic Drive, a road tour that highlights the man-made and natural landmarks of San Francisco. His iconic rendering of a seagull in profile took first place in the competition and is to this day posted on roadways throughout the region. The award commission provided widespread recognition for May as an emerging graphic designer.

While Rex May's business enterprises thrived, his personal interests as a collector of Mexican and Latin American art matured. During the 1960s he made his first trips to México. He became so enamored with the culture and people of México that he traveled to Taxco, Guerrero, in 1963 for an extended stay.

La Colección Rex May representa el conjunto más numeroso de objetos que el Mexican Museum ha recibido en sus cuarenta años de historia. Está compuesto por mil cuatrocientas piezas procedentes de todas partes del mundo, pero en especial de México y América Latina.

Mi primer acercamiento a Rex May y su labor se dio en los años ochenta, cuando varios colegas y amigos insistieron en que debía visitar la tienda "Christmas Store" de Sacramento Street, en la zona de Pacific Heights en San Francisco. Recuerdo mirar al interior por las ventanas de la fachada de estilo victoriano y quedar fascinado por los adornos coloridos y rutilantes, procedentes de todo el mundo, para decorar la Navidad. En los años que siguieron, me convertí en un cliente habitual, y jamás pensé que Rex May, el fundador de esta tienda, y su legado se convertirían en parte significativa de mi trabajo con The Mexican Museum (El Museo Mexicano).

Rex May nació en San Antonio, Texas, y creció en un hogar de clase media. Su padre era agente de la policía, y su madre, enfermera titulada. Durante sus años de formación como artista, visitaba periódicamente a su abuela en Gonzales, una población vecina, y allí fabricaba azulejos de cerámica que vendía frente al sitio histórico de El Álamo. Al crecer en el suroeste de los Estados Unidos durante la década de los años cuarenta, es muy probable que May recibiera la influencia de la cultura mexicana en el momento en que su creatividad y sus habilidades empresariales empezaban a desplegarse.

A finales de los años cuarenta, mientras estudiaba en la Art Students League (Liga de Estudiantes de Arte) en la ciudad de Nueva York, estableció una exitosa imprenta de tarjetas para poderse mantener. En los años cincuenta, se trasladó a San Francisco, donde su carrera continuó en ascenso. Esta ciudad le ofreció a May la extraordinaria oportunidad de tomar parte en un entorno multiétnico, que contribuiría a desarrollar su perspectiva y su sensibilidad estética.

Entre 1954 y 1955, Rex May y su compañero, Chuck Little, abrieron un estudio de serigrafía en el número 3067 de Sacramento Street y mantuvieron además la imprenta de tarjetas. May también empezó a fabricar adornos y objetos decorativos, inspirado por sus viajes a China y Sri Lanka, mientras trabajaba como *freelance* para grandes compañías de diseño. En esta época compró una casa en Fairfax, para dar rienda suelta a su interés por la pintura. Dora Bothwell, una profesora que había conocido en el San Francisco Art Institute (Instituto de Arte de San Francisco), lo animó a probar el terreno experimental y a decidirse a "arrojar pintura en la pared". Durante este período, el artista también compró una casa grande de estilo victoriano en Page Street en San Francisco, y allí dispuso sus colecciones de arte popular mexicano y latinoamericano, que iría acumulando en sus continuos viajes.

También en 1954, participó en un concurso para diseñar una señal para la "Ruta panorámica de 49 millas", un circuito de vías y carreteras que permite visitar las maravillas tanto naturales como artificiales de San Francisco. Su diseño icónico con una gaviota de perfil se llevó el primer lugar del

May continued to travel the world for the next twenty years gathering art objects. He installed pieces from his growing collection at the Page Street Victorian, which was often referred to as a "museum," the treasures filling every room and wall. To the delight of family and friends, he also created meticulously designed dioramas—an assortment of miniature objects arranged in theatrical and everyday themes, staged and dramatically lit.

In 1980, Rex May and Chuck Little decided to turn their silkscreen studio on Sacramento Street into a kind of "pop-up shop," where they displayed and sold ornaments collected from their world travels. May also advertised for local artists to make ornaments for the shop, which was dubbed the Christmas Store and was open for six weeks during the holiday season. The concept was to hang up anything that could be strung, with sales tags as detailed as museum labels.

In its first year of operation the Christmas Store generated more income in six weeks than from the card-printing business for the whole year. May and Little decided to close the print shop, and for the next six years they focused their energies on the Christmas Store, continuing to open the shop for the holiday season and gather inventory throughout the remainder of the year.

In 1986, both men retired, and the Christmas Store was closed for good. Then, in 1993, Rex May's extraordinary life was cut short by the AIDS epidemic, as with too many talented, creative individuals of the time and place. Charles Little continues to live in the Sacramento Street house, upstairs from the former shop, and to preserve his lifelong partner's memory.

In 2002, the bulk of the Rex May Collection of Mexican and Latin American art was bequeathed to The Mexican Museum. The Oakland Museum of California also shared in this gift and became the repository of the artist's archives and the wonderfully creative and elaborate dioramas of everyday life that May created for his Page Street house.

The Rex May Collection represents the largest group of objects that The Mexican Museum has received in its forty-year history, consisting of 1,400 objects from all over the world, primarily from México and Latin America. Artifacts in the collection span 300 years of history from the 1800s on, and they represent a wide range of folk art expressions as well as superb examples of decorative and fine art traditions. Comprised of utilitarian and ritual objects made of a multitude of materials and mediums such as ceramics, stone, papier-mâché, straw, tin, wax, wood, glass, lacquer ware, and textiles, the Rex May folk art collection is one of the most important educational and historical resources cared for by The Mexican Museum.

The Mexican Museum is deeply indebted to Rex May's close friend, business partner, and executor of his estate, Charles Little, for his commitment to finding an appropriate home for the Collection and for generous donations from the Rex May Charitable Trust to support the exhibition, care, and preservation of this important material.

We are also grateful to Dr. Marion Oettinger, Jr., longtime collaborator and supporter of The Mexican Museum, who first viewed and surveyed the Collection in 1995. Dr. Oettinger's insightful essay, included in this book, provides formal and functional interpretations of the Collection for this volume.

concurso, y hasta la actualidad se utiliza en diversas vías en toda la zona. El premio implicó un amplio reconocimiento para May como diseñador gráfico en ciernes.

Mientras que los negocios de Rex May prosperaban, su interés personal como coleccionista de arte mexicano y latinoamericano fue madurando. Durante los años sesenta llevó a cabo sus primeros viajes a México. Se enamoró a tal punto de la cultura y la gente del país que, en 1963, viajó a Taxco, Guerrero, por una temporada prolongada.

May siguió viajando por el mundo en los siguientes veinte años, reuniendo objetos de arte. Instaló varias piezas de su colección siempre en aumento en la casa de Page Street, a la cual se le conocía como "el museo", ya que los tesoros poblaban cada habitación y cada pared. Para deleite de su familia y amigos también creaba dioramas meticulosamente planeados: todo un surtido de objetos en miniatura, dispuestos en forma espectacular alrededor de temas cotidianos, que montaba e iluminaba para crear una ilusión teatral.

En 1980, Rex May y Chuck Little decidieron convertir su estudio de serigrafía de Sacramento Street en una especie de tienda de temporada, en donde exhibían y vendían los adornos que habían adquirido en sus viajes por el mundo. May también invitó a los artistas locales a hacer adornos para la tienda, que se denominó "Christmas Store", la tienda de Navidad, y que abría únicamente durante un periodo de seis semanas alrededor de la Navidad. El concepto consistía en colgar cualquier cosa que pudiera colgarse, para exhibirla, y que las etiquetas de venta fueran tan detalladas como cédulas de museo.

Durante su primer año de operaciones, la tienda "Christmas Store" generó más ingresos en seis semanas de funcionamiento que la imprenta de tarjetas en todo un año. May y Little decidieron cerrar la imprenta y, en los siguientes seis años, concentraron sus energías en la tienda de Navidad, que abrían en la temporada decembrina únicamente, y durante el resto del año se dedicaban a reunir inventario.

En 1986, los dos se retiraron, y cerraron su "Christmas Store". Más adelante, en 1993, la maravillosa vida de Rex May quedó truncada por la epidemia de sida, al igual que sucedió con tantos individuos creativos y talentosos de esa época y ese lugar. Charles Little vive aún en la casa de Sacramento Street, encima de donde antes quedaba la tienda, y mantiene su esfuerzo por preservar la memoria de su compañero de toda la vida.

En 2002, la mayoría de la colección de arte mexicano y latinoamericano de Rex May fue legado a The Mexican Museum. El Oakland Museum (Museo de Oakland) de California también fue partícipe de este legado, y se convirtió en el depositario de los archivos del artista y de los dioramas de la vida cotidiana, tan elaborados y maravillosamente creativos, que May había creado para su casa de Page Street.

La colección Rex May representa el conjunto más numeroso de objetos que The Mexican Museum ha recibido en sus cuarenta años de historia. Está compuesto por mil cuatrocientas piezas procedentes de todas partes del mundo, pero en especial de México y América Latina. Los artefactos de esta colección cubren cerca de trescientos años de historia, desde comienzos del siglo XIX, y representan una amplia gama de expresiones de arte

For their contributions to the stewardship of the Rex May Collection, we thank Susan Burdick, Bea Carrillo, Carmen Lomas Garza, Lorraine García-Nakata, Andrea Jepson, Karen Iuppa, Susana Macarrón, Wendy Niles, Linda Waterfield, and Nora Wagner.

Lastly, I wish to thank Chronicle Books, particularly Jack Jensen and Bridget Watson Payne, for making the museum's collections more accessible to wider audiences through high-quality publications like this one.

Rex May's legacy and love for México and its people remains alive today due to the kindness and generosity of the artist and the many individuals who continue to share his deep appreciation of folk art as an essential expression of the human experience. We invite you to enjoy this book and to participate with us in celebrating and preserving these traditions so that they may continue to inspire and delight future generations.

David J. de la Torre

Director (1984–1989, 2013–2015),
The Mexican Museum

popular, así como magníficos ejemplos de la tradición de artes decorativas y bellas artes. Las piezas son objetos utilitarios y de rituales fabricados con medios y materiales tan variados como cerámica, piedra, papel maché, paja, hojalata, cera, madera, vidrio, laca y textiles, y hacen de la colección Rex May uno de los recursos educativos e históricos más importantes a cargo de The Mexican Museum.

The Mexican Museum tiene una deuda de gratitud con Charles Little, amigo personal, socio empresarial y albacea de la herencia de Rex May, por su dedicación y esfuerzos por encontrar un lugar adecuado para alojar la colección, y por las generosas donaciones del fondo Rex May Charitable Trust para el mantenimiento de la exposición, y el cuidado y preservación de este legado tan importante.

También queremos expresar nuestra gratitud con el doctor Marion Oettinger, Jr., quien ha sido colaborador y apoyo de The Mexican Museum desde tiempo atrás, y que vio y examinó la colección por primera vez en 1995. Su agudo ensayo, incluido en este libro, ofrece interpretaciones formales y funcionales para las piezas de la colección, recogida en este volumen.

Por su contribución a la administración y gestión de la colección Rex May, queremos agradecer a Susan Burdick, Bea Carrillo, Carmen Lomas Garza, Lorraine García-Nakata, Andrea Jepson, Karen Iuppa, Susana Macarrón, Wendy Niles, Linda Waterfield y Nora Wagner.

Por último, quisiera agradecer a Chronicle Books, en especial a Jack Jensen y Bridget Watson Payne, por poner las colecciones del museo al alcance de un público más amplio a través de publicaciones de gran calidad, como esta.

El legado de Rex May, y su amor por México y su gente, permanecen vivos hoy en día gracias a la gentileza y generosidad del artista y de los muchos individuos que con él comparten el profundo aprecio por las artes populares como expresión esencial de la experiencia humana. Invitamos a los lectores a disfrutar de este libro y a participar con nosotros en celebrar y preservar estas tradiciones, para que sigan siendo inspiración y deleite de generaciones futuras.

David J. de la Torre

Director (1984–1989, 2013–2015),
The Mexican Museum

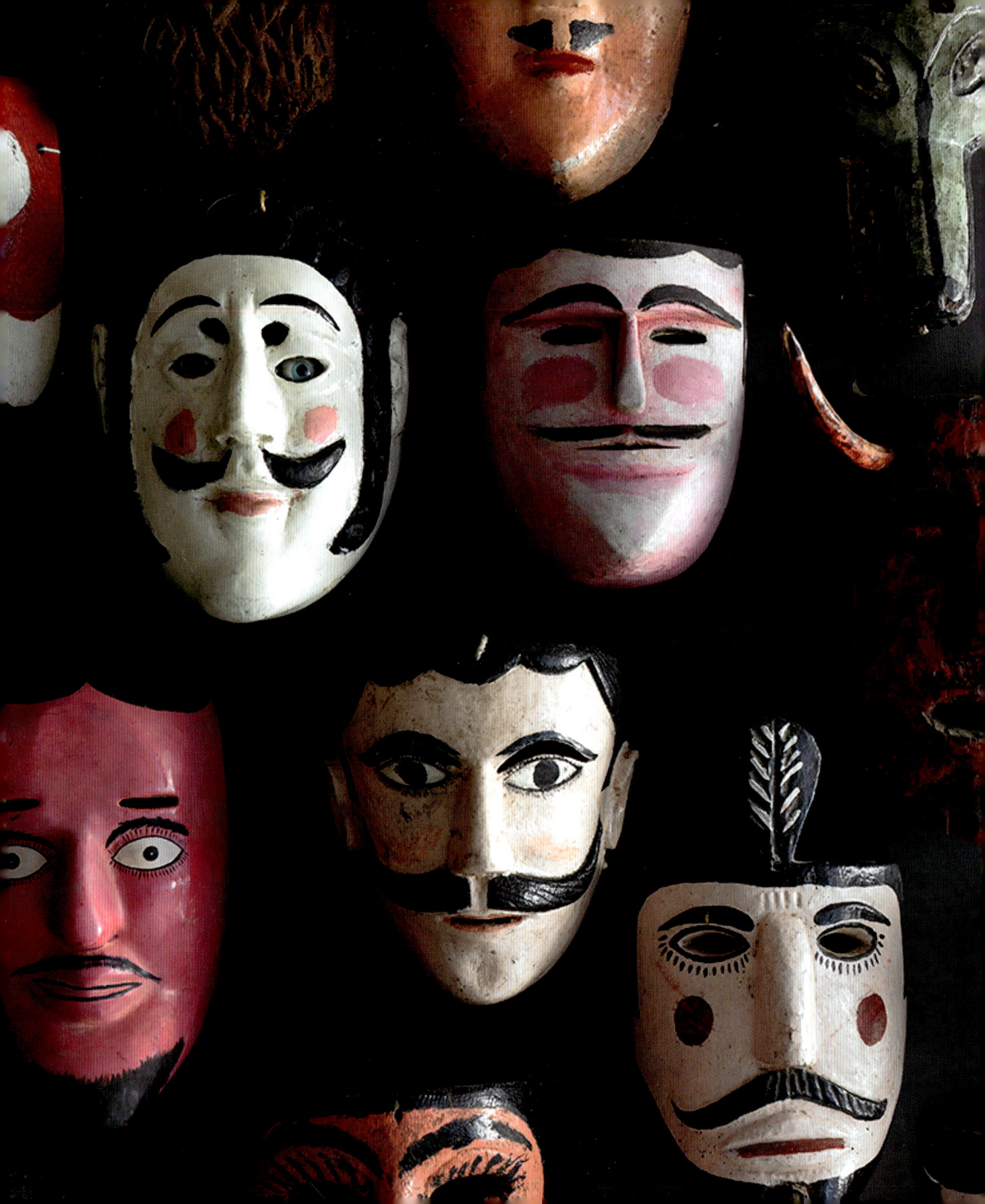

The Rex May Collection: A Visual Feast

La colección Rex May: Un banquete para los ojos

Marion Oettinger, Jr., PhD

Curator of Latin American Art ~ Curador de arte de América Latina

San Antonio Museum of Art

God gave to every man a handful of clay,
and from that clay he made his life.

Proverb from the creation stories of the native peoples of California

Rex May was born with an insatiable curiosity to explore the world around him and an enormous talent for sharing the fruits of his curiosity in ways that amuse, delight, and educate.

I first learned of the Rex May Collection from colleagues and friends of May who had assumed the great responsibility of shepherding it to a final home in the years following his death. I had heard of its enormity, its international origins, and its unusually high quality, but nothing could have prepared me for what I found upon entering the May home on the edge of the Fillmore District in San Francisco in 1995. I discovered each room of his ample nineteenth-century Victorian house filled with objects from all over the world, bombarding my senses with hundreds of dimensions, textures, and hues—breathtaking at first, then intoxicating, and finally delightfully nourishing. But the remarkable thing about his home was that it was by no means a mere storehouse for objects left over from travels and commercial ventures, but a brilliantly crafted environment, carefully composed of inviting textures, rich colors, and unusual shapes. Rex May's home, I came to realize, was located at the very confluence of his life as a painter, actor, graphic designer, folk artist, set designer, and collector.

All works of art, whether folk or fine, have two basic components: the formal and the functional. The formal messages of Rex May's collection are often obvious, and frequently, we can recognize how he personally responded to an object's beauty and form. We know less, however, about what his collection meant to him in terms of deeper, functional terms. We can only speculate on the meaning he may have ascribed to his favorites pieces and the emotions they may have evoked when he first encountered them in a folk artist's workshop or in a dusty faraway market. Some purchases might have been practically inspired, perhaps to complete a set or to round off a mini-collection of animals, for example. Others might have simply impressed him at a gut level, awakening old loves, fears, and other feelings from the past. Folklorist Henry Glassie uses the nativity to illustrate the evocative qualities of folk art:

> *Brought out at Christmas, unwrapped, it beckons a rush of memory: the scent of pine, the slick feel of ribbon, visions of old smiles, the flickering gloom of Midnight Mass. Little shepherds and angels invite children to play. Artful small statues carry the adult mind into history: the personal history of Christmases past, the larger history of styles of creation, the deep history of religious belief.*[1]

One thing we do know for certain: May was passionately involved with his collection and its arrangement, and he was seriously committed to its continuing evolution and eventual disposition in a final home for others to see and appreciate.

Dios le dio a cada hombre un puñado de barro,
y con este barro cada uno hizo su vida.

Proverbio tomado de las historias de creación de los pueblos indígenas de California

Rex May tenía una insaciable curiosidad de explorar el mundo a su alrededor y un enorme talento para compartir los frutos de su curiosidad de maneras divertidas, deleitables y educativas.

Me enteré de la existencia de la colección Rex May a través de colegas y amigos de May que habían asumido la tremenda responsabilidad de encontrarle un hogar a esta en los años que siguieron a su muerte. Había oído hablar de su enormidad, de sus orígenes internacionales, de su calidad casi incomparable, pero nada podía haberme preparado para lo que encontré al entrar a la casa de May en los límites del distrito de Fillmore en San Francisco, en 1995. Descubrí que cada habitación de esa amplia casa de estilo victoriano, del siglo XIX, estaba llena de objetos de todas partes del mundo, que bombardeaban mis sentidos con cientos de diferentes dimensiones, texturas y colores, que en principio me quitaron el aliento, luego me embriagaron y al final me acogieron deliciosamente. Pero lo notable de su casa era que no era una simple bodega para almacenar los remanentes de sus viajes y aventuras comerciales, sino un entorno planeado con total deliberación, cuidadosamente compuesto de texturas invitadoras, colores llamativos y formas fuera de lo común. Vine a darme cuenta de que la casa de Rex May estaba en el punto de confluencia de los varios terrenos de su vida: entre pintor, actor, diseñador gráfico, artesano, escenógrafo y coleccionista.

Toda obra de arte, sea de bellas artes o popular, tiene dos componentes básicos: el formal y el funcional. Los mensajes formales de la colección Rex May resultan a menudo obvios, y podemos reconocerlos casi siempre en la manera en la que él respondió a la belleza y a la forma de una pieza. Sin embargo, sabemos menos de lo que su colección implicaba para él en términos de su función, un aspecto más profundo que la forma. No podemos ir más allá de las especulaciones alrededor del significado que le pueda haber concedido a sus piezas favoritas y de las emociones que éstas puedan haberle evocado cuando las vio por primera vez en el taller de un artesano o en un polvoriento mercado remoto. Algunas de sus adquisiciones pueden haber obedecido a la inspiración práctica, quizás para completar un conjunto de objetos o una minicolección de animales, por ejemplo. Otras, puede ser que lo hubieran impresionado hasta la médula, al traer a la superficie antiguos amores, temores y otros sentimientos del pasado. El folclorista Henry Glassie utiliza el conjunto del nacimiento navideño para ilustrar las cualidades evocadoras de las artes populares:

> *Al sacarse para Navidad, desenvuelto, despierta un torrente de recuerdos: el aroma del pino, la sensación sedosa de las cintas, visiones de sonrisas pasadas, la penumbra titilante de la misa de gallo. Pastorcillos y angelitos invitan a los niños a jugar. Pequeñas estatuas de cuidada elaboración conducen la mente adulta hacia la historia: la historia personal de*

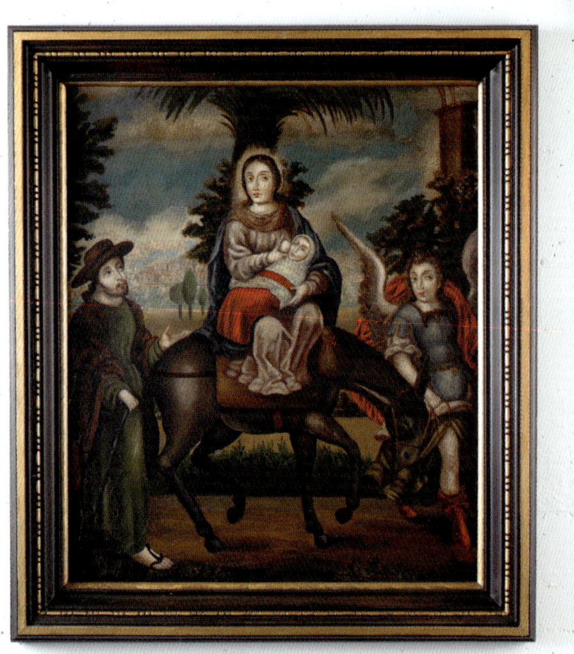

Flight into Egypt, oil on canvas, ca. 18th–19th century.
La huida a Egipto, óleo sobre lienzo, alrededor de los siglos XVIII o XIX.

The Nature of the Collection

The May Collection is comprised of over 1,400 objects from all over the world; most items, however, are from Latin America, mainly México. Perhaps this preference for things Mexican derives from May's boyhood in San Antonio, Texas, and his frequent visits to his grandmother's home in nearby Gonzales, both communities deeply rooted in Mexican culture. His tastes may have also been formed by the knowledge that folk art and craft were still alive and well in México, and that they were available in infinite variety, for very little money. During the 1960s May began traveling to México to buy for the Christmas Store he would eventually found in San Francisco in the 1980s. He fell in love with México and its people, the Mexican aesthetic, and especially the direct honesty of its folk art. He visited Mexico City, Puebla, Guanajuato, Oaxaca, and other parts of México. In 1963, he moved to Taxco, Guerrero, where he rented a small house and spent six months sketching scenes of the town and visiting local markets. As a bonus, he would have met local and foreign artists living there who were also collectors, such as William Spratling. Rex May's home clearly reflected his deep appreciation for México and the genius of Mexican folk artists.

Most of the objects in the collection were made during the second half of the twentieth century,

Navidades anteriores, la historia más general de los estilos de creación, la historia más profunda de las creencias religiosas.[1]

Hay algo que sí sabemos con certeza: May estaba apasionadamente involucrado con su colección y con la manera de exhibirla, y estaba comprometido a fondo en continuar con su evolución y posible donación a un lugar definitivo en donde otros pudieran verla y apreciarla.

La naturaleza de la colección

La colección Rex May está comprendida por más de mil cuatrocientos objetos de todas partes del mundo; la mayoría de ellos procede de América Latina, principalmente de México. Tal vez su preferencia por piezas mexicanas se derive de su niñez en San Antonio, Texas, y sus frecuentes visitas a la casa de su abuela en Gonzales, una población vecina, pues ambas comunidades tienen profundas raíces en la cultura mexicana. Sus gustos pueden haberse formado a partir del conocimiento de que el arte popular y la artesanía se mantenían vivos y vitales en México, y que estaban disponibles en una variedad infinita, a cambio de muy poco dinero. Durante los años sesenta, May empezó a viajar a México para hacer compras para la tienda de adornos, su "Christmas Store", que abriría más tarde en San Francisco, en los años ochenta. Se enamoró de México y de su gente, de la estética mexicana y, especialmente, de la sinceridad sin ambages de su artesanía. Visitó la Ciudad de México, Puebla, Guanajuato, Oaxaca y otras partes del país. En 1963 se fue a vivir a Taxco, Guerrero, donde rentó una casita y pasó seis meses haciendo bocetos de escenas pueblerinas y visitando mercados locales. Además, es probable que conociera a artistas locales y extranjeros que vivían allí y que también eran coleccionistas, como William Spratling. La casa de Rex May reflejaba claramente su profundo aprecio por México y por el genio de los artesanos mexicanos.

La mayor parte de los objetos de la colección fueron fabricados durante la segunda mitad del siglo XX, aunque hay algunos objetos y cuadros anteriores. Una de las piezas más antiguas que forman parte de ella es un óleo del siglo XVIII, *La huida a Egipto* (de la sagrada familia), pintado probablemente en el Perú. Sospecho que May aprovechó sus incursiones periódicas en México, Guatemala y demás para comprar artesanías que le permitieran conocer a los artesanos y aprender de ellos, y esto puede haber determinado su preferencia por formas contemporáneas de arte popular.

Muchos coleccionistas tienen un sesgo hacia determinados materiales. Sin embargo, Rex May no parece haber tenido limitación alguna en sus gustos; en lugar de eso, respetaba todos los medios, y su colección contiene objetos de piedra, madera, hojalata, papel maché, paja, cera, y otros materiales. La colección Rex May comprende pintura en vidrio por el revés, muñecos de trapo y títeres, vasijas de barro, azulejos, figuras, juguetes de plástico, y muchas otras cosas que representan la capacidad del artista para aprovechar los materiales locales. A menudo aparecen combinados, desafiando a veces las reglas acostumbradas del diseño y la artesanía común.

La función

Hay muchas estrategias que podrían usarse para organizar la colección Rex May. Los objetos podrían ordenarse por época, material, procedencia, nombre del artista, tamaño, u otras tantas categorías. Sin embargo, esta colección se presta mejor para ser

although there are some objects and paintings from earlier dates. One of the oldest pieces in the collection is an eighteenth-century oil-on-canvas painting, *Flight into Egypt* (of the Holy Family), probably made in Perú. I suspect that May used periodic forays into México, Guatemala, and elsewhere to buy folk art that allowed him to meet and learn from the artists themselves, and this may have shaped his preference for contemporary folk forms.

Many collectors demonstrate biases for particular materials. Rex May, however, seems not to have limited his tastes; instead, he respected all media, and his collection contains objects made of stone, wood, tin, papier-mâché, straw, wax, and other materials. The May Collection is comprised of reverse paintings on glass, fabric dolls and puppets, earthenware vessels, tiles, figures, plastic toys, and many other things that represent the artist's ability to appreciate local materials. Often, they appear in combination, sometimes defying the standard rules of ordinary design and craft.

Function

There are many strategies one could use to organize the May Collection. Objects could be arranged by age, material, place of origin, name of artist, size, or various other categories. However, this collection best lends itself to grouping by function, since folk art is best understood through consideration of the context in which objects are made and used. Four basic functions readily come to mind: *utilitarian*—objects made primarily for day-to-day use with specific duties in mind; *ceremonial*—pieces used only within a particular religious context; *recreational*—objects associated with play, fantasy, and entertainment; and *decorative*—pieces created primarily for aesthetic reasons.[2]

Utilitarian

Although the number of purely utilitarian objects in the collection is relatively small, handmade household furniture, ceramic vessels of every shape and size, handwoven rugs, and hand-painted trunks from México and elsewhere were scattered throughout his house. Usually, their shapes had been determined by their functions. Most of these utilitarian objects were decorated with motifs traditional to the regions of their manufacture. As one might expect, the kitchen contained many utilitarian objects. There were handblown glass containers for cereals and sugar, glass drinking vessels, and plain but elegant platters and serving dishes from central México. From the same part of México was a collection of about six or eight tin or wooden *molinillos*, or chocolate beaters. When made of wood, these complex utensils were usually lathe turned and were present in every traditional kitchen in México.

The collection includes a selection of relatively rare and handsomely made ceramic containers. Several are impressive pitchers from an old indigenous neighborhood in the city of Puebla—Barrio de la Luz. They were used to serve *pulque*, a slightly alcoholic drink made from the maguey plant and consumed in great quantities since pre-Columbian times. Barrio de la Luz ceramics are still known for their shiny brown glazes and their richly decorated surfaces. Some were portrait jars with special inscriptions, dedicating the object to an individual on his or her birthday or other important occasions. One special pitcher in the collection from Barrio de la Luz is richly embellished with whimsical floral designs with a sculpted seated figure perched just below its pouring spout. The Collection contains

clasificada por su función, ya que la artesanía y las artes populares se entienden mejor cuando se tiene en cuenta el contexto en el cual se fabricaron los objetos y el uso que se les da. Rápidamente cruzan por la mente cuatro funciones básicas: la función utilitaria (objetos fabricados sobre todo para uso cotidiano, con un fin específico); la ceremonial (piezas utilizadas solo dentro de un contexto religioso en particular); la recreacional (objetos asociados con juegos, fantasía y diversión); y la decorativa (piezas creadas más que nada por razones estéticas).[2]

La función utilitaria

A pesar de que el número de objetos puramente utilitarios en la colección es pequeño, por toda la casa podían encontrarse dispersos muebles de factura casera, vasijas cerámicas de formas y tamaños variados, tapetes tejidos a mano, y baúles pintados a mano de México y otros lugares. Casi siempre, la forma de estas piezas está determinada por sus funciones. La mayoría de estos objetos utilitarios están decorados con motivos tradicionales de su región de origen. Como sería de esperar, la cocina contenía muchos objetos de este tipo. Había recipientes de vidrio soplado para guardar cereales y azúcar, vasos y otras vasijas de vidrio para beber, y platos y bandejas del centro de México, elegantes en su sencillez. De la misma zona, había una colección de seis u ocho molinillos de madera o de hojalata, para batir el chocolate. Los de madera casi siempre se tallaban en torno y estaban presentes en todas las cocinas típicas de México.

La colección incluye una selección poco común y muy bella de recipientes de cerámica. Varios de ellos son impresionantes jarras de Barrio de La Luz, un antiguo barrio de indios en la ciudad de Puebla. Se utilizaban para servir pulque, una bebida levemente alcohólica que se fabrica con la planta de maguey y que se consume en grandes cantidades desde tiempos prehispánicos. Las cerámicas de Barrio de La Luz aún se reconocen por su brillante vidriado de color café y sus superficies ricamente decoradas. Otros de los recipientes son jarros con retratos e inscripciones especiales, como dedicatoria de ese objeto a una persona en su cumpleaños u otra ocasión importante. Entre las jarras de Barrio de La Luz hay una especial en la colección, profusamente decorada con un caprichoso diseño floral, y con una figura sentada justo debajo del pico de la jarra. La colección reúne varias docenas de candeleros, algunos de hojalata, otros de barro y otros de cerámica vidriada. Entre los más importantes de este tipo hay un par de candeleros de cerámica color crema con dibujos en negro procedente de la población tarasca de Tzintzuntzan, en Michoacán. Están decorados con aves y animales artísticamente llamativos. La colección también incluye un increíble tibor negro sobre crema del mismo lugar, con el retrato de un hombre audazmente plasmado en un lado. Aunque este tipo de piezas son poco comunes, una casi idéntica aparece en el libro *The Folk Art of Latin America: Visiones del Pueblo*, publicado por el Museum of American Folk Art (Museo de Arte Popular de los Estados Unidos) en 1992.[3]

Entre los objetos utilitarios más notables de la colección se encuentra un bello surtido de cerámica mexicana tipo mayólica, principalmente de las ciudades de Puebla y Guanajuato. En el anexo de la cocina se halló una vajilla completa de esta cerámica, conocida como Talavera poblana, decorada en azul y blanco. La vajilla, obra de la familia Uriarte, una famosa familia española de alfareros que emigraron a Puebla a comienzos del siglo XIX,

several dozen sets of candlesticks—some made of tin, others of plain earthenware, and still others of richly glazed earthenware. Among the most important of these is a pair of black-on-cream earthenware candlesticks from the Tarascan town of Tzintzuntzan, Michoacán. They are decorated with birds and animals and are artistically impressive. The collection also includes an outstanding black-on-cream lidded jar from the same place, with the portrait of a man boldly applied to the side. Although relatively rare, a nearly identical jar has been published in *The Folk Art of Latin America: Visiones del Pueblo*, published by the Museum of American Folk Art in 1992.[3]

Among the most notable utilitarian objects in the collection is a fine assortment of Mexican majolica-style pottery, mainly from the cities of Puebla and Guanajuato. A complete set of blue-and-white majolica from Puebla, known as *Talavera poblana*, was located in the pantry, just off the kitchen. Made by the Uriarte family, a famous family of Spanish potters who immigrated to Puebla in the early nineteenth century, this set is remarkable for its quality and breadth. Other miscellaneous Uriarte pieces, not part of this set, also form part of the utilitarian section of the collection.

Ceremonial

The ceremonial section of the collection is small but is varied and of high quality. Objects associated with Day of the Dead in México; nativity sets from various countries; statues of Catholic saints; images of the Virgin Mary from México, Portugal, and Guatemala; tin house crosses from Perú and Bolivia; and other ceremonial objects were sensitively displayed in several rooms. May also built a small collection of votive objects, including silver *milagros* and painted ex-votos expressing thanks for the miracles received. These unpretentious objects are rooted in the folk traditions of Spain but have found special expression throughout Latin America.

Rex May assembled an excellent collection of dance masks from México and Guatemala, and most of them were on display in the living room. Masks in Latin America can be traced back to pre-Columbian times, when they were used by shamans in rites of transformation or by priests to represent the gods they served. Although outlawed by the Spanish during the early part of colonial era because of their association with non-Christian beliefs, masks such as those in the Collection were later permitted and became integral parts of feast days honoring saints and the Virgin Mary. Today, masked dance dramas are performed all over Latin America, where they play key roles in local religious celebrations. Among the rarest and most unusual masks in the collection are those representing animals and birds from a rural part of the state of Michoacán, México. These masks are made of painted cloth stretched tightly over bamboo frames. Although roughly fashioned and somewhat abstract in form, they are filled with great character and artistic originality, and are the most impressive Mexican masks in the collection.

Another strength of the ceremonial part of the collection is a fine assortment of religious paintings on tin. Most are mid-nineteenth-century Mexican, and they depict a wide variety of saints and other religious figures. The Virgin of Guadalupe, Saint Anthony of Padua, the Virgin of Sorrows, the Three Wise Men, and other popular subjects are represented. May had a special appreciation for *Nuestra Señora del Refugio de Pecadores* (Our Lady

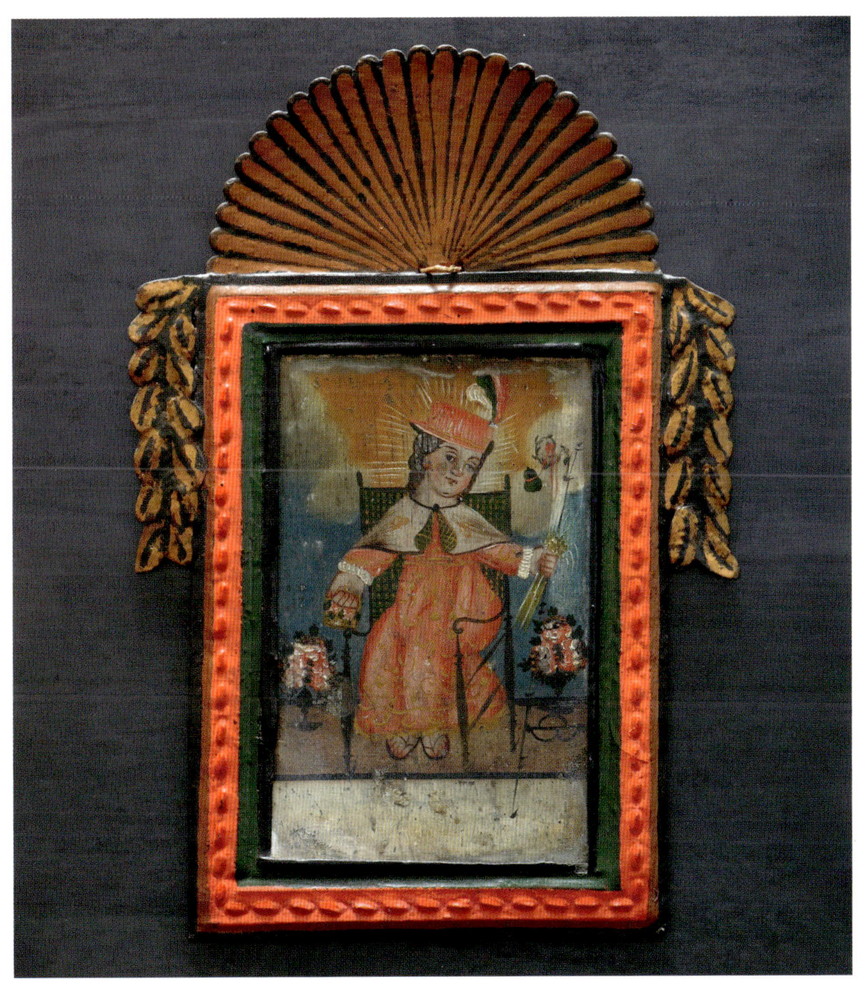

Retablo, Santo Niño de Atocha
Retablo con el Santo Niño de Atocha

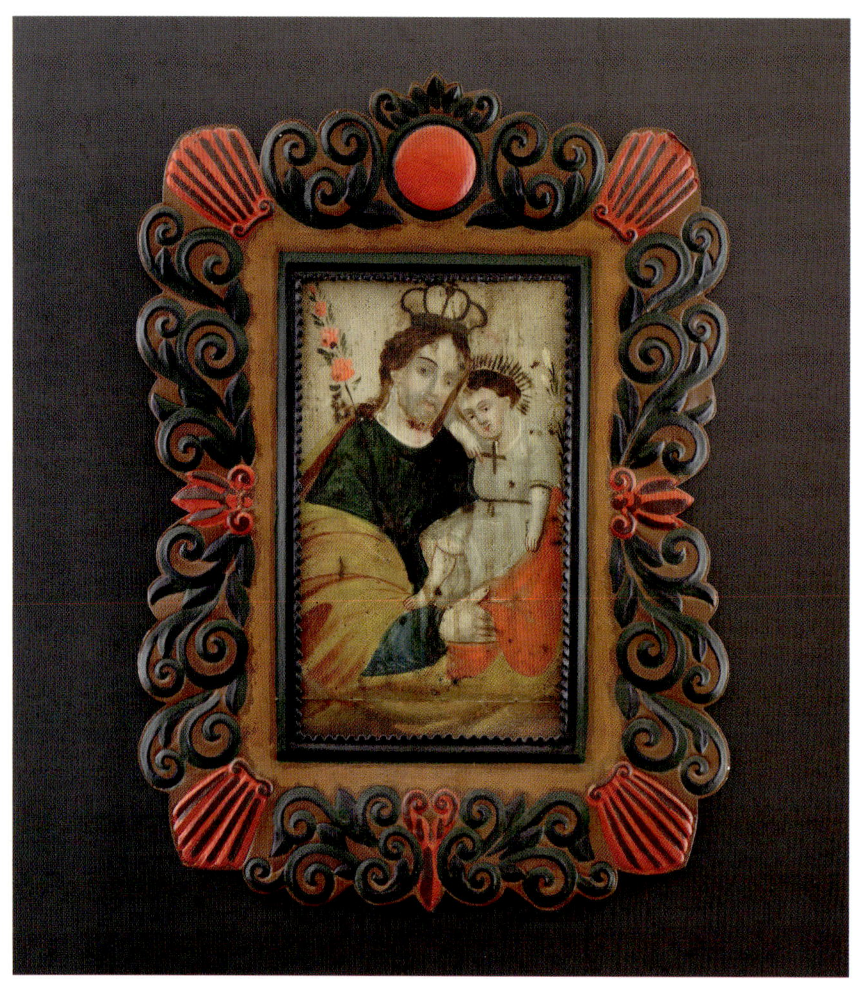

Saint Joseph with Baby Jesus
San José con el Niño Jesús

llama la atención por su calidad y amplitud. Hay otras piezas de los Uriarte, que no forman parte de este juego de vajilla, pero que también se clasifican en el conjunto utilitario de la colección.

La función ceremonial

La sección ceremonial de la colección es pequeña pero variada y de extraordinaria calidad. Los objetos ceremoniales se encontraron exhibidos con gran gusto en diversas habitaciones de la casa, y entre ellos había piezas asociadas con el Día de Muertos en México; nacimientos navideños de diversos países; figuras de santos católicos; imágenes de la Virgen procedentes de México, Portugal y Guatemala; cruces de hojalata de Perú y Bolivia. May también recopiló una pequeña colección de piezas votivas, como "milagros" de plata y exvotos pintados en agradecimiento por los milagros recibidos. Estos sencillos objetos tienen sus raíces en tradiciones populares españolas, pero han encontrado una expresión especial en América Latina.

Rex May recogió una excelente colección de máscaras de baile de México y Guatemala, y la mayoría estaban expuestas en el salón. Las máscaras latinoamericanas encuentran su origen en la época prehispánica, cuando los chamanes las utilizaban en ritos de transformación y los sacerdotes las usaban para representar a los dioses a los cuales servían. A pesar de que los españoles las prohibieron durante las etapas iniciales de la Colonia por su asociación con creencias paganas, el uso de máscaras como las que se ven en la colección se permitió más adelante y se convirtió en parte de las fiestas patronales, para honrar a los santos y a la Virgen. Hoy en día, se conservan danzas con máscaras en toda América Latina, que tienen un papel crucial en las celebraciones religiosas locales. Entre las máscaras más particulares de la colección figuran las que representan animales y aves de una zona rural del estado de Michoacán, México, fabricadas con tela pintada que cubre una estructura de bambú. A pesar de que son bastante abstractas en su forma, tienen gran carácter y originalidad artística, y son las máscaras mexicanas más impresionantes de la colección.

Otro mérito de la sección ceremonial es un conjunto de pinturas religiosas sobre hojalata. La mayoría proceden de México, de mediados del siglo XIX, y muestran una gran variedad de santos y otras figuras religiosas. Representan a la Virgen de Guadalupe, San Antonio de Padua, la Virgen de los Dolores, los Reyes Magos y otros sujetos populares. May tenía un afecto especial por Nuestra Señora del Refugio de Pecadores, y su colección contiene seis magistrales ejemplos de esta Virgen. Es una de las figuras de devoción más populares de México. El Santo Niño de Atocha es también una de las figuras más reverenciadas en México y resulta evidente que era una de las favoritas de Rex May. La colección incluye cerca de una docena de excelentes ejemplos de esta imagen tan popular. La mayoría son de hojalata y se remontan a la época en que los moros invadieron la población de Atocha, España. Los invasores le prohibieron a todo el mundo, a excepción de los niños, visitar a los prisioneros cristianos, que estaban muriéndose de hambre. La gente del pueblo rezaba todos los días para que los prisioneros salieran con vida. Un día, se apareció un muchachito vestido de peregrino con una canasta de comida. Milagrosamente, tras alimentar a todos los prisioneros, la canasta del niño seguía llena. Durante la época colonial en América, el Santo Niño de Atocha casi siempre se representaba en brazos de la Virgen de Atocha, tal como era costumbre en Madrid, España, ciudad de la cual esta Virgen

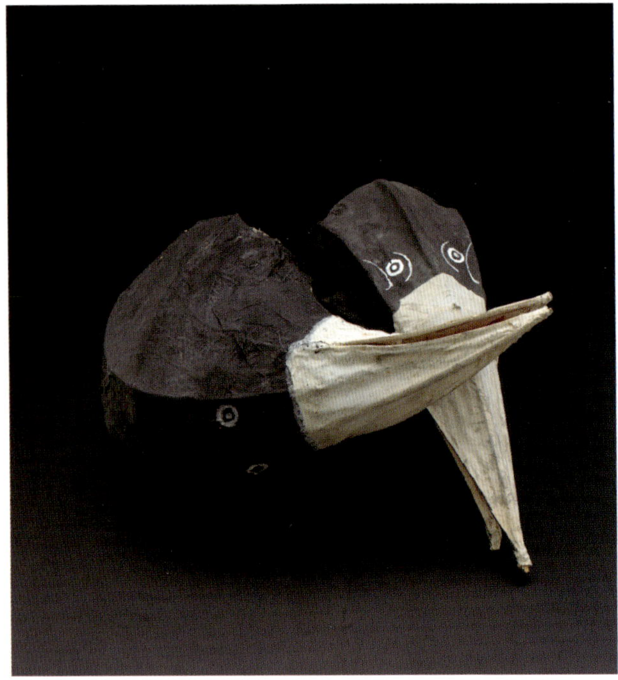

Vulture Mask
Máscara de zopilote

of Refuge for Sinners), and his collection contains six very good examples. She is one of the most popular devotional figures in México. *El Santo Niño de Atocha* (Christ Child of Atocha) is also one of the most widely revered images in México and was clearly one of Rex May's favorites. The collection contains about a dozen excellent examples of this popular image. Most are on tin and date from the late nineteenth century. According to folk tradition, the origin of this image dates back to the time of the Moorish invasion of the village of Atocha, Spain. The Moors prohibited everyone there, except children, from visiting Christian prisoners, most of whom were starving to death. The Atochans prayed daily for their safe delivery. One day, a young child appeared, dressed as a pilgrim, carrying a basket of food. Miraculously, after feeding all the prisoners, the child's basket remained full. During the colonial period in the Americas, *El Santo Niño de Atocha* was most often depicted in the arms of the Virgin of Atocha, as was the custom in the city of Madrid, Spain, where the Virgin serves as a patron. After México's independence from Spain in the early nineteenth century, *El Santo Niño de Atocha* is shown seated or standing alone, perhaps symbolizing the newly born independent republics of Latin America. *El Santo Niño de Atocha* is a patron of prisoners, and his help is usually invoked by those in every kind of danger, especially from violent acts.[4] Finally, it

es patrona. Tras la independencia de México a comienzos del siglo XIX, el Santo Niño de Atocha pasó a representarse sentado o de pie, pero sin su madre, quizás para simbolizar las nacientes repúblicas de América Latina. El Santo Niño de Atocha es el santo patrono de los prisioneros, y se invoca su ayuda en momentos de peligro especialmente derivados de la violencia.[4] Por último, cabe mencionar que muchas de las pinturas religiosas sobre hojalata que se encuentran en la colección Rex May aparecen en sus marcos originales, hechos a mano, algunos de los cuales son muy elaborados, y la mayoría, muy bellos. El estilo del marco por lo general refleja los movimientos estilísticos en arquitectura y pintura y, en esa medida, juega un papel importante en nuestra búsqueda por comprender mejor la evolución de los estilos artísticos en México y otras partes de América Latina.

La función recreacional

Los juguetes y muñecos están bien representados en la colección, y comprenden una buena porción del material recreacional. Hay gran variedad de los juguetes con ruedas y cuerda para tirar de ellos, cajas de música y animales de barro, madera o metal. Rex May sentía una enorme fascinación por los títeres de mano y las marionetas, que abundan en el conjunto total. Hay guiñoles ingleses, personajes de cuentos de hadas alemanes hermosamente tallados, coloridas figuras de la India y el Japón, y muchas otras figuras dinámicas que estaban exhibidas de forma teatral en la sala y en varios espacios del piso de arriba. Muchos están acomodados en elaborados escenarios, algunos de ellos diseñados y construidos por el propio May.

Tal vez los más curiosos de estos objetos son las marionetas de Puebla, México, confeccionadas en el siglo XX. May tenía docenas de estas figuras animadas dispersas por toda la casa. Las marionetas poseen una larga tradición en México, que se remonta por lo menos a la época colonial, y quizás más atrás. Se utilizaban para enseñar el catecismo a los indígenas y para entretener a los niños durante las ferias regionales. Titiriteros del siglo XIX, como Rosete Aranda, de Puebla, gozaban de fama en todo el país. Los títeres de mano, marionetas y elegantes y complejas escenografías de Aranda eran el medio para dramatizar la vida de héroes locales, ilustrar la aparición de la Virgen de Guadalupe a Juan Diego y relatar grandes historias de amor del pasado y el presente. Sin tener esta intención deliberada, las fabulosas representaciones de Aranda también ayudaron a socializar a generaciones de mexicanos en lo que significa ser mexicano. Las marionetas de Puebla de la colección Rex May son una continuación de esa importante tradición que les antecedió. La mayoría no fueron costosas al momento de adquirirlas, y todas estaban fabricadas con barro cocido y luego pintado, para vestirlas después con telas baratas o papel pintado. Su ingeniosa construcción le permitía a un titiritero talentoso darles vida. Representan toreros, curas y monjas, payasos, soldados, diablos, vaqueros y otros famosos personajes de la tradición mexicana. Rex May, que había tenido formación teatral y se había visto muy involucrado en montajes y producciones teatrales durante buena parte de su vida, debió sentirse fascinado con los mundos increíbles que se le abrían a través de su colección de títeres y marionetas.

La función decorativa

Por último, la categoría más extraordinaria y con más ejemplos de la colección May es la decorativa. Comprende cientos de piezas de todas partes del mundo, y la manera en que está exhibida es

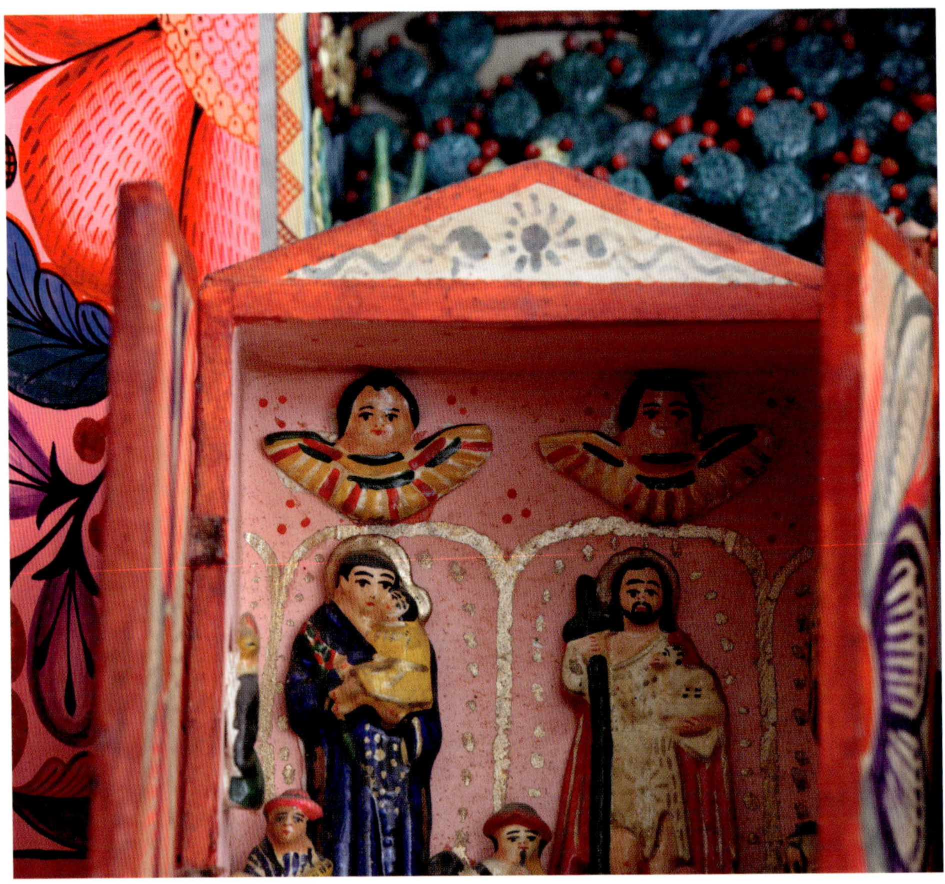

BACKGROUND: Nicho Box, Nativity, wood, potato paste, varnish, 20th century, Perú. **FOREGROUND: Nicho Box, La Virgen and Saint Joseph,** wood, potato paste, varnish, paint, leather, 20th century, Perú.

AL FONDO: Caja de nicho con nacimiento, madera, pasta de papa, barniz, siglo XX, Perú. **EN PRIMER PLANO: Caja de nicho con la Virgen y San José,** madera, pasta de papa, barniz, pintura, cuero, siglo XX, Perú.

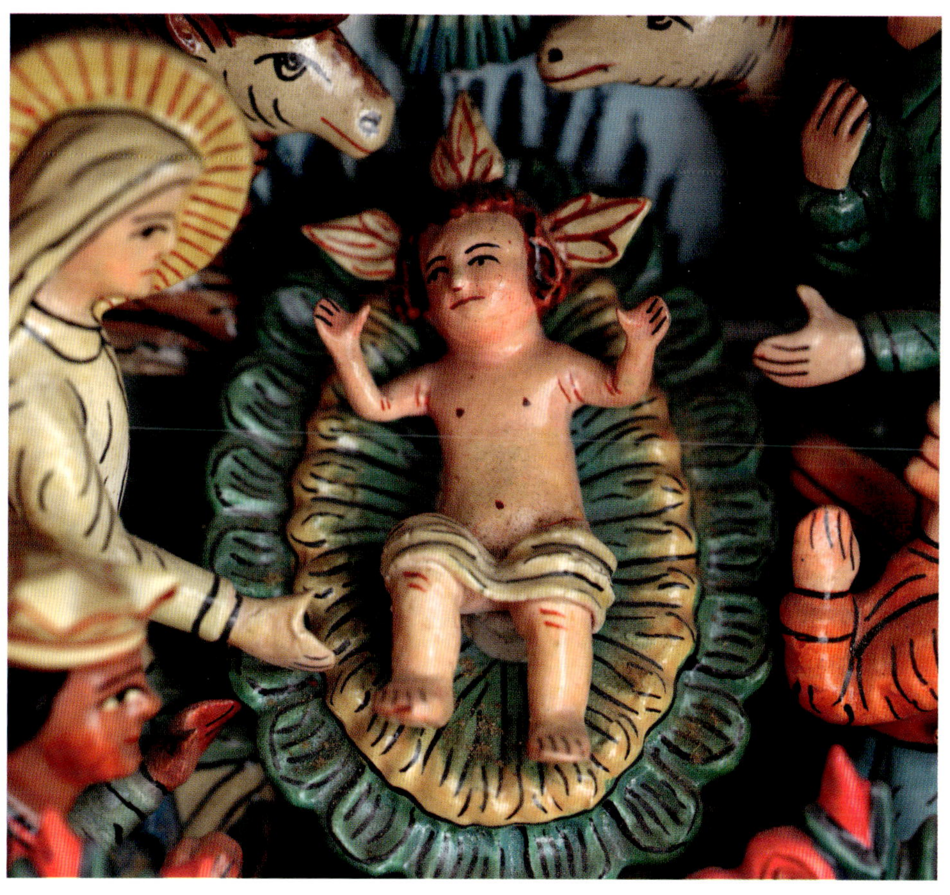

Nicho Box, Nativity (detail), wood, potato paste, varnish, 20th century, Perú.
Caja de nicho con nacimiento (detalle), madera, pasta de papa, barniz, siglo XX, Perú.

must be mentioned that many of the devotional tin paintings in the May Collection appear in their original handcrafted frames, some quite elaborate, all charming. Framing styles often reflect general stylistic movements in architecture and painting and as such, play important roles in our search for a better understanding of the evolution of artistic styles in México and other parts of Latin America.

Recreational

Toys and dolls are prevalent in the collection and comprise a large portion of the recreational material. Pull toys, music boxes, and animals sculpted from clay, wood, or metal are well represented. Rex May was greatly enamored of hand puppets and marionettes, and they abound in the collection. Punch and Judy sets from England, beautifully carved characters from German fairy tales, colorful figures from India and Japan, and many other kinetic figures were arranged in dramatic fashion in the living room and several spaces on the second floor. Many have elaborate stages, some designed and made by May himself.

Perhaps the most intriguing of these objects are twentieth-century marionettes from Puebla, México. May had dozens of these animated figures scattered throughout the house. Marionettes have a long tradition in México, going back at least to the colonial era, if not earlier. They were used to teach Christianity to indigenous people and to entertain children during regional fairs. Nineteenth-century puppet makers, such as Rosete Aranda from Puebla, gained national fame. Aranda's hand puppets, marionettes, and elegantly designed and complex stage sets dramatized the lives of local cultural heroes, illustrated the apparition of the Virgin of Guadalupe to Juan Diego, and recounted great love affairs past and present. Unwittingly, Aranda's exciting performances also helped to socialize generations of Mexicans into what it meant to be *mexicano*. The Puebla marionettes in the May Collection are a continuation of that important earlier tradition. Most were inexpensive when purchased, and all were made of painted single-fired earthenware, clothed in inexpensive textiles and painted paper. Their ingenious construction enabled a talented puppeteer to bring them to life. They represent bullfighters, priests and nuns, clowns, soldiers, devils, and cowboys, and other famous characters from folkways of México. Rex May, who was trained and heavily involved in theatrical production for much of his life, must have been thrilled with the many exciting worlds made available to him through his collection of puppets and marionettes.

Decorative

Finally, the largest and most extraordinary category of objects in the May Collection is the decorative one. Comprised of hundreds of pieces from all over the world, this part of the collection and the manner in which it is displayed are truly impressive. It is here, amidst these carefully orchestrated displays of materials, that Rex May seems to have truly found his stride.

The most outstanding examples of decorative objects are those representing variations on a theme. There are many sets of hand-painted ceramic tiles from México, Spain, and Portugal. Some are old, some new, and others are reproductions of older, classic types. Some tiles represent different artisan guilds in Spain and Portugal; others depict humorous vignettes of Catalán family life. Most, however, are simply decorated with an infinite variety of floral

verdaderamente impresionante. Es aquí, entre estos despliegues de materiales cuidadosamente orquestados, que Rex May parece haber encontrado su elemento.

Las piezas más notables entre las de función decorativa son las que representan variaciones sobre un tema. Hay muchos conjuntos de azulejos pintados a mano de México, España y Portugal. Algunos son antiguos, otros, recientes, y otros son reproducciones de tipos más antiguos, clásicos. Algunos representan diferentes gremios de artesanos de España y Portugal; otros tienen viñetas de la vida familiar catalana. Pero la mayoría están sencillamente decorados con una infinita variedad de diseños florales, como los de Tonalá, México. De niño en San Antonio, Rex May hacía azulejos pintados a mano, que les vendía a los turistas que visitaban el sitio de El Álamo. Todo parece indicar que su aprecio por esta expresión artesanal se prolongó hasta el fin de sus días.

May también coleccionó figuras que mostraban profesiones distintas y costumbres regionales procedentes de todo México, otras partes de América Latina y del mundo. Estas piezas, conocidas como costumbristas fueron muy populares a comienzos y mediados del siglo XIX en México y el resto de América Latina, donde parece ser que se usaban para explicar la naturaleza de la sociedad de las recientes repúblicas.[5] En general, las compraban viajeros que las llevaban consigo a Europa y los Estados Unidos para ilustrar lo que se percibía como la vida típicamente mexicana. El Museo Británico en Londres y el Museo de América en Madrid tienen excelentes colecciones de estas figuritas. La mayoría de las que reúne la colección Rex May son de cerámica o de cera. Las más importantes entre las de cerámica son las confeccionadas por la familia Panduro de Tlaquepaque, México, y muestran presidentes del país y costumbres del lugar.

En la sala y en otras habitaciones de la casa había docenas de conjuntos de estas figuras expuestas en gabinetes o sobre las mesas. Algunas mostraban procesiones multicolores de personas y animales de la India, que transportaban al visitante de regreso por unos momentos al esplendor imperial en aquel país. Otros mostraban bandas de pueblo, cuya música rústica uno prácticamente alcanzaba a oír. Otra parte de la colección comprendía varias docenas de retablos peruanos con escenas típicas de la vida pueblerina: una sombrerería, un altar familiar, un grupo de danzantes.

Por último, Rex May diseñó y construyó con esmero aproximadamente una docena de cajas rectangulares de madera y vidrio, que fijó a las paredes de la sala o instaló en vitrinas, para ilustrar escenas típicas de las culturas de todo el mundo, al estilo de un diorama. La mayoría se basan en situaciones que vivió y fotografió en México. Su favorito era el diorama que mostraba el interior de una cantina mexicana, reconstruida hasta el detalle más minúsculo, como el pequeño altar de pared dedicado a la Virgen de Guadalupe justo encima de la barra. Otro revive una típica calle de mercado en Oaxaca, poblada con preciosas figuras de cerámica hechas por la familia Aguilar de Ocotlán, contra un fondo de ferreterías y fondas como “El taco loco”. La escenografía para estas vitrinas estaba compuesta de fotos verdaderas que May había tomado durante sus viajes por México y otros lugares. Estos dioramas son una maravilla y absorben por completo la atención del espectador. Representan una obra de amor, llevada a cabo por alguien que sentía una verdadera pasión por el

designs, such as those from Tonalá, México. As a boy in San Antonio, Rex May made hand-painted tiles and sold them to tourists in front of the Alamo. His appreciation of this folk form lasted for the rest of his life.

May also collected genre figures from all over México, other parts of Latin America, and the world, showing different professions and regional customs. These figures, known as *costumbrista* figures, were especially popular in the early- and mid-nineteenth century in México and elsewhere in Latin America, where they seem to have been used to explain the nature of society in Latin America's recently minted independent republics.[5] In general, they were purchased by travelers who brought them back to Europe and the United States to illustrate what was perceived as typical Mexican life. The British Museum in London and the Museo de América in Madrid both have excellent collections of these figures. Most of the genre figures in the May Collection are made of either ceramic or wax. The most important examples are ceramic figures made by the famous Panduro family of Tlaquepaque, México. They show Mexican presidents and local customs.

Dozens of cohesive sets of genre figures were on display in cabinets and on tabletops in the living room and other parts of the house. Some showed colorful processions of people and animals from India that transported the visitor back, for a moment, to the opulence of the Raj. Others showed village bands, whose rustic music one could almost hear. Another part of the collection was comprised of several dozen Peruvian *retablos* filled with typical scenes from rural life—a hat shop, a family altar, a local folk-dance group.

Finally, Rex May meticulously designed and built a dozen or so wonderful rectangular wooden and glass boxes which he had affixed to the walls of his living room or installed in freestanding cases to illustrate typical scenes from cultures around the world, in diorama style. Most are reminiscent of events he had encountered and photographed in México. His favorite diorama was one showing the inside of a Mexican *cantina*, complete in the most minute detail, such as a small wall altar dedicated to the Virgin of Guadalupe above the bar. Another brings to life a typical Oaxaca street market, populated with ceramic figures made by the Aguilar family of Ocotlán, against a background of hardware stores and local eateries such as El Taco Loco (The Crazy Taco). Backdrops for these displays were composed from actual photographs May took while traveling in México and elsewhere. These dioramas are absolutely charming and totally engaging. They represent labors of love by someone with a true passion for the culture. One is reminded of similar displays created by the late Alexander Girard for the Museum of International Folk Art in Santa Fe. All May dioramas are beautifully lit with interior lighting, an obvious benefit of May's many years of work in theater production. Just as they must have done for Rex May, these dioramas invite us to enter the worlds they represent, imagine the smells and sounds, and interact, if only for a moment, with the inhabitants therein. These extraordinary dioramas are now in the collection of the Oakland Museum of California.

Conclusion

The Rex May Collection is important for many reasons. First, it preserves, for future generations, folk art that represents the values and perspectives of those who made and used the objects. Therefore,

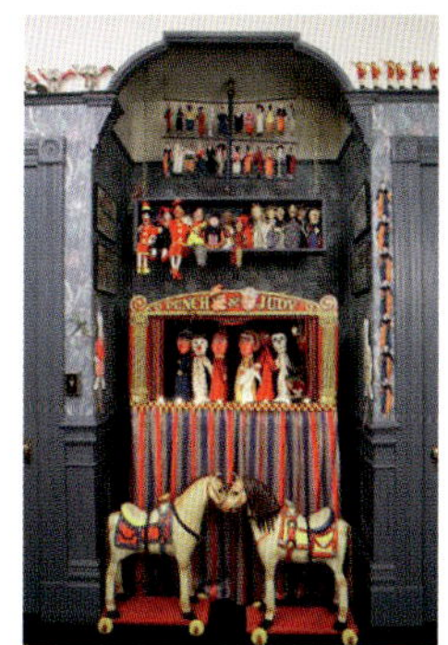

PLATE 6 Puppets and other toys in alcove in Rex May's home, 2001.
IMAGEN 6 Títeres y otros juguetes en nicho de la casa de Rex May, 2001.

tema. No puede uno evitar recordar los modelos y maquetas semejantes creados en otros tiempos por Alexander Girard para el International Museum of Folk Art (Museo Internacional de Artes Populares) de Santa Fe. Todos los dioramas de May están iluminados con luz interior, un beneficio obvio tras sus muchos años de trabajo en producción de teatro. Al igual que debió sucederle a su creador, estos dioramas nos invitan a acceder a los mundos que representan, a imaginar aromas y sonidos, y a interactuar, así sea por un momento nada más, con los habitantes que allí se encuentran. Estos extraordinarios dioramas forman parte ahora de la colección del Oakland Museum en California.

Conclusión

La colección Rex May es importante por varias razones. La primera es que preserva para futuras generaciones las artes populares que representan los valores y perspectivas de quienes confeccionaron, fabricaron y usaron esos objetos. Por lo tanto, nos presta una valiosa ventana a través de la cual podemos mirar, para así entender y apreciar mejor las tradiciones culturales, con sus juegos, vestidos, rituales religiosos y otras costumbres de las comunidades de todas partes del mundo, en especial de México.

La segunda razón es que esta colección plantea claramente ciertos rasgos del coleccionista. Nos permite entender la estética de Rex May y, de muchas formas, nos da acceso a su perspectiva, y también a su alma. Por último, a través de la colección, vemos y apreciamos mejor a este May polifacético: diseñador gráfico, coleccionista, viajero, escenógrafo, colorista y artista.

Agradecemos profundamente a aquellos que se han ocupado de la colección May tras la muerte de su creador y a quienes se han esforzado para encontrar un lugar apropiado para alojarla: el Mexican Museum de San Francisco. Conservar y mantener una colección de este tipo no es tarea fácil, y quienes lo han hecho en estos últimos veinte años merecen nuestra gratitud. Finalmente, el Mexican Museum amerita un aplauso por la visión y la inte-

it provides us a valuable window through which we can peer, in order to understand and better appreciate cultural traditions, games, dress, religious rituals, and other customs from communities all over the world, especially from México.

Second, the collection makes a strong statement about the collector himself. It allows us to understand the Rex May aesthetic and, in many ways, provides an entrance into his eye, as well as his soul. Finally, through the collection, we see and more fully appreciate the multifaceted May—the graphic designer, collector, traveler, set designer, colorist, and artist.

We owe a debt of gratitude to those who have taken care of the May Collection following May's death and who have worked hard to find a good and proper home for it—The Mexican Museum of San Francisco. Preserving a collection of this sort is not an easy task, and those who have shepherded it over the past twenty years are to be commended. Finally, The Mexican Museum should be applauded for the vision and intelligence it has shown by assuming the responsibility of curating and caring for this important collection in the years ahead.

I would like to thank Andrea Jepson, Robert del Tredici, Tere Romo, David de la Torre, and Susana Macarrón for their assistance in preparing this article.

Notes

1. Henry Glassie, *The Spirit of Folk Art: The Girard Collection at the Museum of International Folk Art* (New York: Harry N. Abrams Publishers, 1989), 16.
2. Marion Oettinger, Jr., *Folk Treasures of Mexico: The Nelson A. Rockefeller Collection* (New York: Harry N. Abrams Publishers, 1990), 72.
3. Marion Oettinger, Jr., *The Folk Art of Latin America: Visiones del Pueblo* (New York: Dutton Studio Books, 1992), 85.
4. Gloria Giffords, *Mexican Folk Retablos* (Albuquerque: University of New Mexico Press, 1992), 24–25.
5. Marion Oettinger, Jr., *Latin American Paintings, Drawings, Sculpture, and Prints, Part II* in Sotheby's auction catalog, May, 1994, discussion of lot 133.

ligencia que ha demostrado al asumir la responsabilidad de cuidar esta importante colección en los años por venir.

Quisiera agradecer a Andrea Jepson, Robert del Tredici, Tere Romo, David de la Torre y Susana Macarrón por la colaboración prestada en la preparación de este artículo.

Notas

1. Henry Glassie, *The Spirit of Folk Art: The Girard Collection at the Museum of International Folk Art* (Nueva York: Harry N. Abrams Publishers, 1989), 16.
2. Marion Oettinger, Jr., *Folk Treasures of México: The Nelson A. Rockefeller Collection* (Nueva York: Harry N. Abrams Publishers, 1990), 72.
3. Marion Oettinger, Jr., *The Folk Art of Latin America: Visiones del Pueblo* (Nueva York: Dutton Studio Books, 1992), 85.
4. Gloria Giffords, *Mexican Folk Retablos* (Albuquerque: University of New Mexico Press, 1992), 24–25.
5. Marion Oettinger, Jr., *Latin American Paintings, Drawings, Sculpture, and Prints, Part II* en el catálogo de subastas de Sotheby's, mayo de 1994, discusión del lote 133.

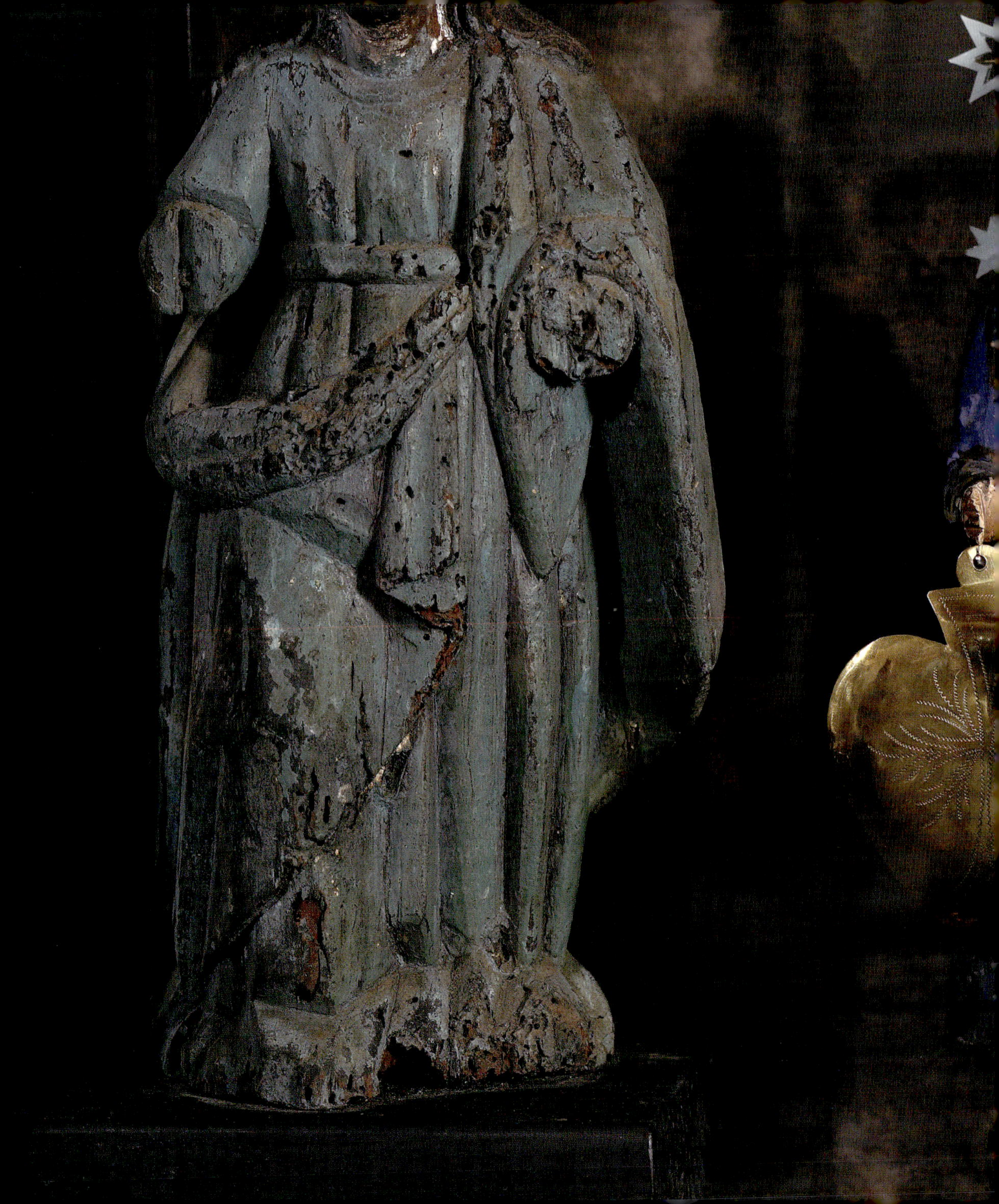

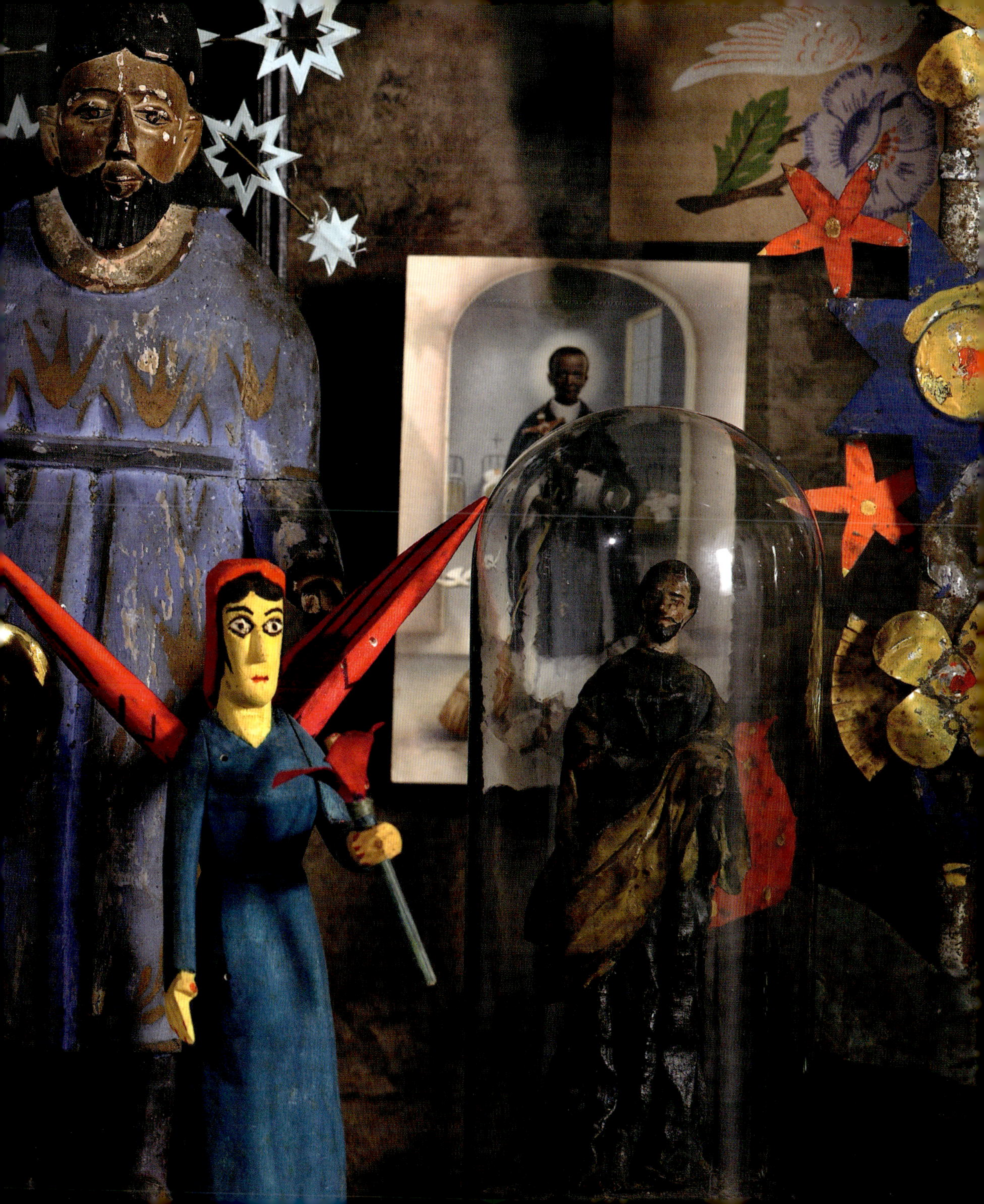

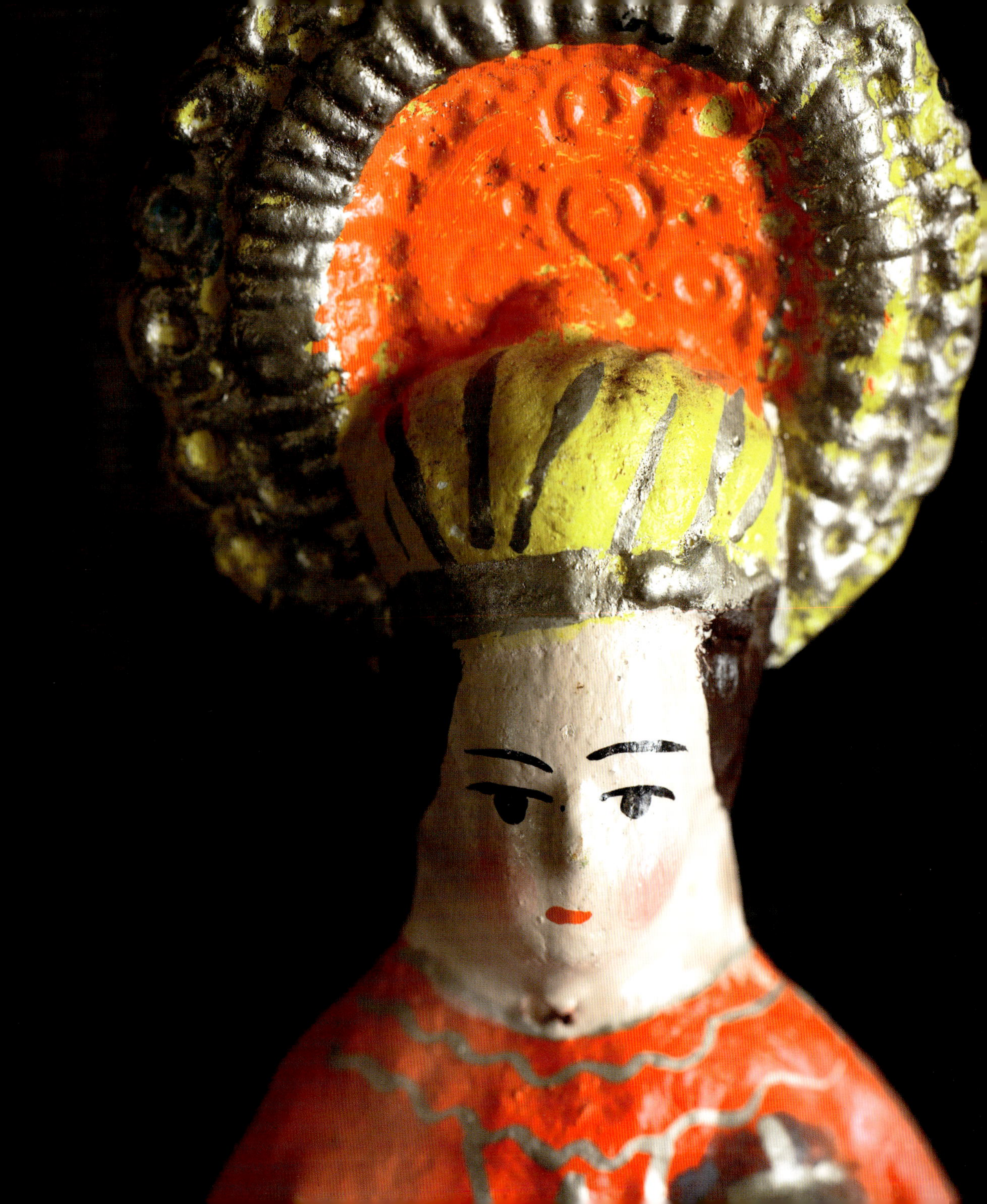

Interview with Susan Burdick

Entrevista con Susan Burdick

Photographer Susan Burdick was given free rein among the objects of the Rex May Collection, with the freedom to shoot what inspired her or moved her to make a photograph. Here, she discusses that process with The Mexican Museum.

Mexican Museum: How did you decide what to shoot? As a photographer, what sort of pieces did you find yourself particularly drawn to? What was it about them that drew you to them?

Susan Burdick: I had personal preferences. I am drawn to human figures, animals, certain composition, colors, objects, and subjects. However, I wanted to be sure to document the collection in a way that shows a true overview, with all its various subjects.

It is the small details that I still think about—the pink mask and wooden figurine with pink cheeks that were simply round circles. Their cheeks are abstracted, and instead of being something shaded or described as a realistic form, they were simplified in an abstract way. It's hard to describe and give it enough credit. It was a detail, but it meant a lot. It meant that there was life in that cheek, there was blood flowing. It is a reflection about the craft in general, which is about being human, what it meant to be human. I found that very touching.

This is not everybody's favorite character, but I have to say that I liked the red devil figurine, especially the one hiding behind the gnome rock. The devil in this collection is the antagonist, and you see various illustrations of him wreaking havoc on all the other characters, and all of the other characters are trying to reckon with his forces.

MM: Did your relationship to Mexican folk art change as a result of making these photos?

SB: Yes, it brought me closer to it. I was raised in a modernist household in the USA, which actually made me yearn for more individual artistic expression. The idea that a single person, a single set of eyes and hands went into each piece is very sentimental to me.

MM: Do you feel that you gained any insights into Rex May's aesthetic in particular, or the collecting impulse in general, over the course of this project?

SB: I've learned a lot about Rex May's personal history from many conversations with individuals at the museum and outside of it, too—individuals who are writing about his life. I learned how meticulous and organized he was with his own drawing. It makes me think that this is why he was also drawn to a large collection. I think it was his nature to want to organize, compare, and contrast.

MM: What are the similarities or differences between photography, folk art, and collecting as creative endeavors?

Baby Jesus with Halo; carved, painted wood, metal, glass; ca. 19th–20th century.
El Niño Jesús con halo; talla en madera pintada, metal, vidrio; alrededor del siglo XIX o XX.

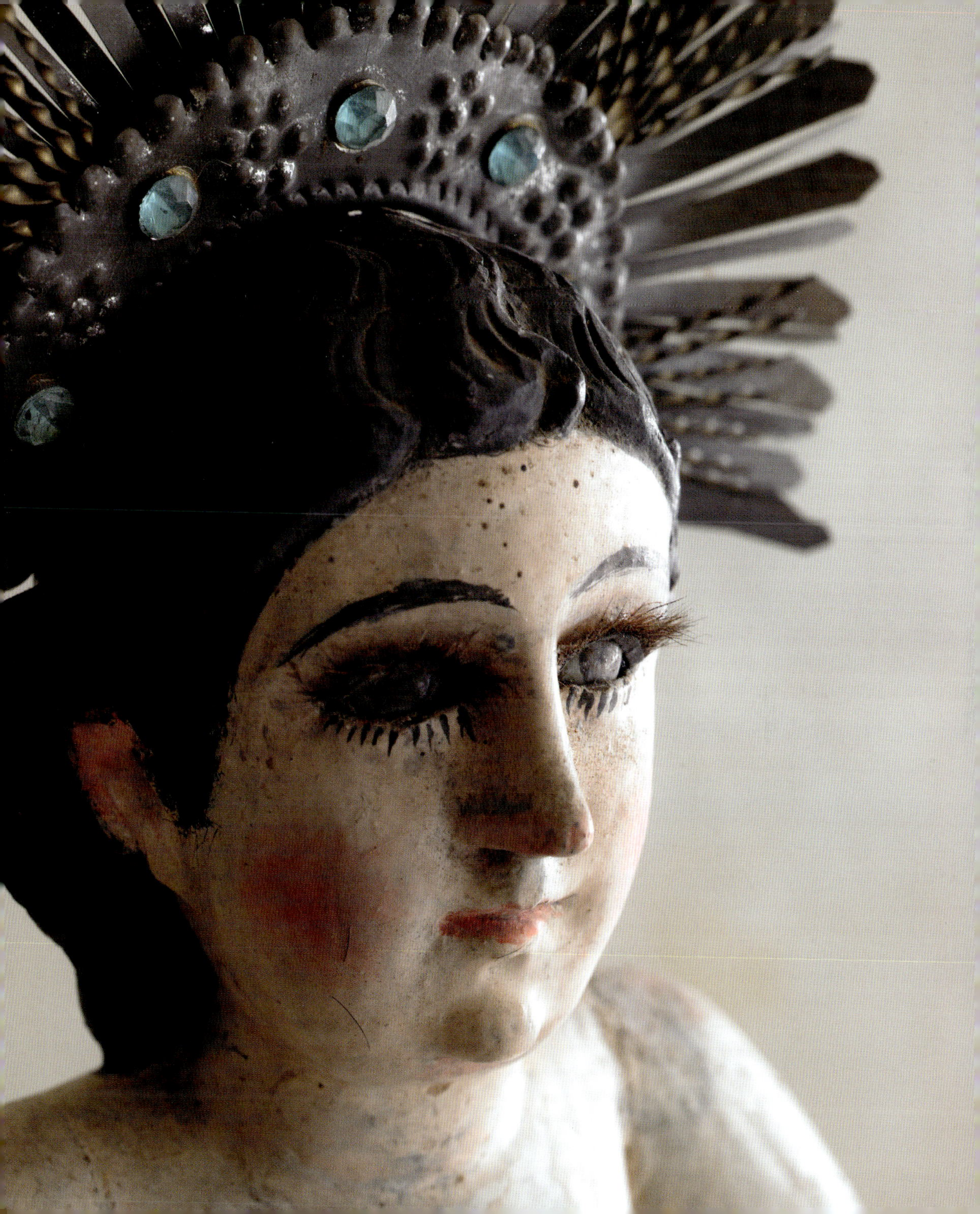

SB: I am a documentary photographer at heart. I am drawn to photography because photographs are a sampling of a moment in time. Rex May's collection is also a sampling of a moment in time. Its contents speak to regional politics, religion, animals, and daily life. The reason I collect photographs is that they inform me, touch my heart and mind, and help me understand what it means to be human in this time and place.

MM: What do you love about the collection?

SB: I go back to the idea that there's a lot going on with all these figurines—they're politicians, they're religious figures, they're at the meat market, they're buying hats, there's a little bee that is murdering everybody, there are mariachis, there are skeletons. I think, because it's a large collection, all of these different subject matters are kind of living a life of their own on the shelf, recreating a whole little world on Rex May's shelf in three-dimensional form. It spawns a lot of stories and gives you a lot to look at and think about on so many subjects. You have the Mexican presidents placed next to Royalists, Creoles, and rebels; the devil is hiding there, the businessman is standing under glass. They're all interacting. This speaks to reality. Life, history, stories happen like that. Here it's being modeled because someone is just describing their own experience, what they are seeing out there.

A la fotógrafa Susan Burdick se le dio entera libertad entre los objetos de la colección Rex May, para que fotografiara todo lo que la inspirara o la motivara. En esta entrevista, comparte ese proceso con el Mexican Museum.

Mexican Museum (MM): ¿Cómo decidió qué fotografiar? Como fotógrafa, ¿qué tipo de piezas le llamaron especialmente la atención? ¿Que encontró en ellas de llamativo?

Susan Burdick (SB): Tenía preferencias personales. Me llama la atención la figura humana, los animales, ciertas composiciones, colores, objetos y sujetos. Pero también quería asegurarme de documentar la colección de manera que mostrara una verdadera perspectiva con todos sus variados componentes.

Sigo pensando en los pequeños detalles... la máscara rosada y la figurita de madera con mejillas rosadas que eran simples círculos redondos. Son abstracciones las de esas mejillas, en lugar de estar sombreadas o descritas de manera realista, habían sido simplificadas hasta lo abstracto. Es difícil describir y entender su mérito. Era apenas un detalle, pero significaba mucho. Implicaba que había vida en esas mejillas, sangre que las recorría. Era una reflexión sobre el arte en general, que tiene que ver con esa calidad de ser humano, con el significado de ser humano. Eso me resultó muy emotivo.

Tengo que confesar que me gustó la figurita del diablo rojo, aunque no sea el personaje más popular del mundo. Me gustó especialmente el que se esconde tras la roca del gnomo. El diablo es el antagonista en esta colección, y uno ve varios ejemplos de cómo causa estragos en todos los demás personajes y cómo estos tratan de confrontar sus fuerzas.

MM: ¿Su relación con la artesanía y el folclor de México cambió a consecuencia de estas fotografías?

SB: Sí, me acercó más. Me crié en un entorno modernista en los Estados Unidos, lo cual me hizo anhelar expresiones artísticas con un sello individual más marcado. La idea de que una persona, con sus dos ojos y sus manos, se hubiera ocupado de cada pieza me resulta muy conmovedora.

MM: ¿Considera que a lo largo de este proyecto logró entender mejor la estética de Rex May, en particular, o el impulso de coleccionar, en general?

SB: He aprendido mucho sobre la historia individual de Rex May a partir de conversaciones con personas del museo y también fuera de este, personas que están escribiendo sobre su vida. Aprendí que era muy meticuloso y organizado con sus propios dibujos. Lo cual me hizo pensar que esa era la razón por la cual lo atraía una colección numerosa. Creo que su naturaleza lo impulsaba a organizar, comparar y contrastar.

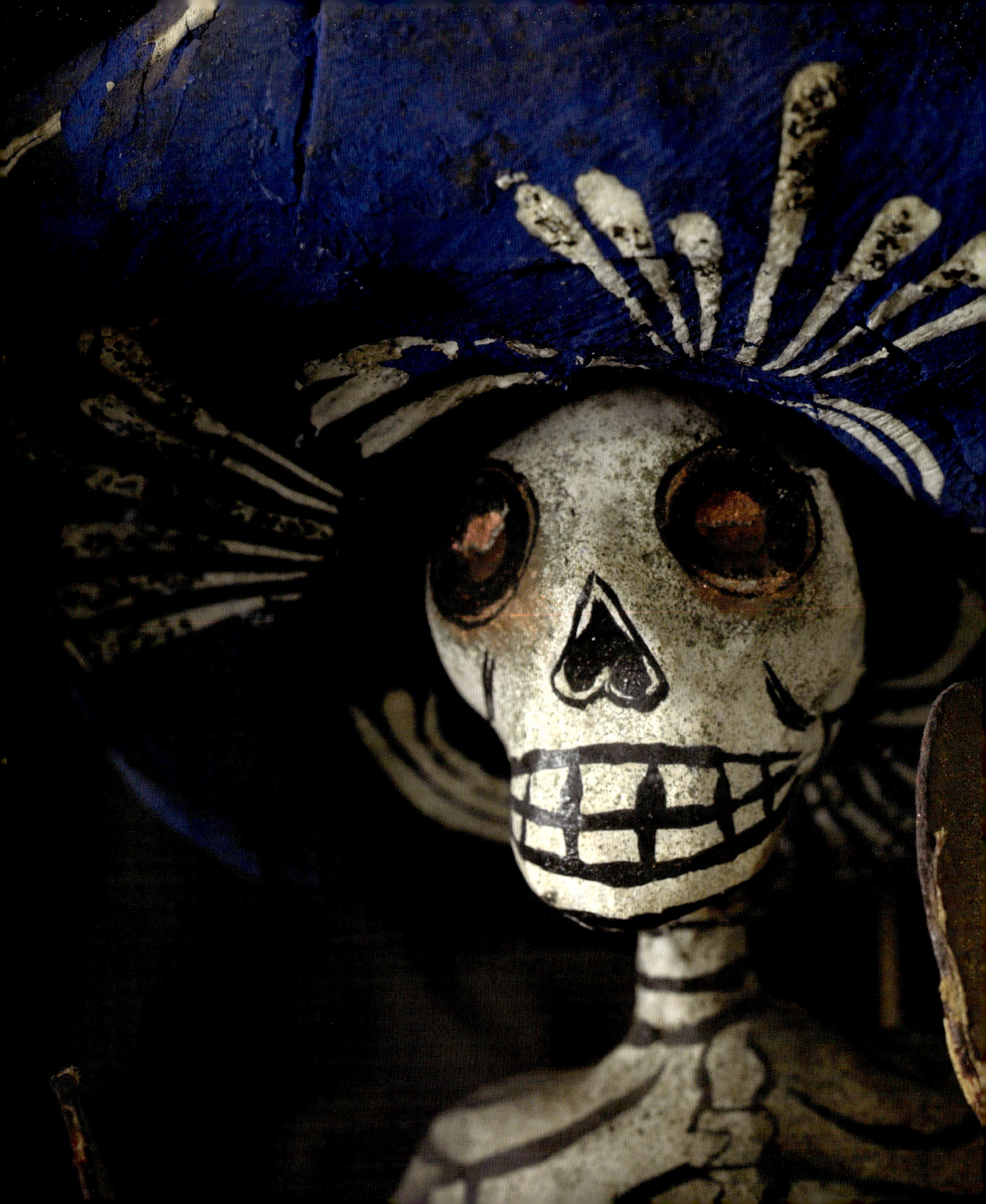

MM: ¿Cuáles son las semejanzas o diferencias entre la fotografía, las artes populares y el hecho de coleccionar como esfuerzos creativos?

SB: Soy una fotógrafa documental de corazón. Me atrae la fotografía porque implica obtener una muestra de un momento específico en el tiempo. La colección Rex May está compuesta de muestras de momentos específicos en el tiempo. Sus elementos están relacionados con la política regional, con religión, animales y la vida cotidiana. La razón por la cual colecciono fotografías es porque me moldean, me llegan al corazón y a la mente, y me ayudan a entender lo que significa ser humano en este momento y lugar.

MM: ¿Qué le gusta de la colección?

SB: Vuelvo de nuevo a la idea de que hay muchas cosas que están sucediendo con estas figuras: son políticos, figuras religiosas, personas que van a la carnicería, o que compran sombreros, está esa abejita que anda matando a todo el mundo, hay mariachis, hay esqueletos. Creo que, al ser una colección enorme, todos estos diferentes temas pueden llevar una vida propia en sus estantes, recreando un pequeño mundo en forma tridimensional en las estanterías de Rex May. La colección da pie a muchísimas historias y ofrece multitud de cosas para mirar, pero también pone a uno a pensar en muchos temas. Ahí están los presidentes mexicanos junto a los realistas, los criollos y los revolucionarios; el diablo se esconde allí, el hombre de negocios está de pie en su campana de vidrio. Todos interactúan. Y esto refleja la realidad. La vida, la historia, los acontecimientos suceden así. Aquí se modela la realidad porque alguien describe su propia experiencia, lo que ve allí afuera.

Skeleton playing cymbals; papier-mâché, wood, nails; 20th century.
Esqueleto tocando los platillos; papel maché, madera, clavos; siglo XX.

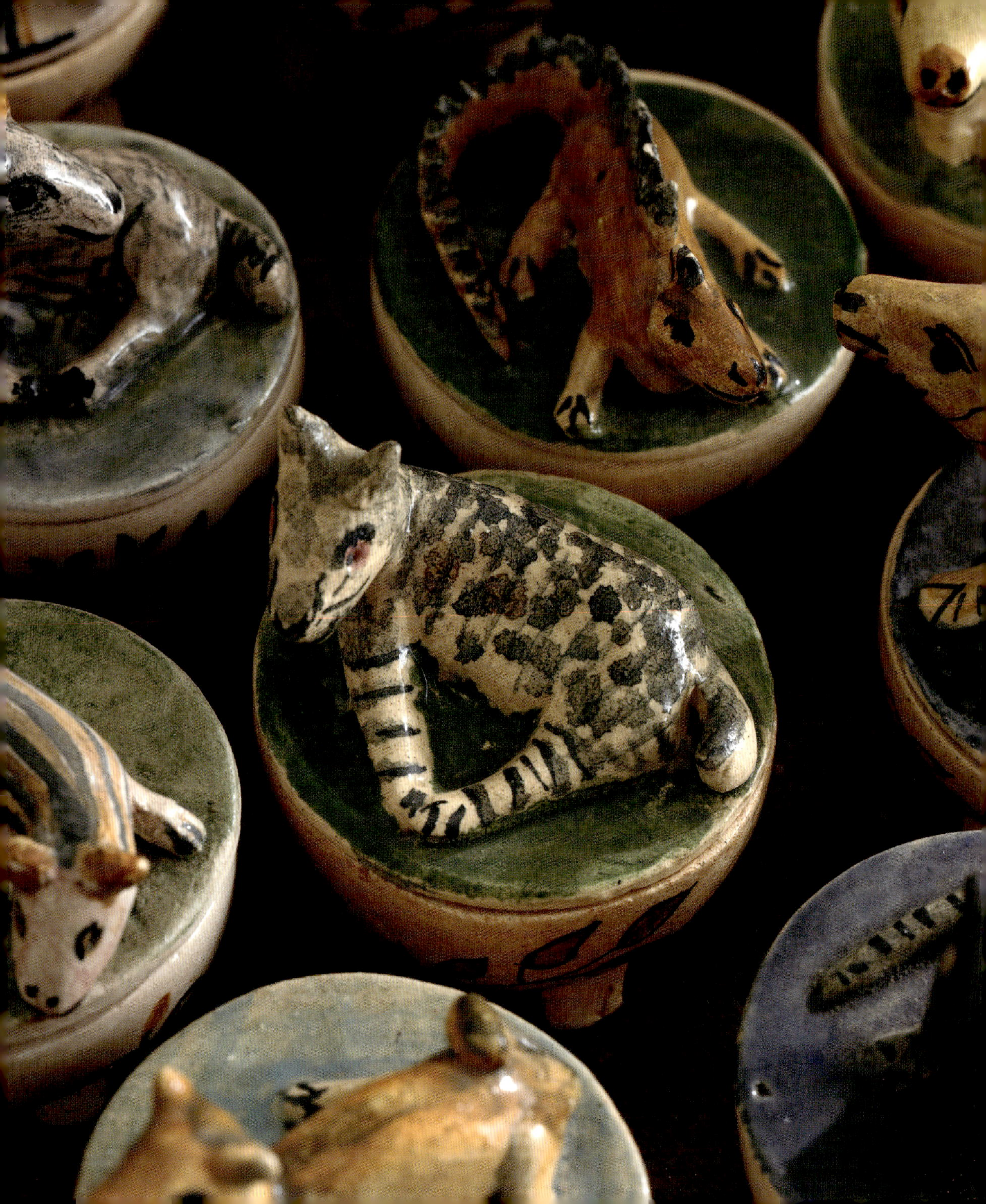

Plates

Láminas

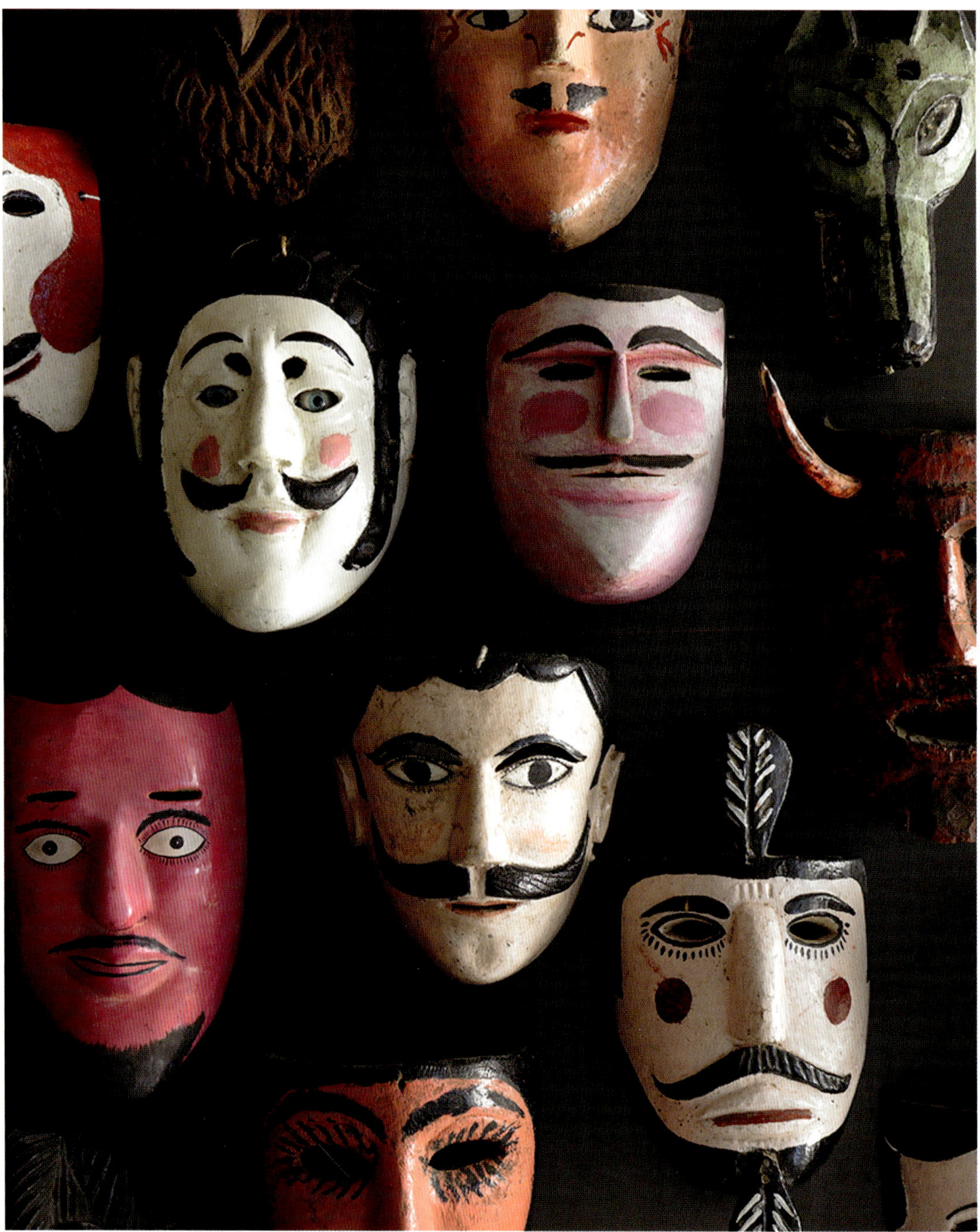

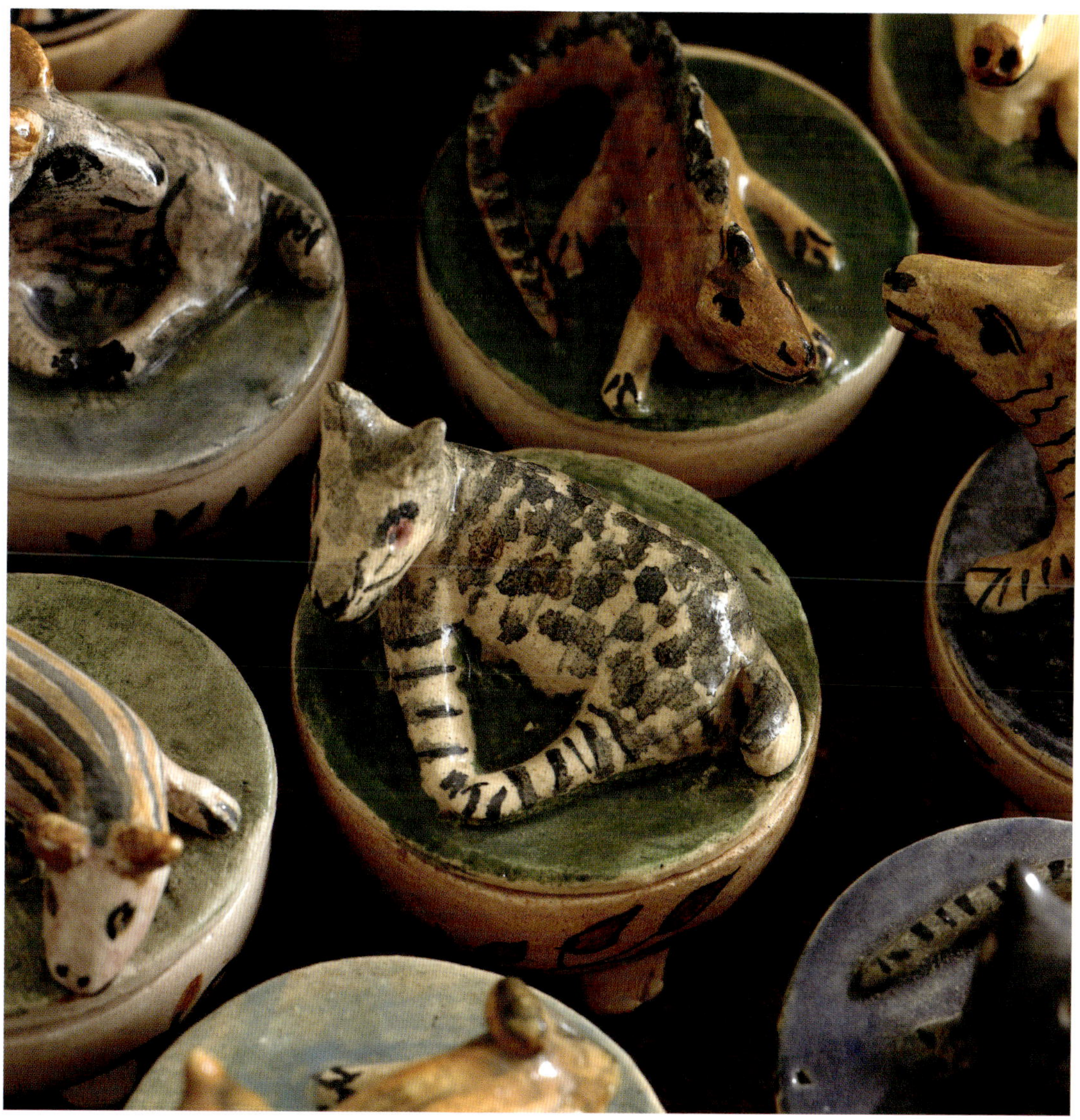

ABOVE: Bowls with Animal on Lid, glazed ceramic, 20th century, Guatemala City, Guatemala. **ENCIMA: Fuentes con animales en la tapa,** cerámica vidriada, siglo XX, Ciudad de Guatemala, Guatemala.

OPPOSITE PAGE: Masks, carved, painted wood, 20th century. **PÁGINA OPUESTA: Máscaras,** talla en madera pintada, siglo XX.

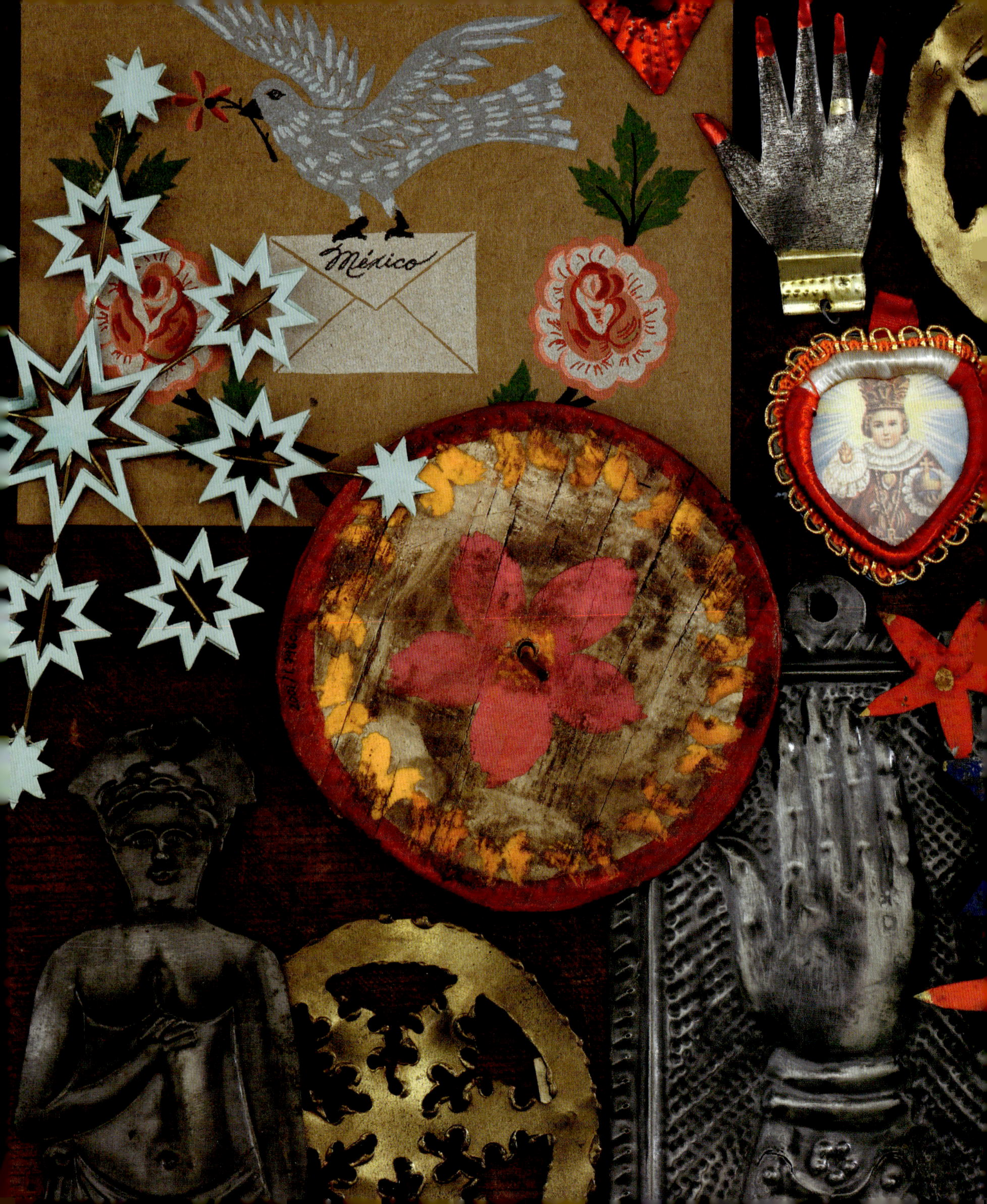
México

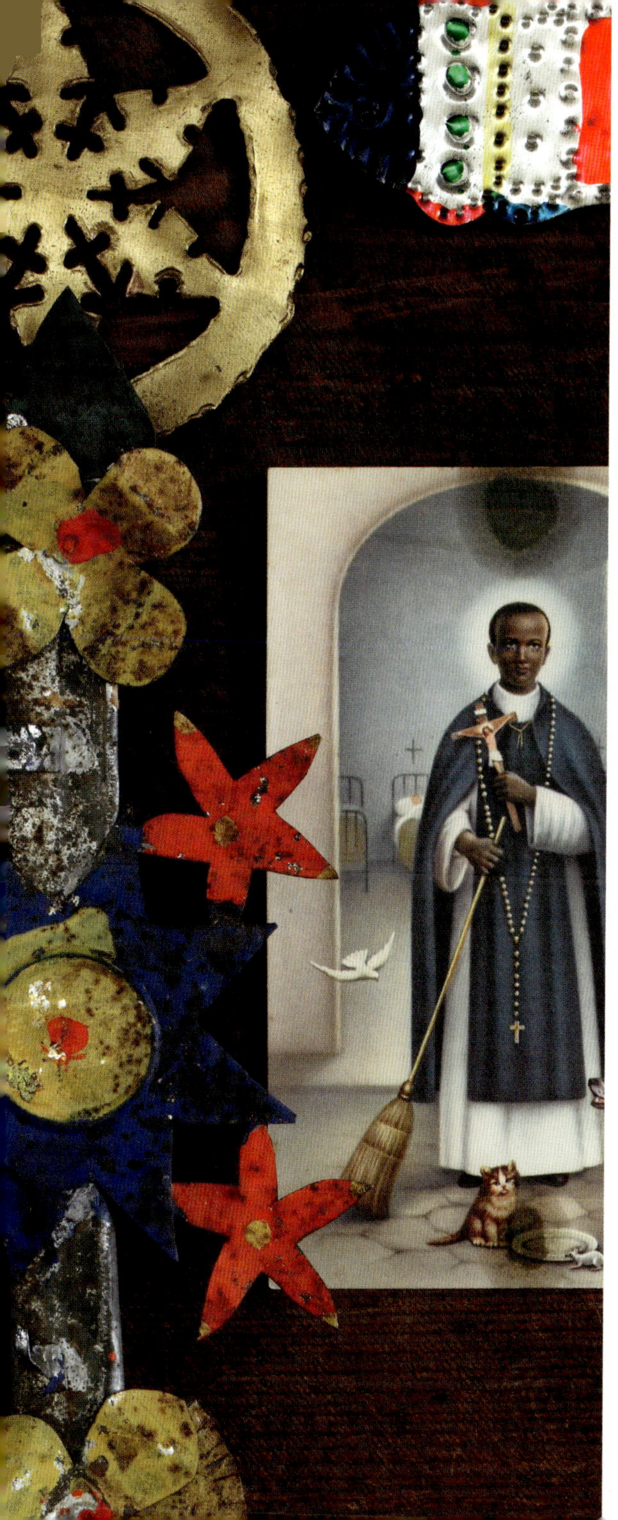

CLOCKWISE FROM TOP LEFT: **Greeting Card, "México,"** ink on paper; **Hand,** tin; **Snowflake,** metal; **Cross** (detail), oil on tin; **Postcard, "San Martín de Porres,"** ink on paper; **Tree of Life,** painted metal, wood; **Votive Plaque with Hand,** tin; **Snowflake,** metal; **Votive Figure,** tin; **Halo for San Roque,** carved painted wood, paper, metal, Philippines. **CENTER LEFT:** **Halo for San Marcos,** polychrome carved wood, gesso. **CENTER RIGHT:** **Pendant Heart,** cardboard, plastic, paper, fabric, 20th century. **EN SENTIDO DE LAS MANECILLAS DEL RELOJ DESDE ARRIBA A LA IZQUIERDA:** **Tarjeta de felicitación, "México,"** tinta sobre papel; **Mano,** hojalata; **Copo de nieve,** metal; **Cruz** (detalle), óleo sobre hojalata; **Tarjeta postal, "San Martín de Porres,"** tinta sobre papel; **Árbol de la Vida,** metal pintado, madera; **Placa votiva con mano,** hojalata; **Copo de nieve,** metal; **Figura votiva,** hojalata; **Halo para San Roque,** talla en madera pintada, papel, metal, Filipinas. **AL CENTRO, A LA IZQUIERDA:** **Halo para San Marcos,** talla en madera policromada, yeso. **AL CENTRO, A LA DERECHA:** **Pendiente en forma de corazón,** cartulina, plástico, papel, tela, siglo XX.

CLOCKWISE FROM TOP LEFT: Hand, tin, 20th century; **Snowflake,** metal, 20th century; **Pendant Heart,** cardboard, plastic, paper, fabric, 20th century; **Tree of Life,** painted metal, wood, 20th century; **Votive Plaque with Hand,** tin, 20th century; **Halo for San Marcos,** polychrome carved wood, gesso, 20th century.

EN SENTIDO DE LAS MANECILLAS DEL RELOJ DESDE LA IZQUIERDA: Mano, hojalata, siglo XX; **Copo de nieve,** metal, siglo XX; **Pendiente en forma de corazón,** cartulina, plástico, papel, tela, siglo XX; **Árbol de la Vida,** metal pintado, madera, siglo XX; **Placa votiva con mano,** hojalata, siglo XX; **Halo para San Marcos,** talla en madera policromada, yeso, siglo XX.

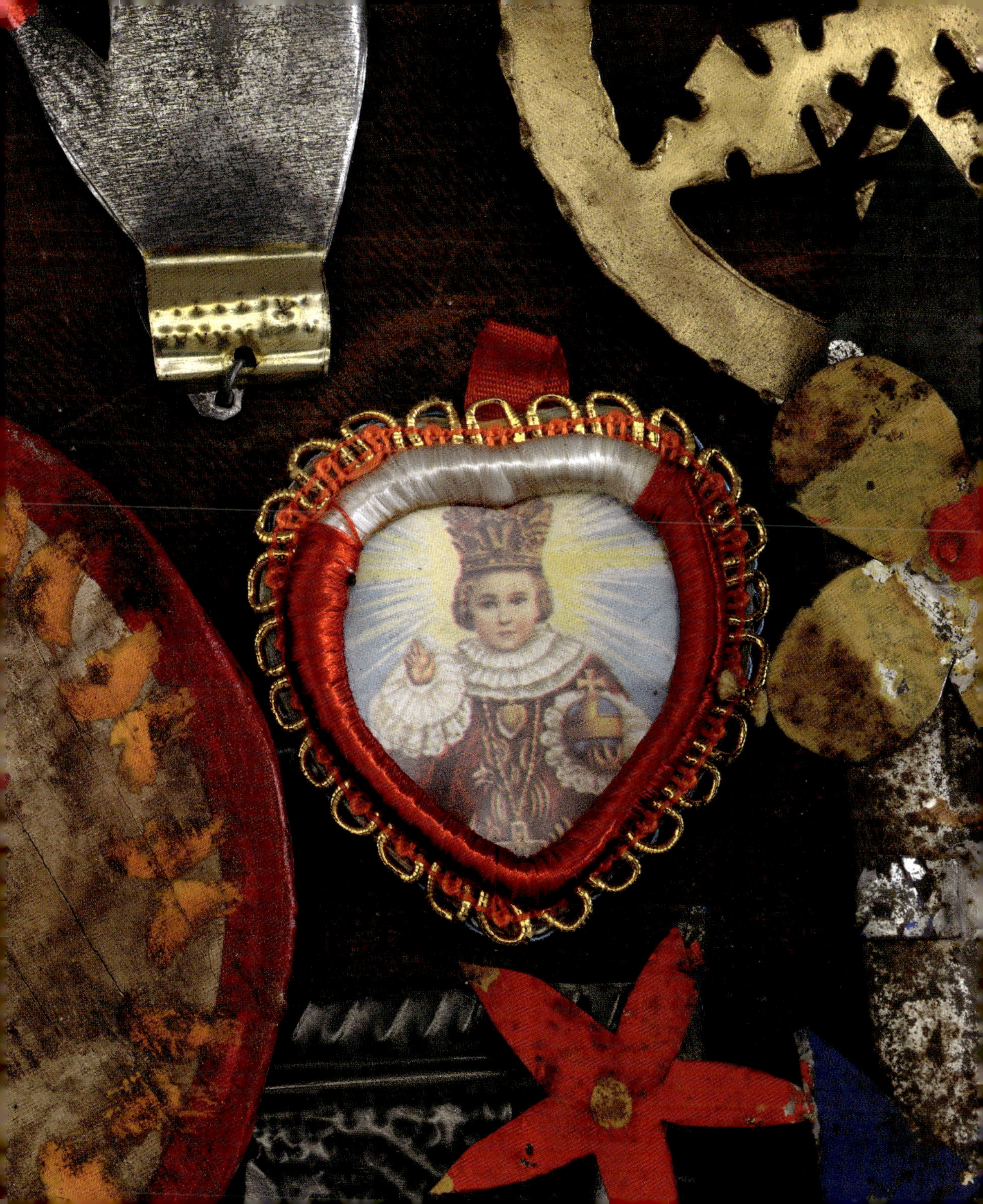

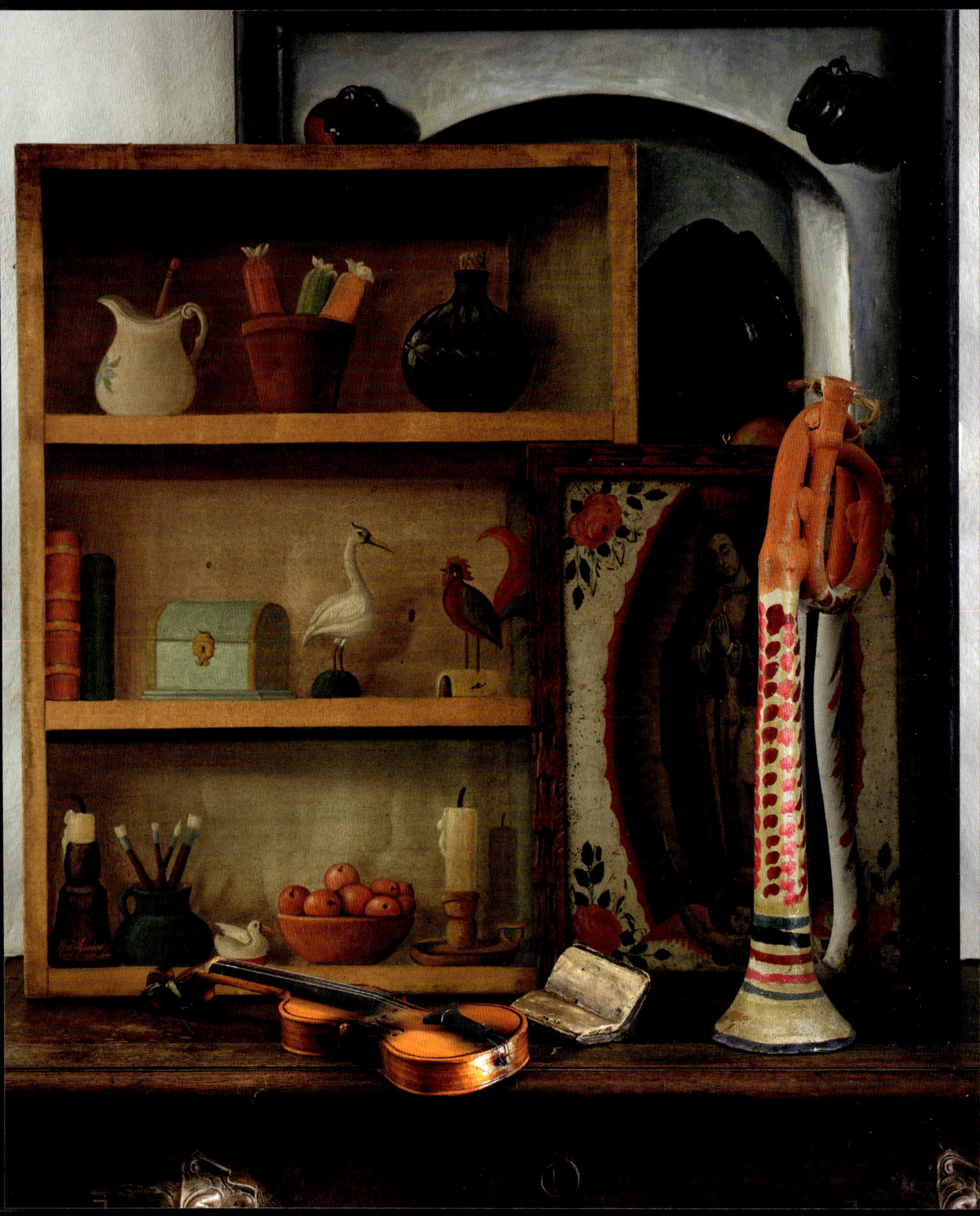

CLOCKWISE FROM LEFT: **Still Life with Pantry Shelves,** artist: Raúl, oil on canvas, 20th century; **Still Life in Nicho,** artist: A. G. Torre, oil on canvas, 1987; **Retablo, la Virgen de Guadalupe,** oil on tin, wood, ca. 19th–20th century; **Trumpet,** polychrome ceramic, string, 20th century; **Book,** polychrome carved wood, gesso, 20th century; **Miniature Violin,** wood, monofilament, paint, 20th century. **EN SENTIDO DE LAS MANECILLAS DEL RELOJ DESDE LA IZQUIERDA:** **Naturaleza muerta con estanterías de alacena,** artista: Raúl, óleo sobre lienzo, siglo XX; **Naturaleza muerta en nicho,** artista: A. G. Torre, óleo sobre lienzo, 1987; **Retablo con la Virgen de Guadalupe,** óleo sobre hojalata, madera, alrededor del siglo XIX o XX; **Trompeta,** cerámica policromada, cordel, siglo XX; **Libro,** talla en madera policromada, yeso, siglo XX; **Violín en miniatura,** madera, monofilamento, pintura, siglo XX.

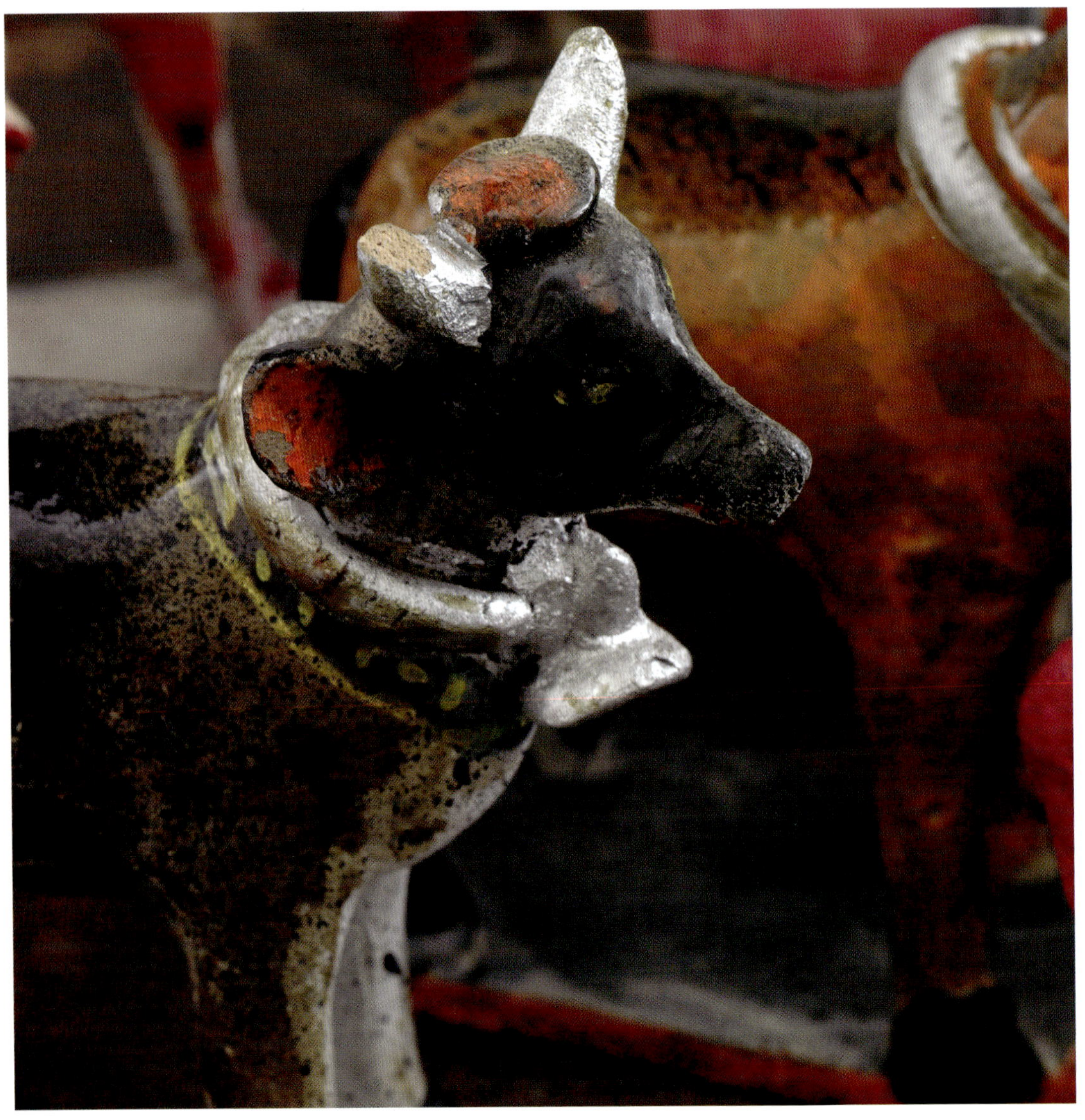

ABOVE: Figures, painted, glazed ceramic, 20th century.
ENCIMA: Figuras, cerámica pintada y vidriada, siglo XX.

OPPOSITE PAGE: Figures, painted, glazed ceramic, 20th century.
PÁGINA OPUESTA: Figuras, cerámica pintada y vidriada, siglo XX.

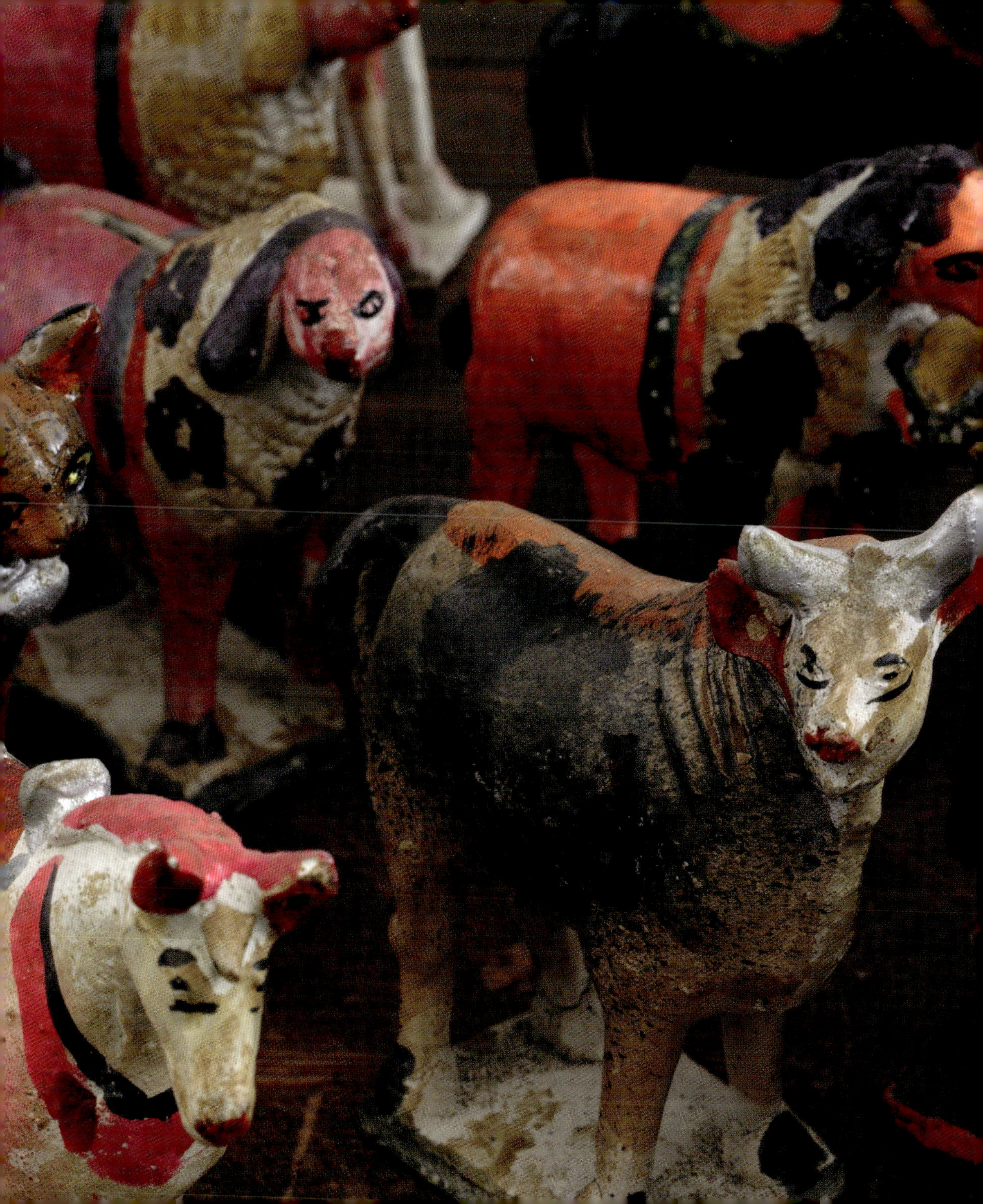

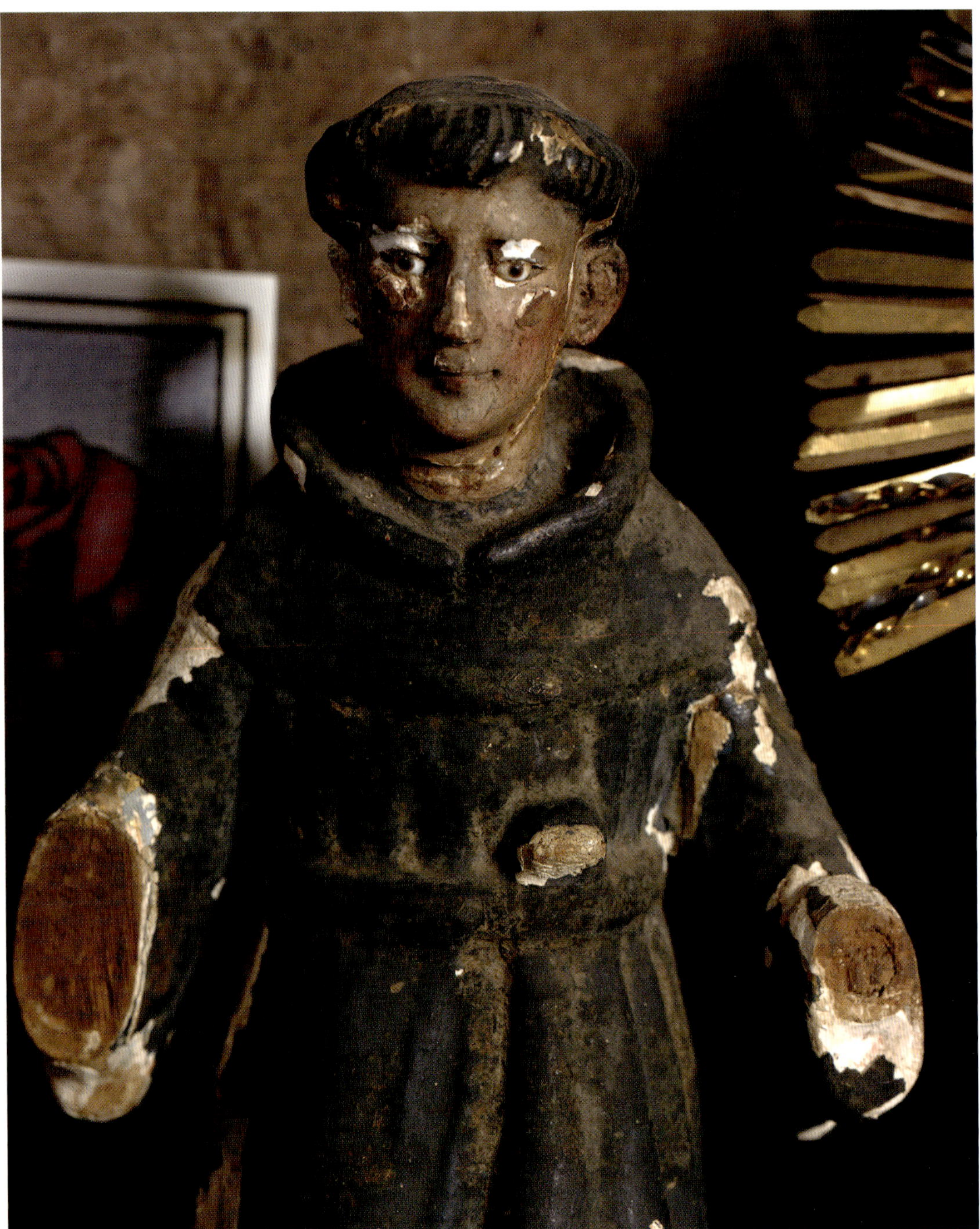

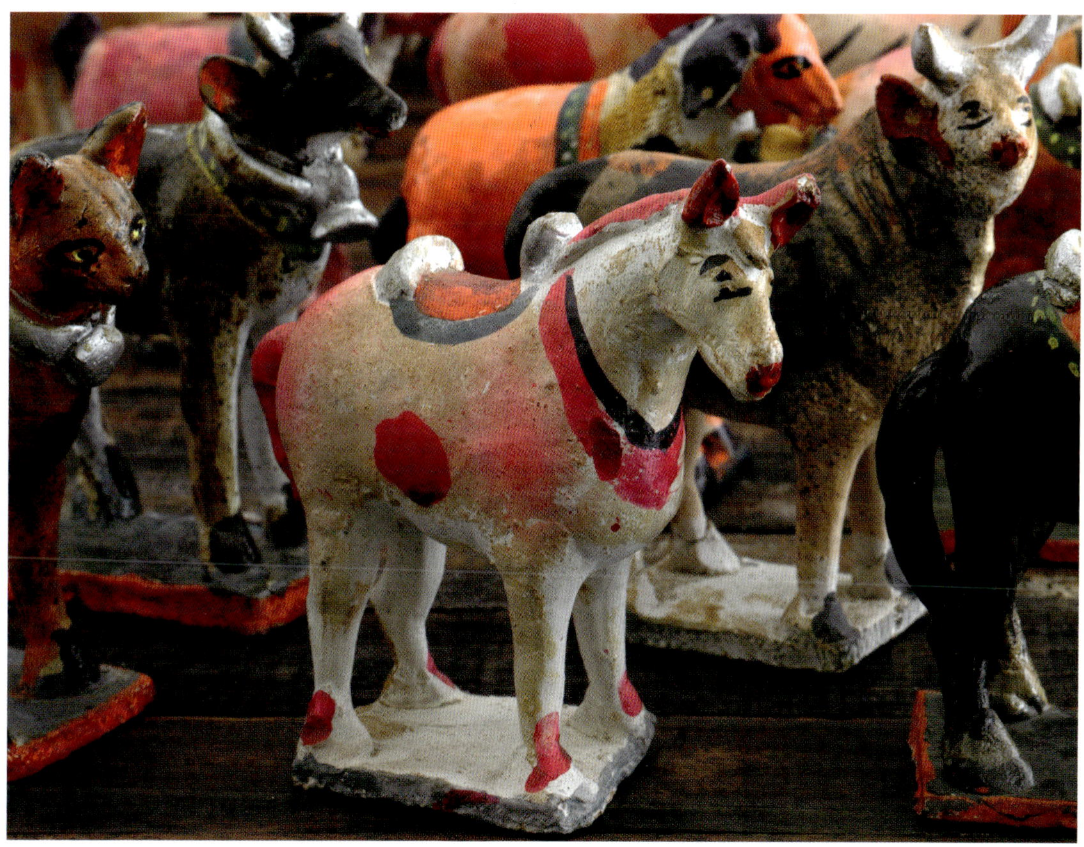

ABOVE: Figures, painted, glazed ceramic, 20th century.
ENCIMA: Figuras, cerámica pintada y vidriada, siglo XX.

OPPOSITE, FROM LEFT TO RIGHT: Postcard, **La Rosa,** ink on paper, 20th century; **Franciscan Figure,** carved wood, gesso, paint, ca. 19th–20th century; **Head with Golden Halo** (detail), carved wood, gesso, paint, metal, 20th century. **PÁGINA OPUESTA, DE IZQUIERDA A DERECHA:** Tarjeta postal, **La Rosa,** tinta sobre papel, siglo XX; **Figura de franciscano,** talla en madera, yeso, pintura, alrededor del siglo XIX o XX; **Cabeza con halo dorado** (detalle), talla en madera, yeso, pintura, metal, siglo XX.

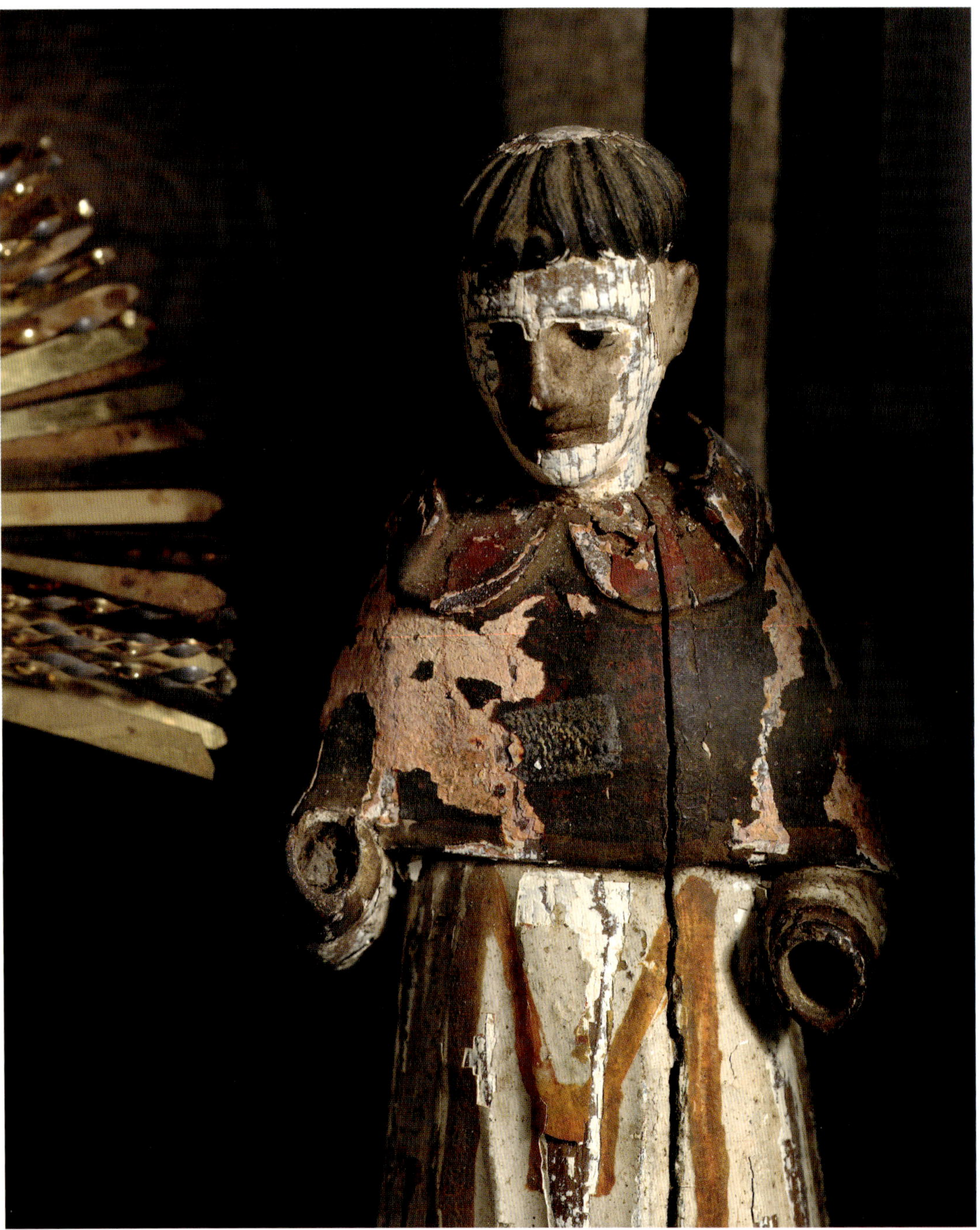

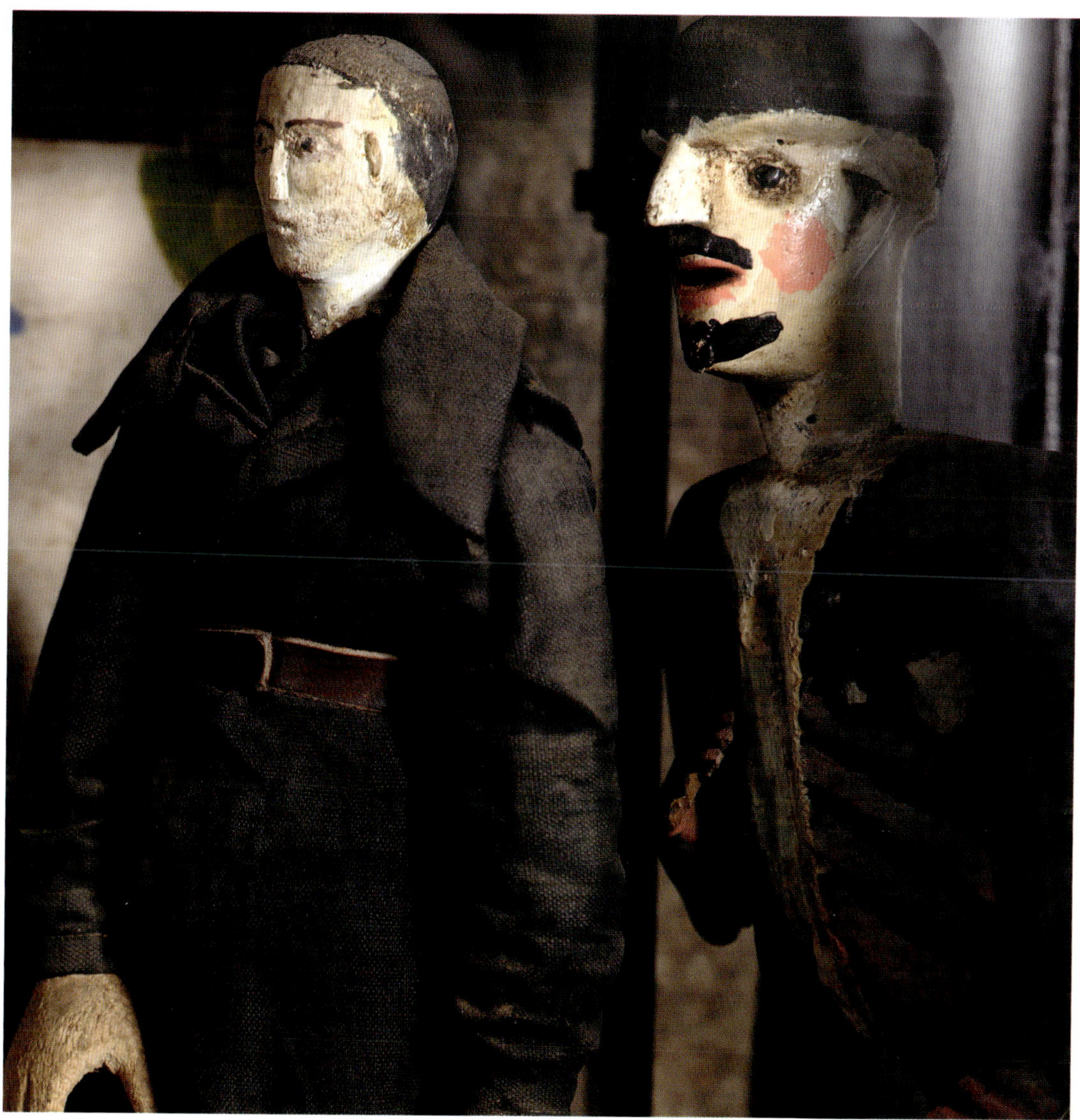

OPPOSITE, FROM LEFT TO RIGHT: **Head with Golden Halo** (detail), Carved wood, gesso, paint, metal, 20th century; **Figure in Ecclesiastical Robe,** carved painted wood, ca. 19th–20th century. **PÁGINA OPUESTA, DE IZQUIERDA A DERECHA:** **Cabeza con halo dorado** (detalle), talla en madera, yeso, pintura, metal, siglo XX; **Figura con vestidura eclesiástica,** talla en madera pintada, alrededor del siglo XIX o XX.

ABOVE, FROM LEFT TO RIGHT: **Man with Coat,** artist: Paulo Jaliana, painted wood, fabric, leather, metal, Brazil; **Standing Man,** carved, painted wood, 20th century. **ENCIMA, IZQUIERDA A DERECHA:** **Hombre con abrigo,** artista: Paulo Jaliana, madera pintada, tela, cuero, metal, Brasil; **Hombre de pie,** talla en madera pintada, siglo XX.

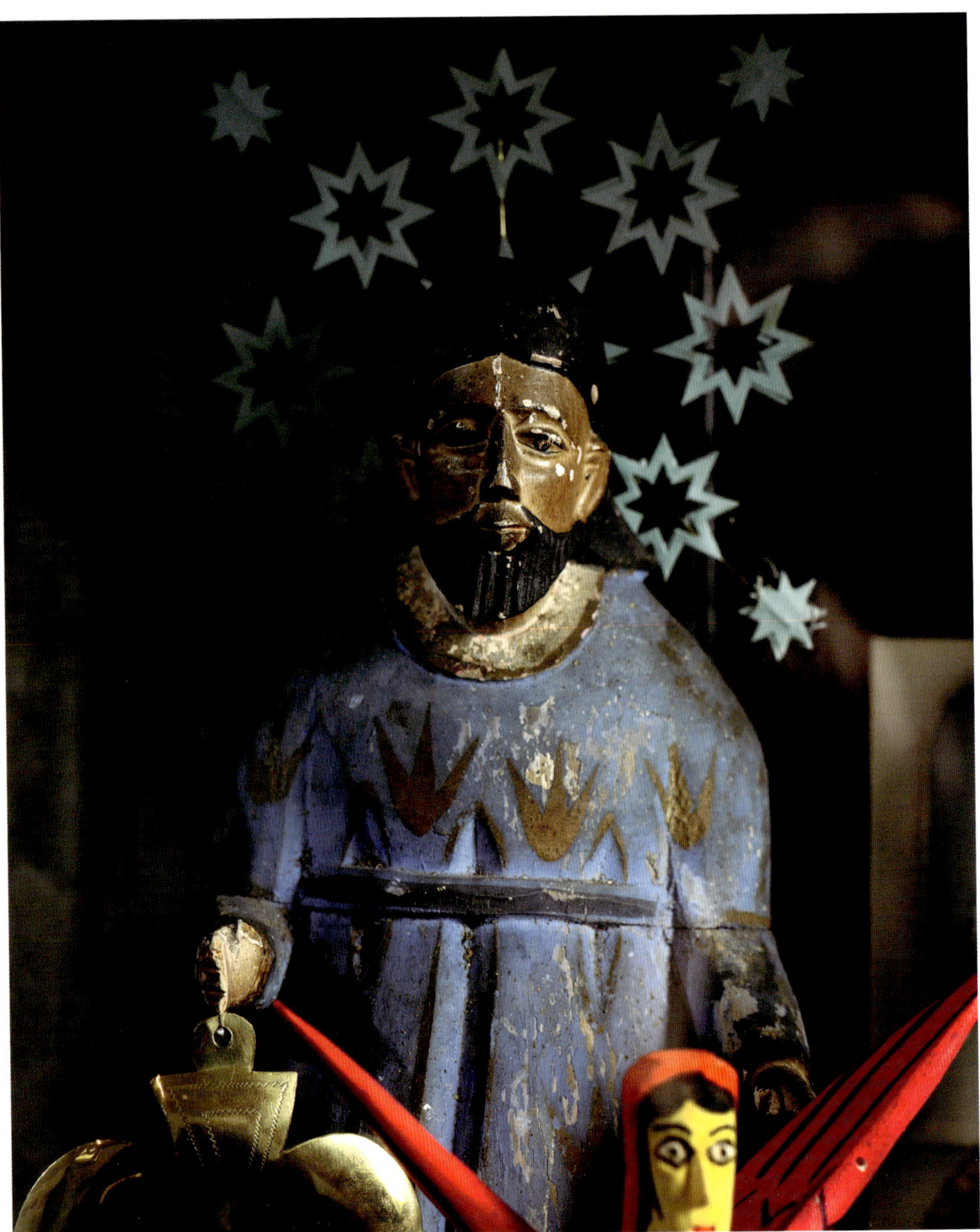

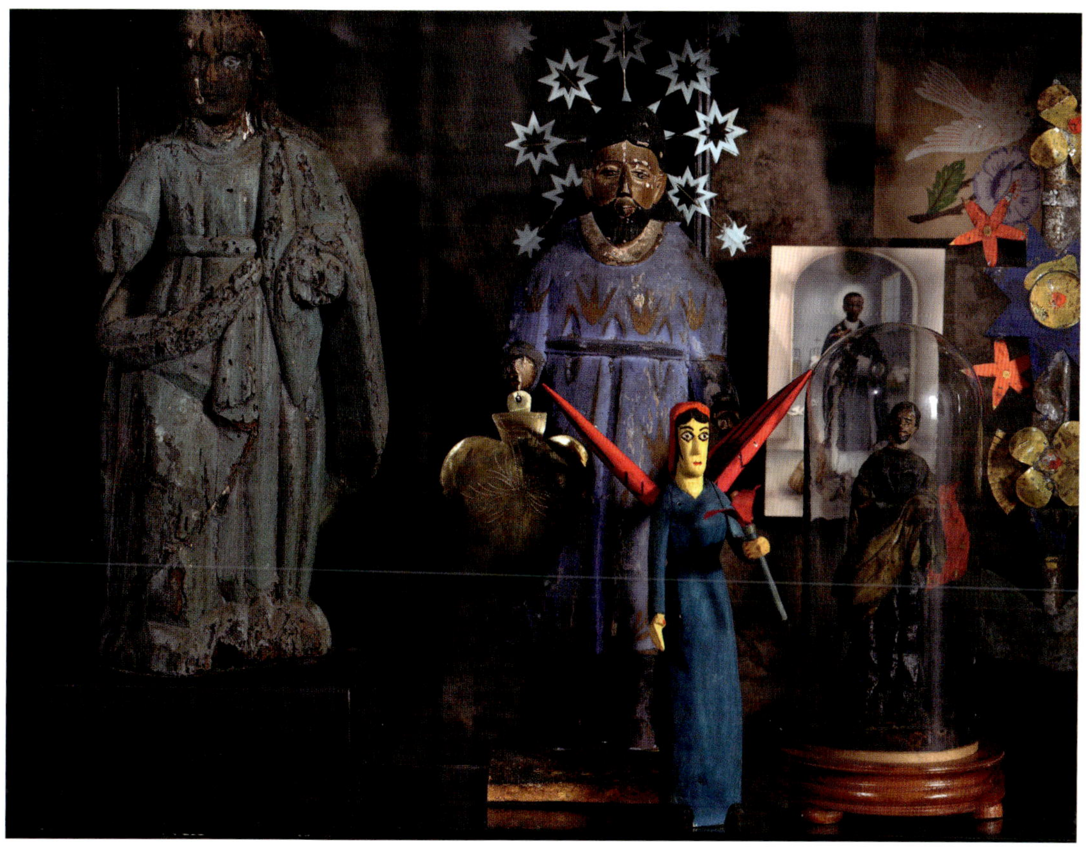

ABOVE, CLOCKWISE FROM LEFT: **Female Saint,** carved, painted wood, ca. 19th–20th century; **San Roque,** carved painted wood, paper, metal, 20th century, Philippines; Postcard, **San Martín de Porres,** ink on paper, 20th century; **Tree of Life,** painted metal, wood, 20th century; **Saint Joseph in Dome,** wood, fabric, glass, 20th century; **Angel with Flowers,** carved, painted wood, 20th century; **Pendant Heart** metal, 20th century.

ENCIMA, EN SENTIDO DE LAS MANECILLAS DEL RELOJ: **Figura de santa,** talla en madera pintada, alrededor del siglo XIX o XX; **San Roque,** talla en madera pintada, papel, metal, siglo XX, Filipinas; Tarjeta postal, **San Martín de Porres,** tinta sobre papel, siglo XX; **Árbol de la Vida,** metal pintado, madera, siglo XX; **San José en una cúpula,** madera, tela, vidrio, siglo XX; **Ángel con flores,** talla en madera pintada, siglo XX; **Pendiente en forma de corazón,** metal, siglo XX.

OPPOSITE, CLOCKWISE FROM TOP: **San Roque,** carved painted wood, paper, metal, 20th century, Philippines; **Angel with Flowers** carved, painted wood, 20th century; **Pendant Heart,** metal, 20th century.

PÁGINA OPUESTA, EN SENTIDO DE LAS MANECILLAS DEL RELOJ DESDE ARRIBA: **San Roque,** talla en madera pintada, papel, metal, siglo XX, Filipinas; **Ángel con flores,** talla en madera pintada, siglo XX; **Pendiente en forma de corazón,** metal, siglo XX.

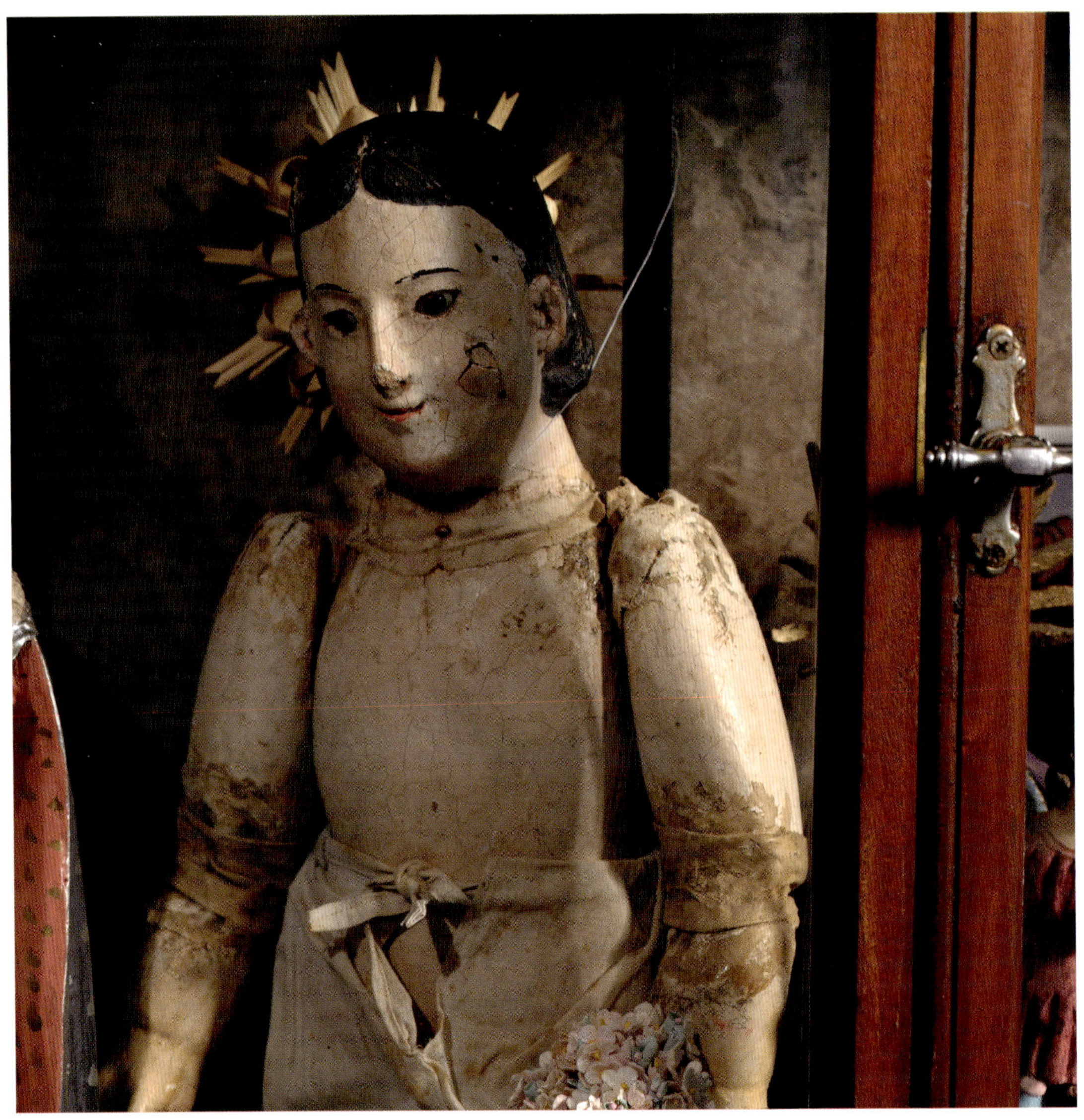

Saint Figure Doll in Undergarments, wood, gesso, paint, fabric, 20th century. **Muñeca con figura de santa en ropa interior,** madera, yeso, pintura, tela, siglo XX.

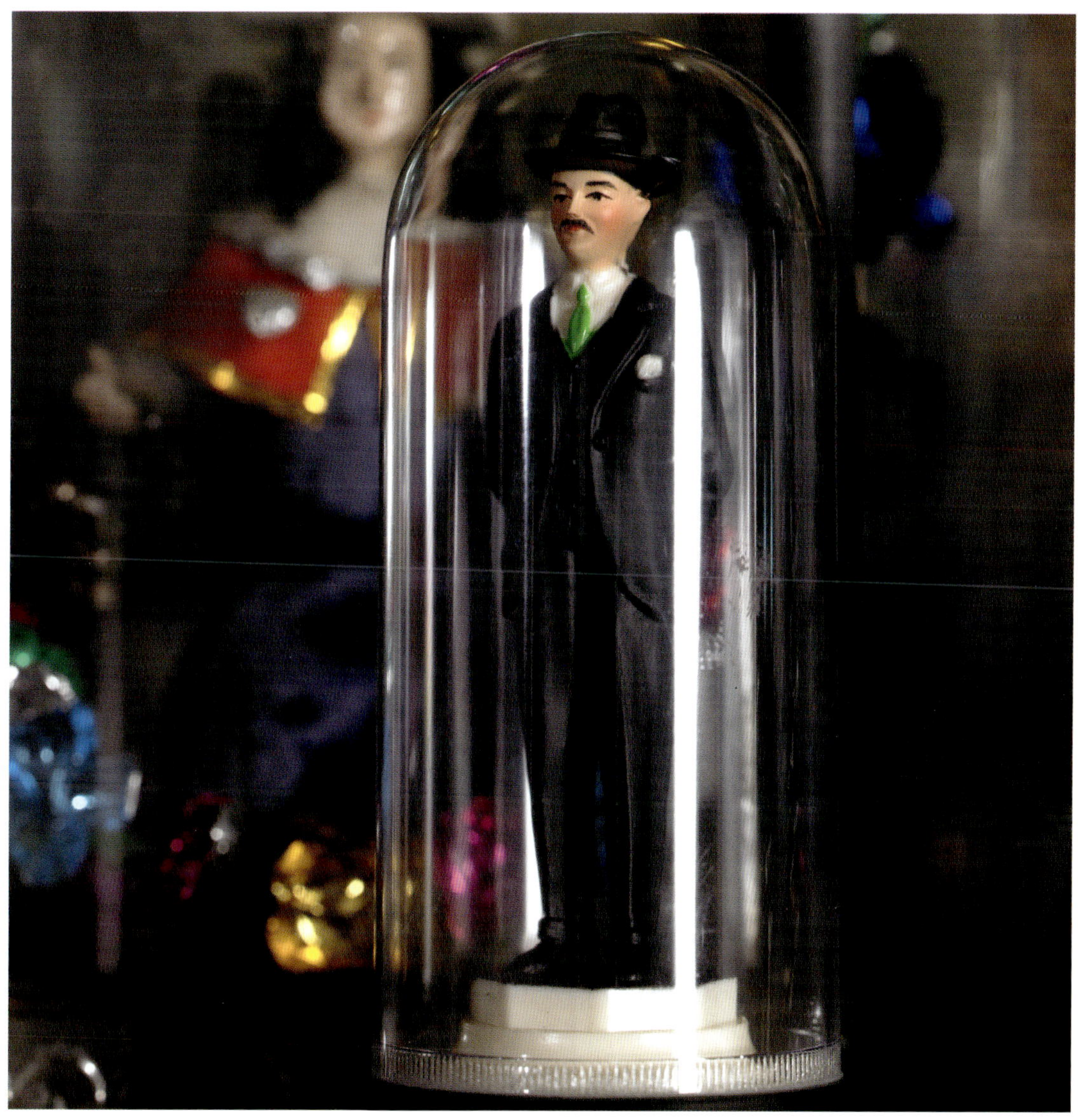

Nicho, El Santo Niño de Atocha, tin, glass, fabric, foil**; Standing Man in Urn,** polychrome plastic, Hong Kong, 20th century**.**
Nicho con el Santo Niño de Atocha, hojalata, vidrio, tela, papel de aluminio; **Hombre de pie en una urna,** plástico policromado, Hong Kong, siglo XX.

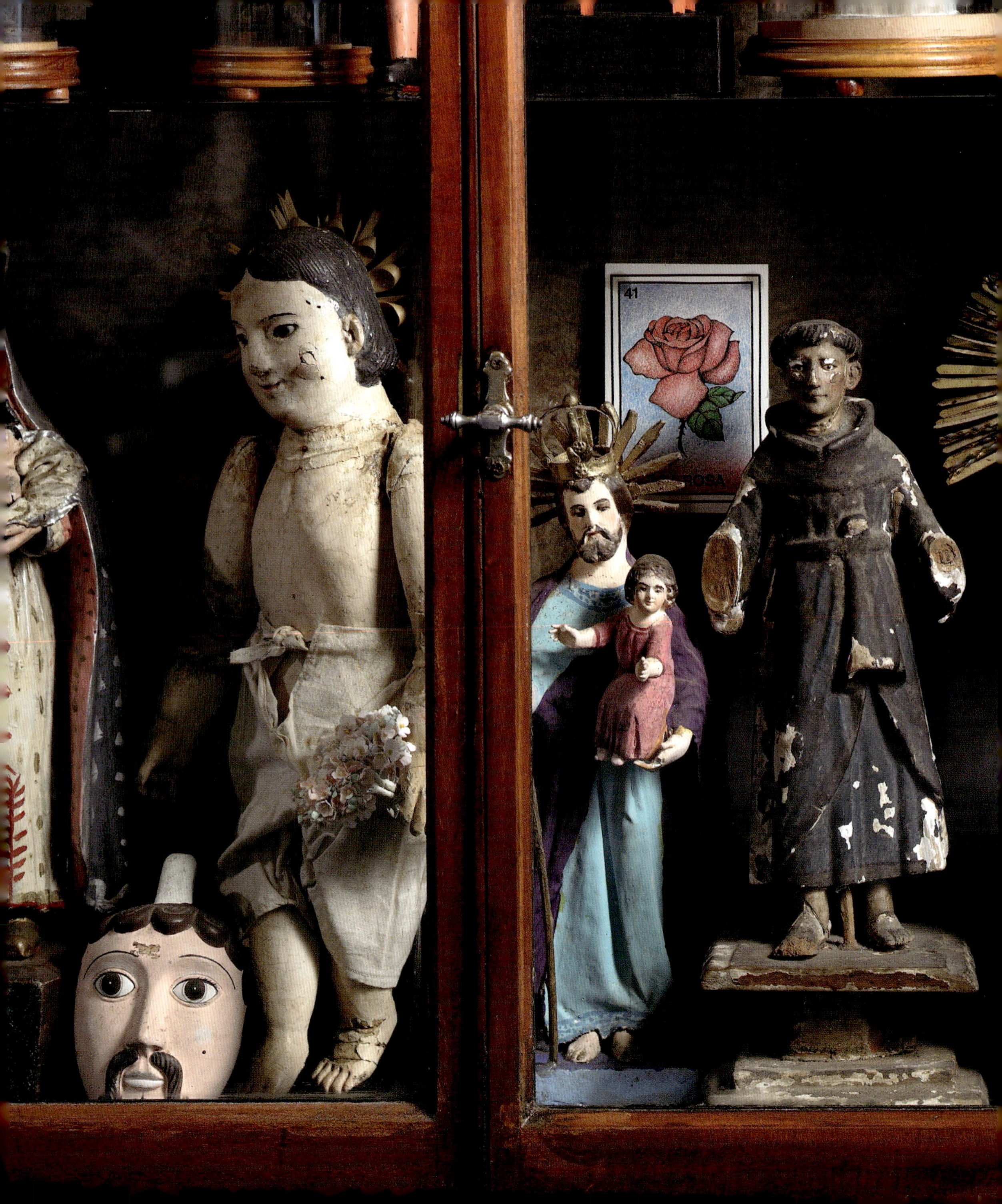
41
ROSA

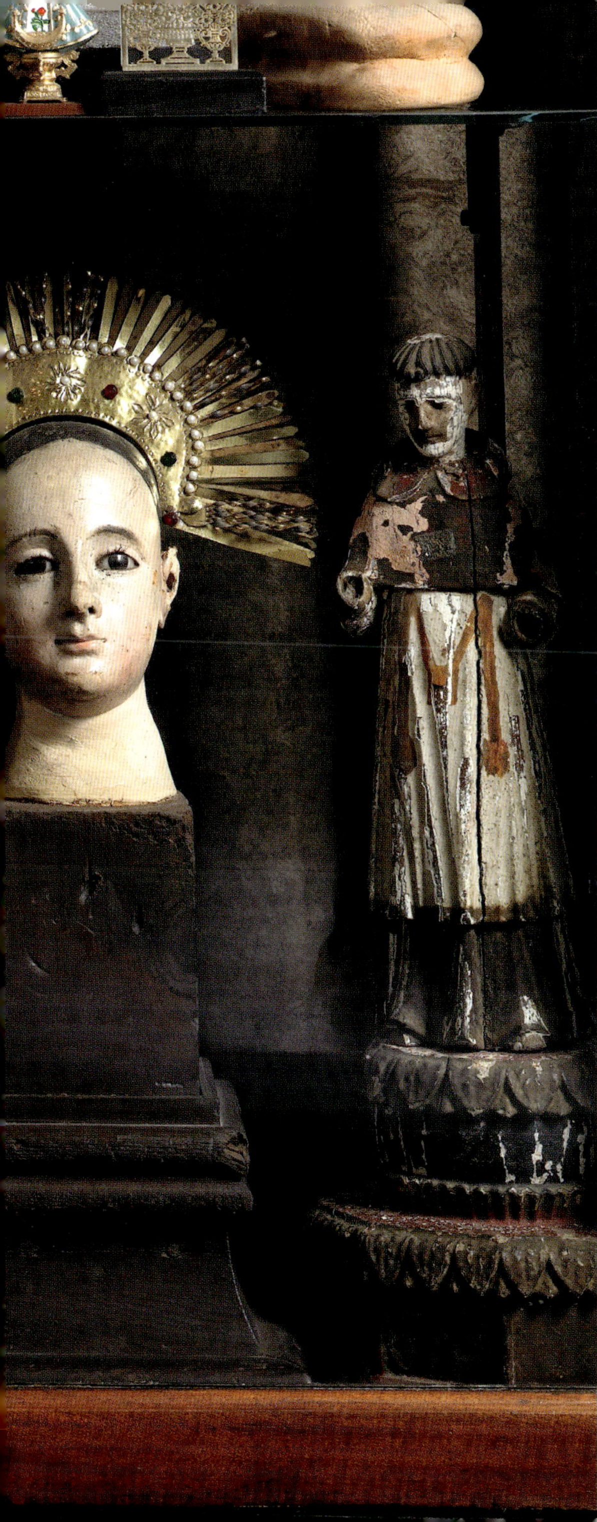

CLOCKWISE FROM LEFT TO RIGHT: Figure, **La Virgen with Baby Jesus** (detail), carved, polychrome wood, fabric, 20th century; **Friar's Head Bank,** polychrome ceramic, 20th century; **Saint Figure Doll in Undergarments,** wood, gesso, paint, fabric, 20th century; Figure, **Saint Joseph with Baby Jesus,** polychrome papier-mâché, wood, 20th century; Postcard, **La Rosa,** ink on paper, 20th century; **Franciscan Figure,** carved wood, gesso, paint, ca. 19th–20th century; **Head with Golden Halo,** carved wood, gesso, paint, metal, 20th century; **Figure in Ecclesiastical Robe,** carved painted wood, ca. 19th–20th century. **EN SENTIDO DE LAS MANECILLAS DEL RELOJ DESDE LA IZQUIERDA: Figura de la Virgen con el Niño Jesús** (detalle), talla en madera policromada, tela, siglo XX; **Alcancía en forma de cabeza de fraile,** cerámica policromada, siglo XX; **Muñeca con figura de santa en ropa interior,** madera, yeso, pintura, tela, siglo XX; **Figura de San José con el Niño Jesús,** papel maché policromado, madera, siglo XX; Tarjeta postal, **La Rosa,** tinta sobre papel, siglo XX; **Figura de franciscano,** talla en madera, yeso, pintura, alrededor del siglo XIX o XX; **Cabeza con halo dorado,** talla en madera, yeso, pintura, metal, siglo XX; **Figura con vestidura eclesiástica,** talla en madera pintada, alrededor del siglo XIX o XX.

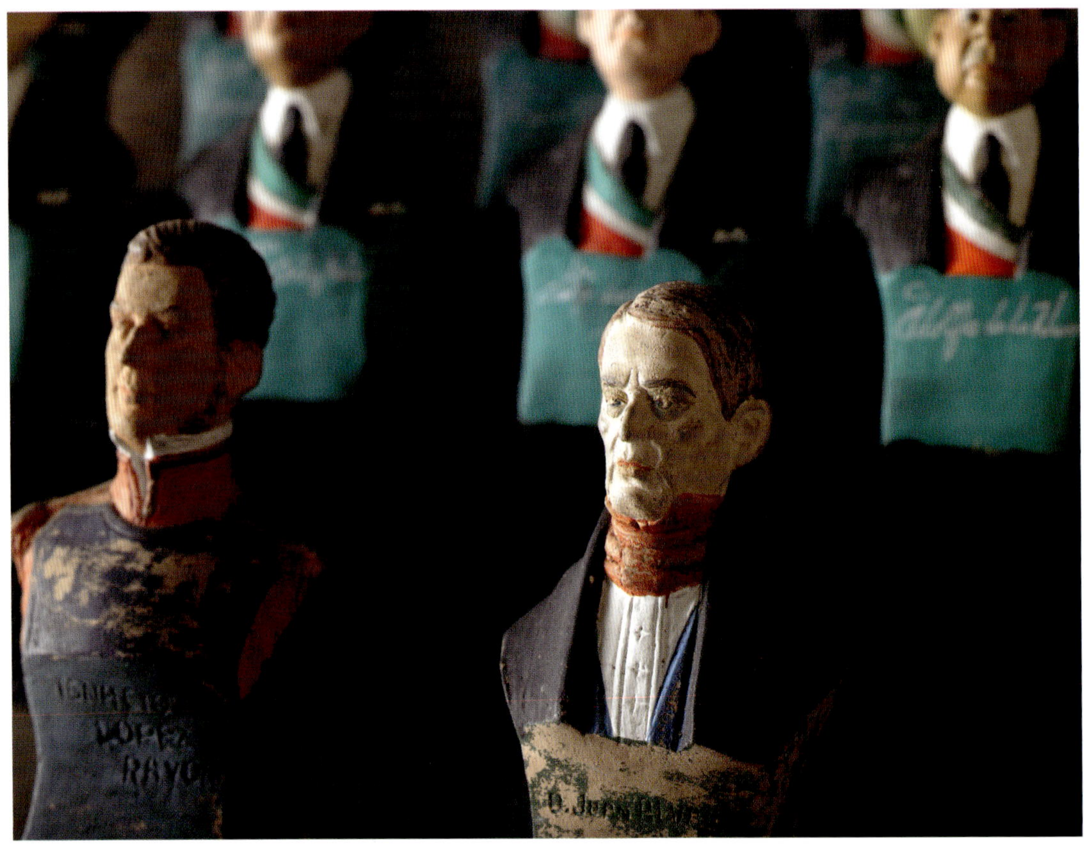

Busts, artist: Panduro family, ceramic, 20th century.
Bustos, artista: familia Panduro, cerámica, siglo XX.

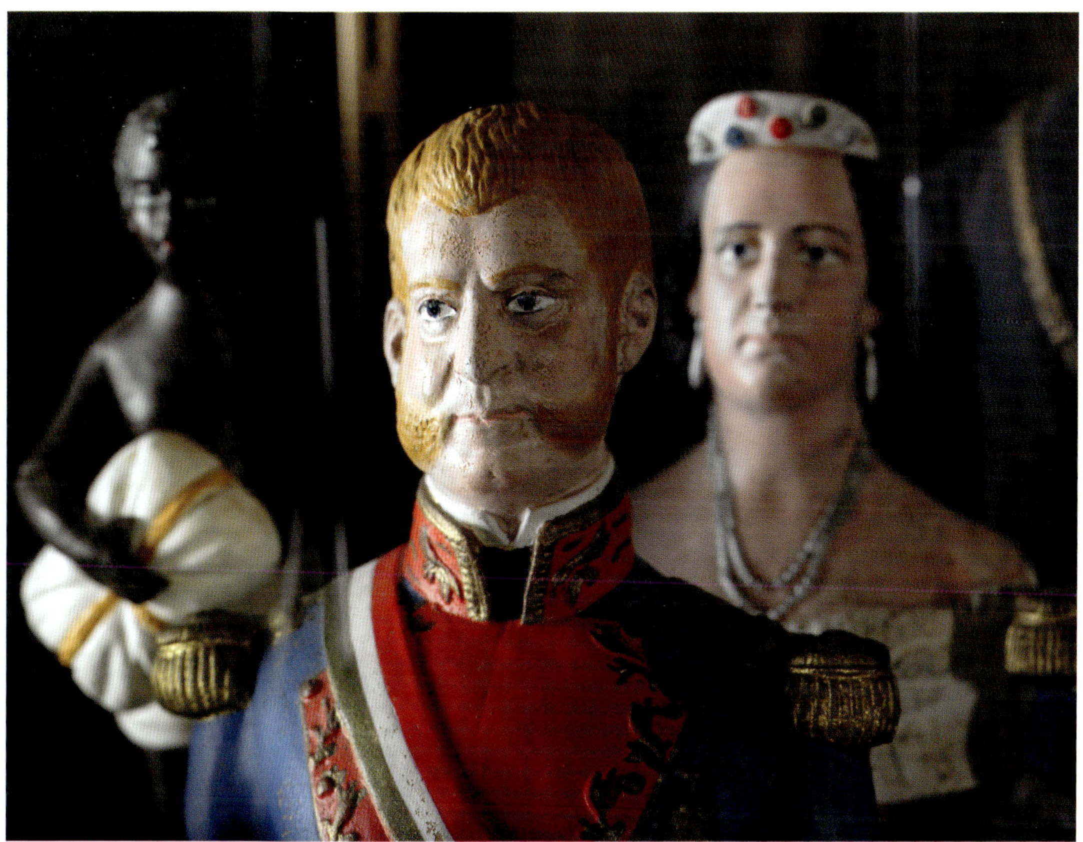

FROM LEFT TO RIGHT: **Figure, Black Child,** painted ceramic; **Bust, Augustín de Iturbide,** artist: Panduro family, polychrome ceramic; **Bust, Carlota,** artist: Panduro family, painted ceramic, 20th century. **DE IZQUIERDA A DERECHA:** **Figura de niño negro,** cerámica pintada; **Busto de Agustín de Iturbide,** artista: familia Panduro, cerámica policromada; **Busto de Carlota,** artista: familia Panduro, cerámica pintada, siglo XX.

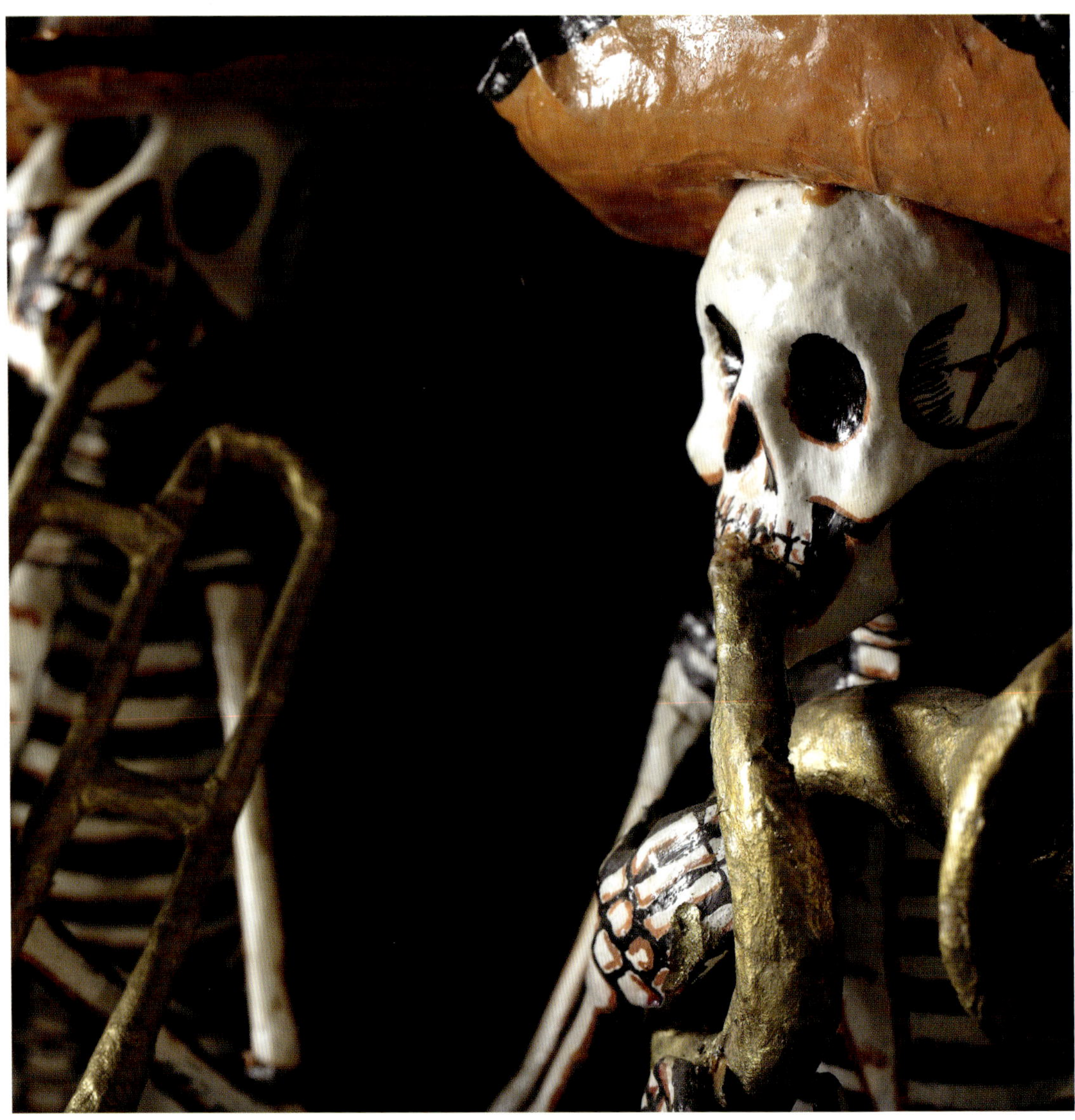

Skeletons, papier-mâché, 20th century.
Esqueletos, papel maché, siglo XX.

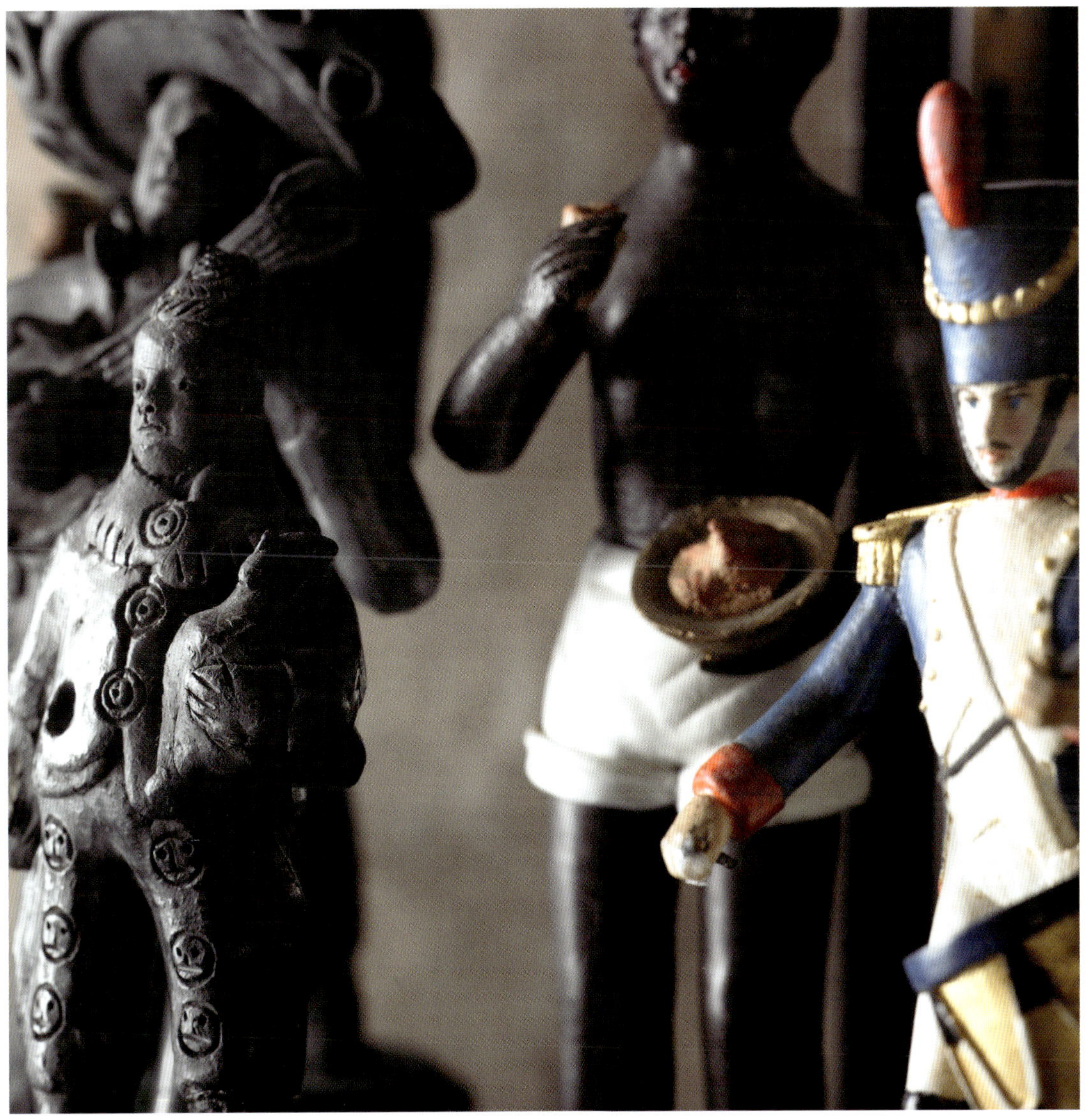

Figures, ceramic, 20th century.
Figuras, cerámica, siglo XX.

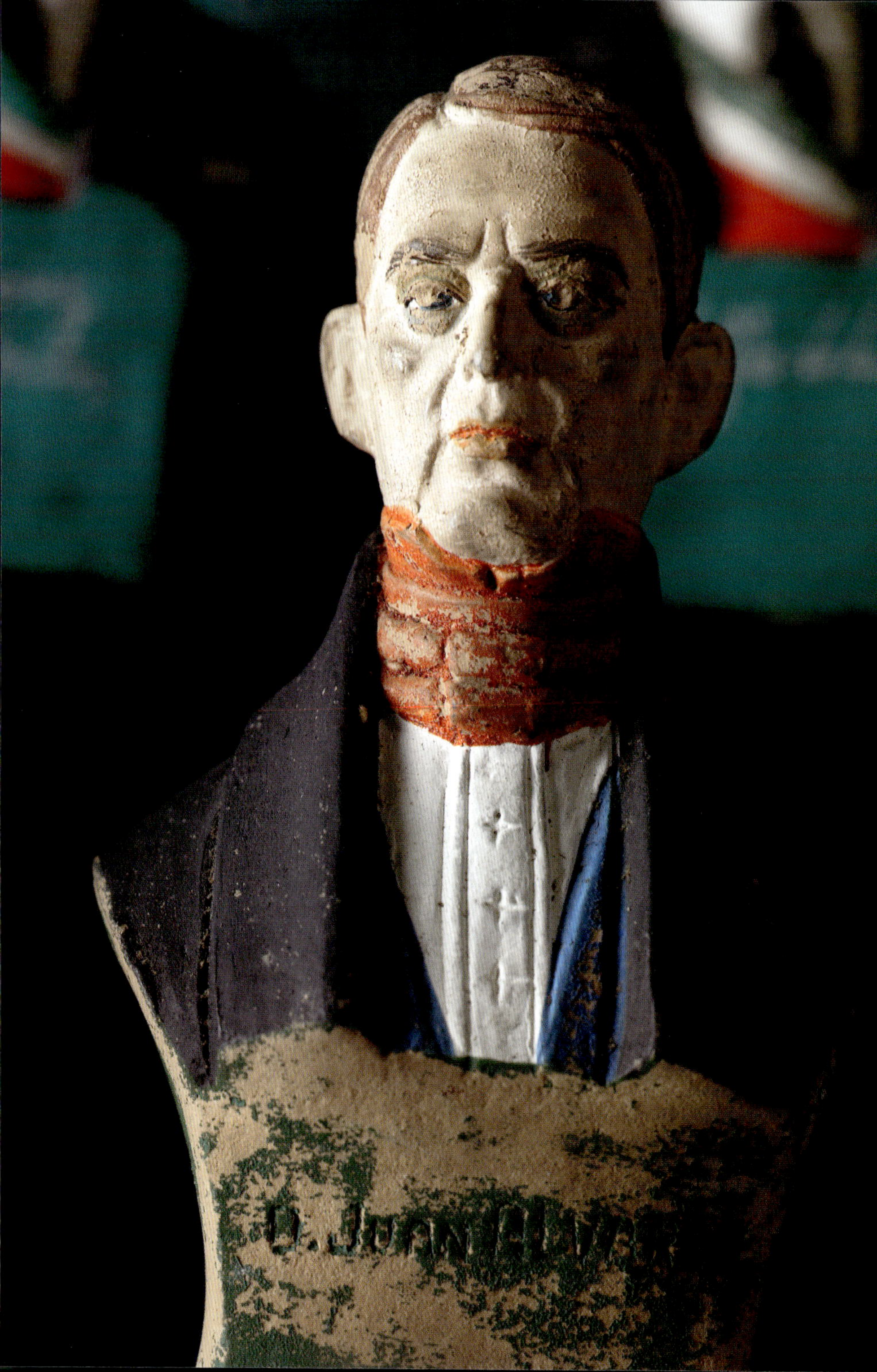
D. JUAN

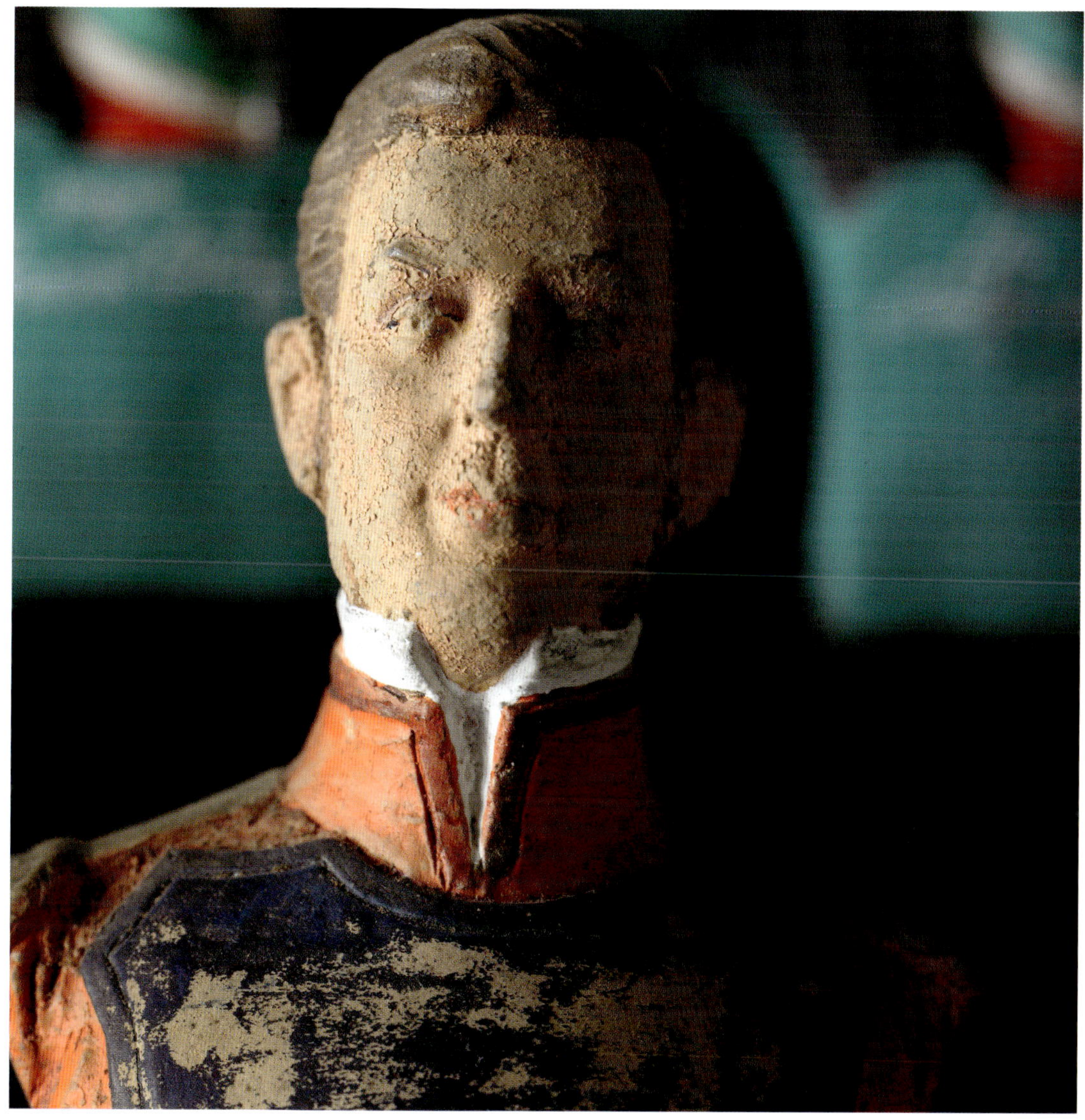

ABOVE: Bust, Ignacio López Rayón, painted ceramic, 20th century. **ENCIMA:** Busto de Ignacio López Rayón, cerámica pintada, siglo XX.

OPPOSITE: Bust, Juan Álvarez, painted ceramic, 20th century. **PÁGINA OPUESTA:** Busto de Juan Álvarez, cerámica pintada, siglo XX.

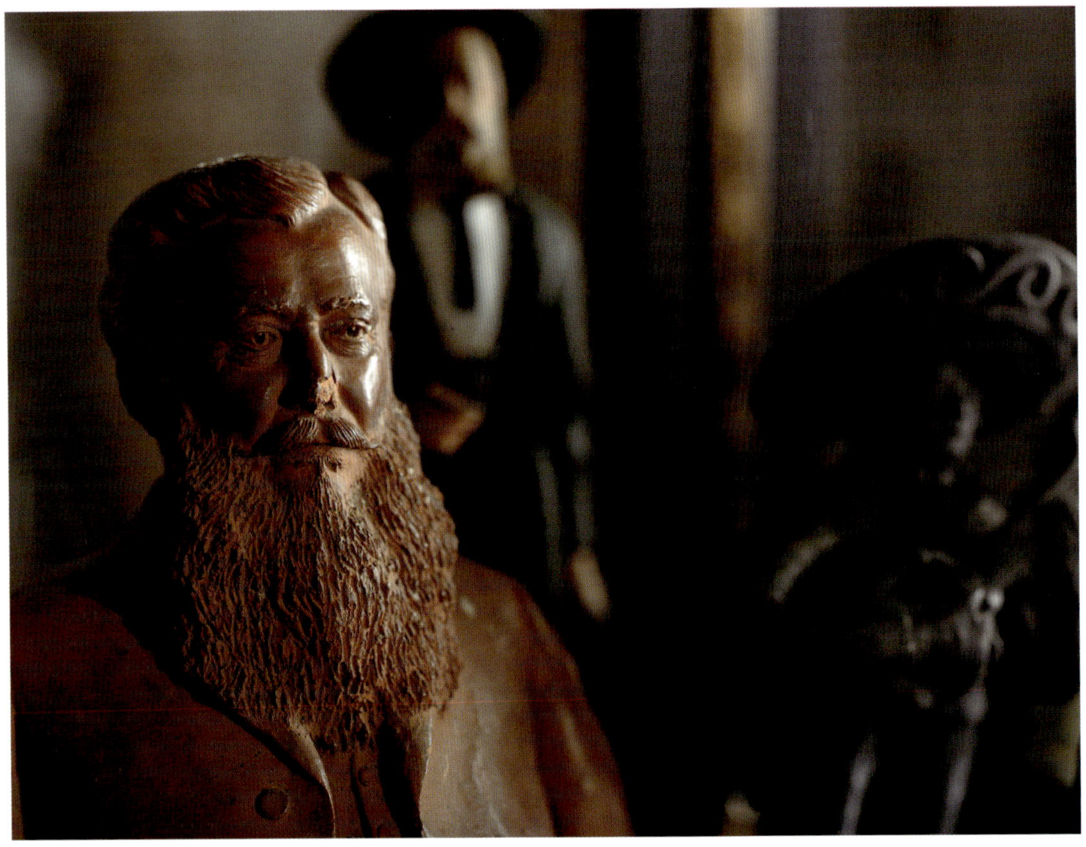

ABOVE: **Figures,** ceramic, 20th century.
ENCIMA: **Figuras,** cerámica, siglo XX.

OPPOSITE: **Figure, Standing,** painted ceramic, 20th century.
PÁGINA OPUESTA: **Figura de pie,** cerámica pintada, siglo XX.

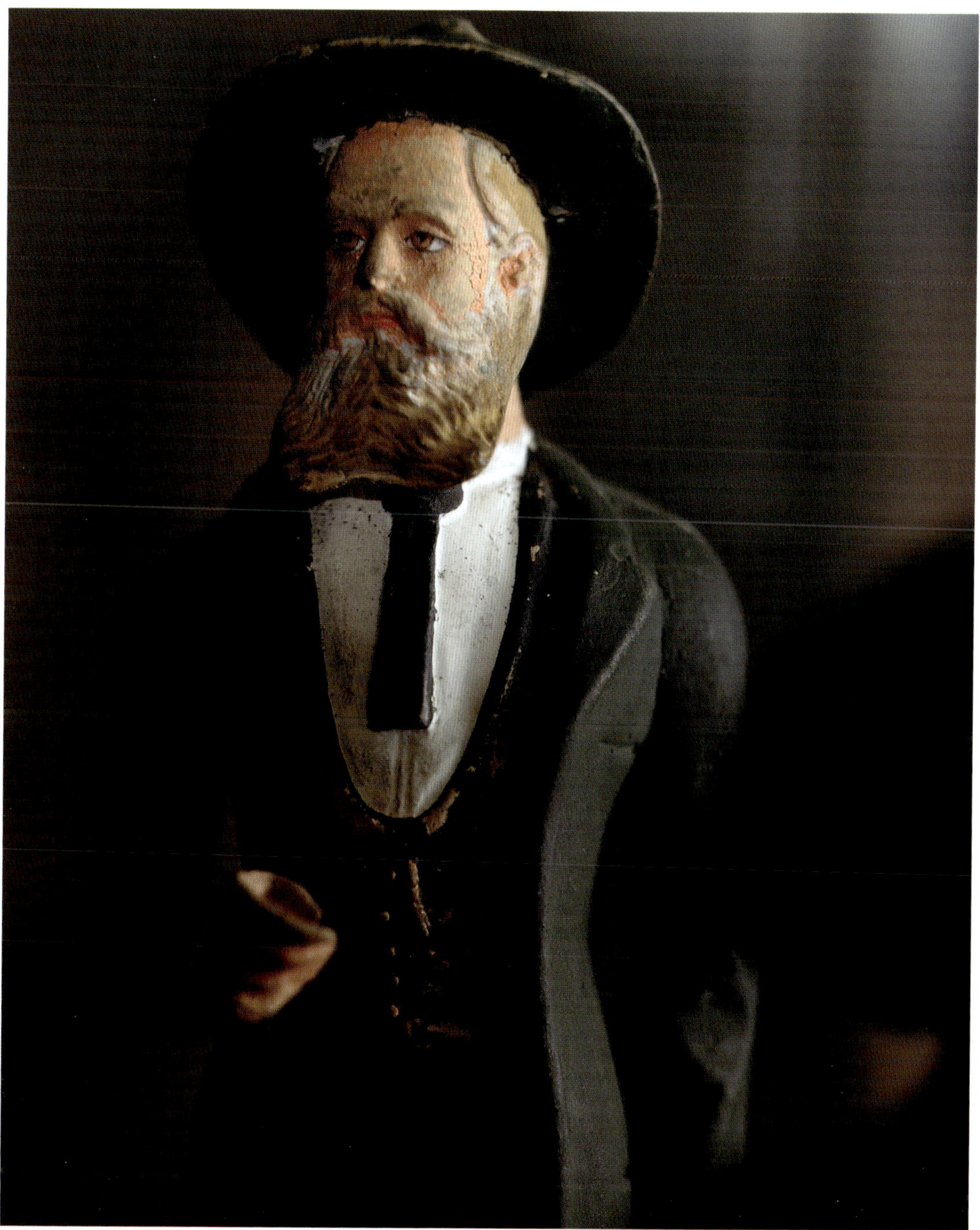

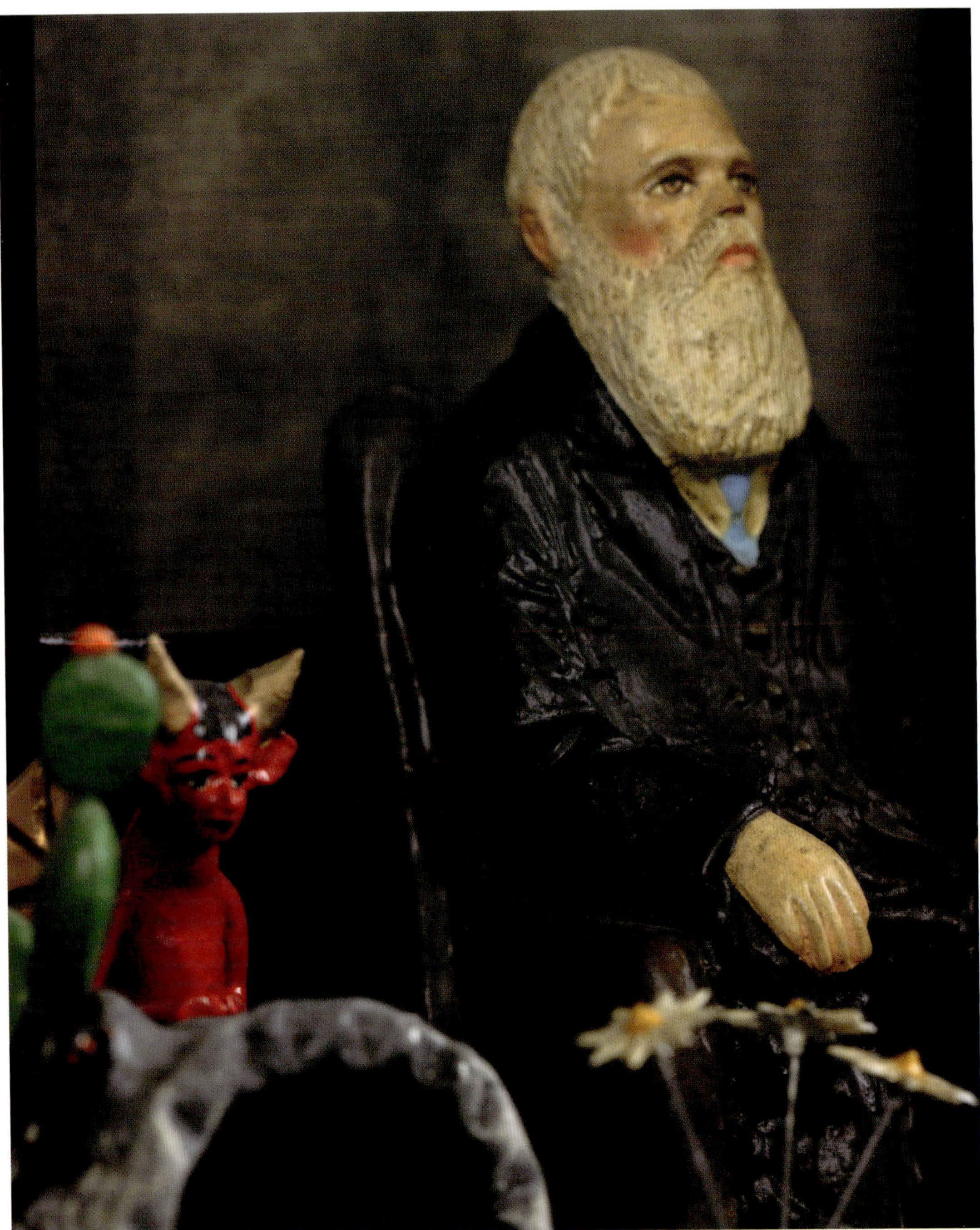

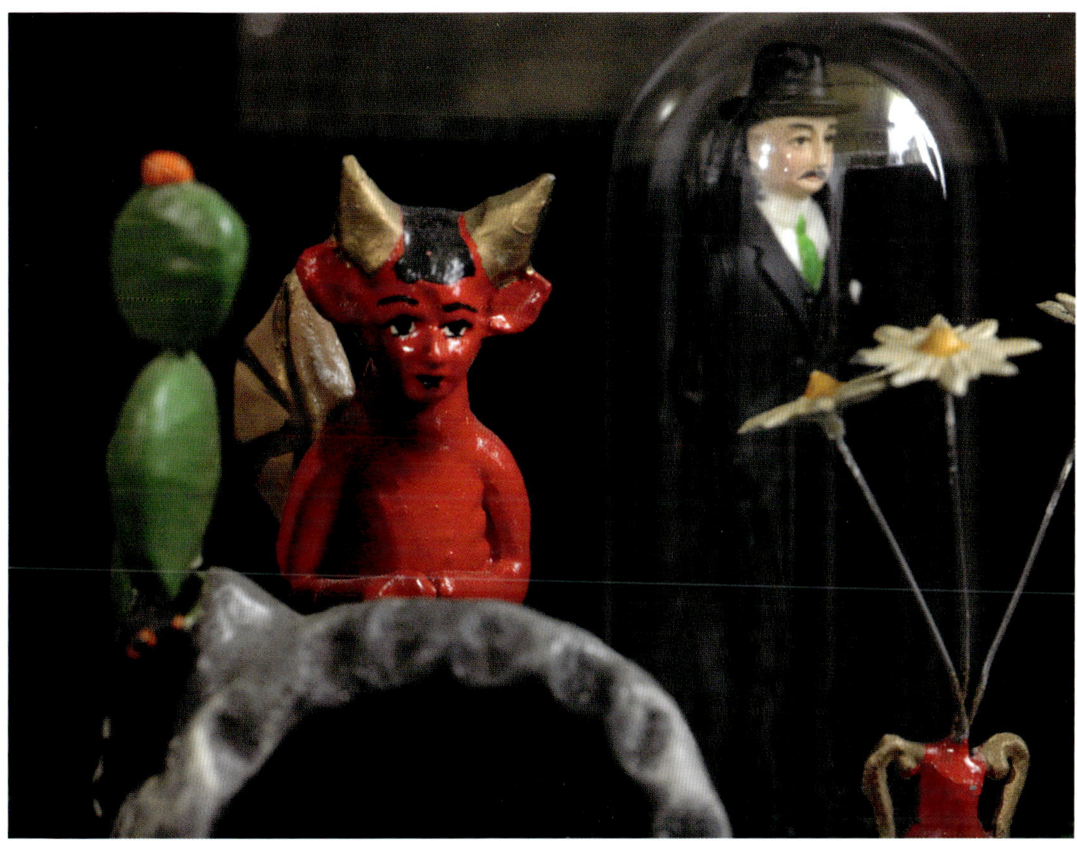

ABOVE, FROM LEFT TO RIGHT: **Hermit and Devil Scene,** polychrome ceramic; **Standing Man in Dome,** polychrome plastic, Hong Kong, 20th century. **ENCIMA, DE IZQUIERDA A DERECHA:** **Escena con el ermitaño y el diablo,** cerámica policromada; **Hombre de pie en una cúpula,** plástico policromado, Hong Kong, siglo XX.

OPPOSITE, FROM LEFT TO RIGHT: **Hermit and Devil Scene,** polychrome ceramic; **Figure, Don Pedrito,** ceramic, 20th century. **PÁGINA OPUESTA, DE IZQUIERDA A DERECHA:** **Escena con el ermitaño y el diablo,** cerámica policromada; **Figura de Don Pedrito,** cerámica, siglo XX.

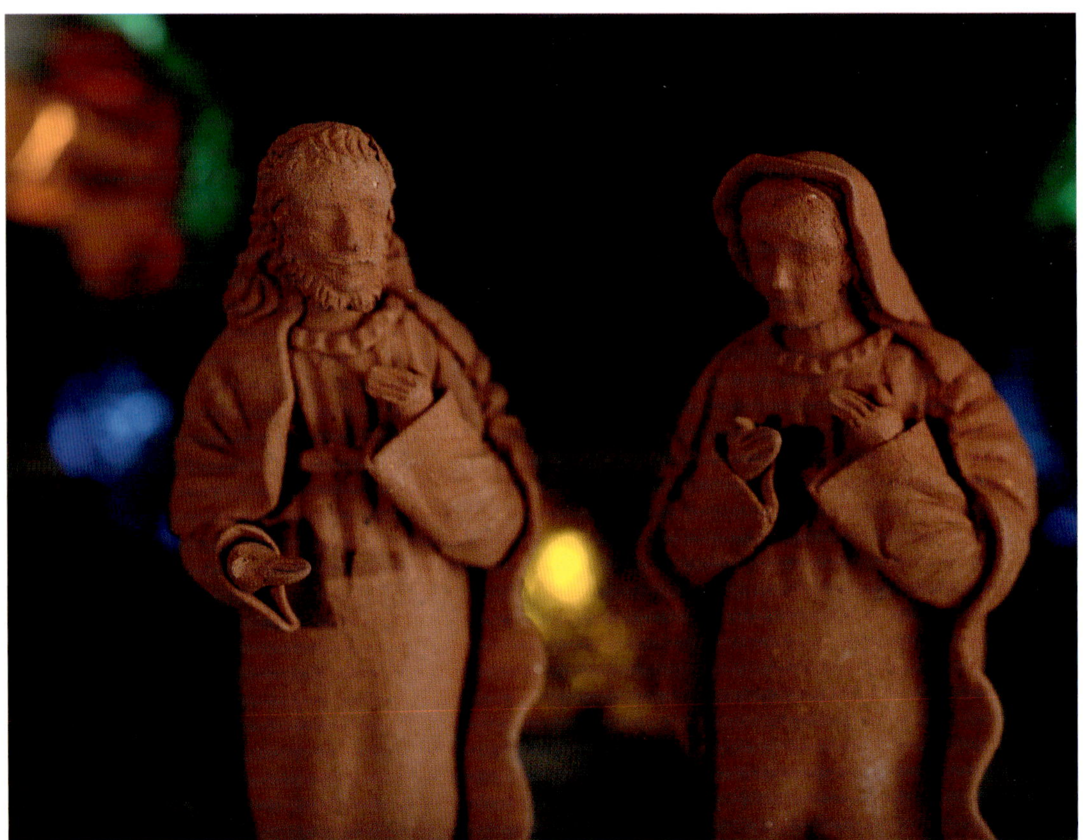

Figures, ceramic, 20th century, Italy.
Figuras, cerámica, siglo XX, Italia.

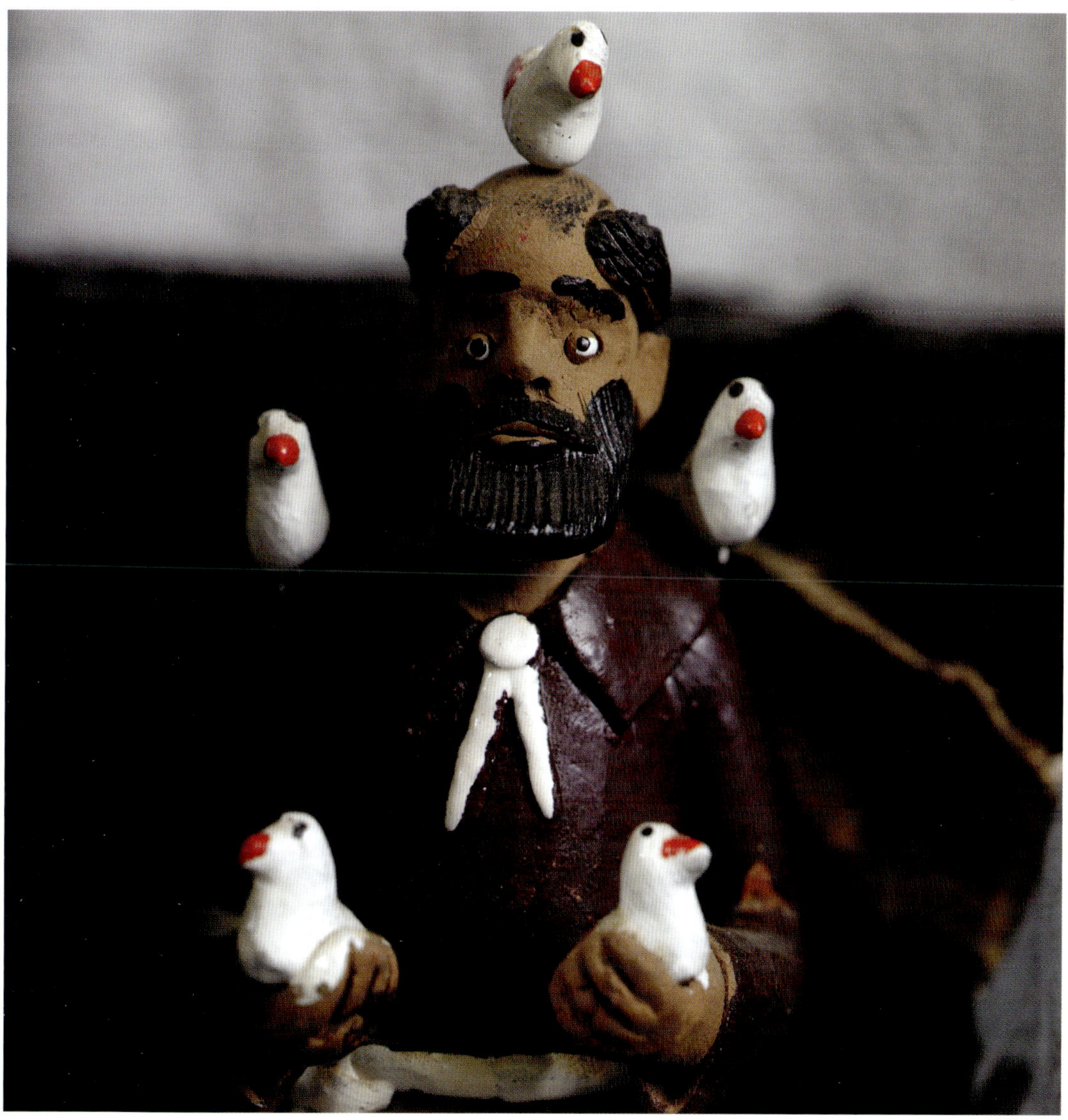

Saint Francis of Assisi, polychrome ceramic, 20th century.
San Francisco de Asís, cerámica policromada, siglo XX.

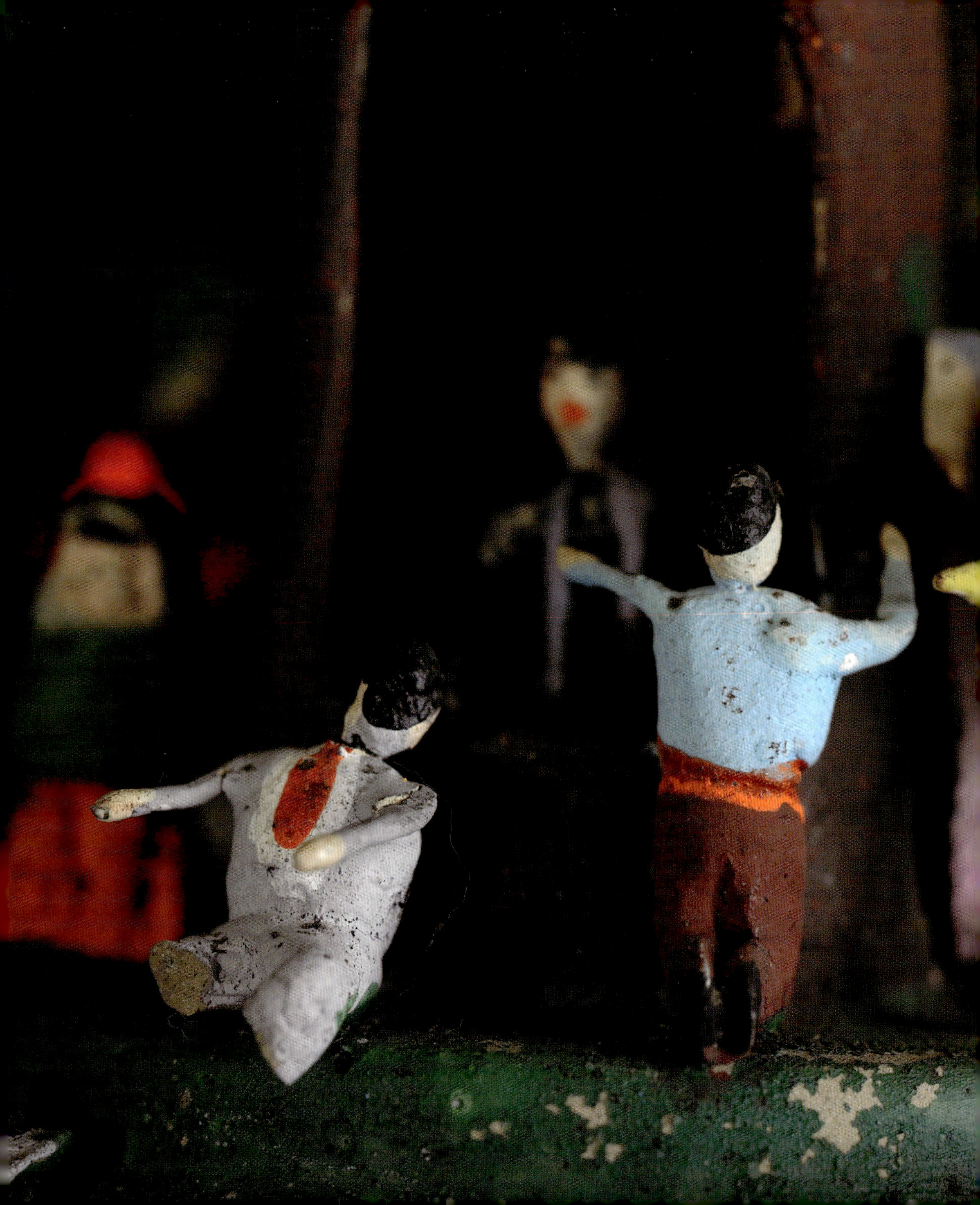

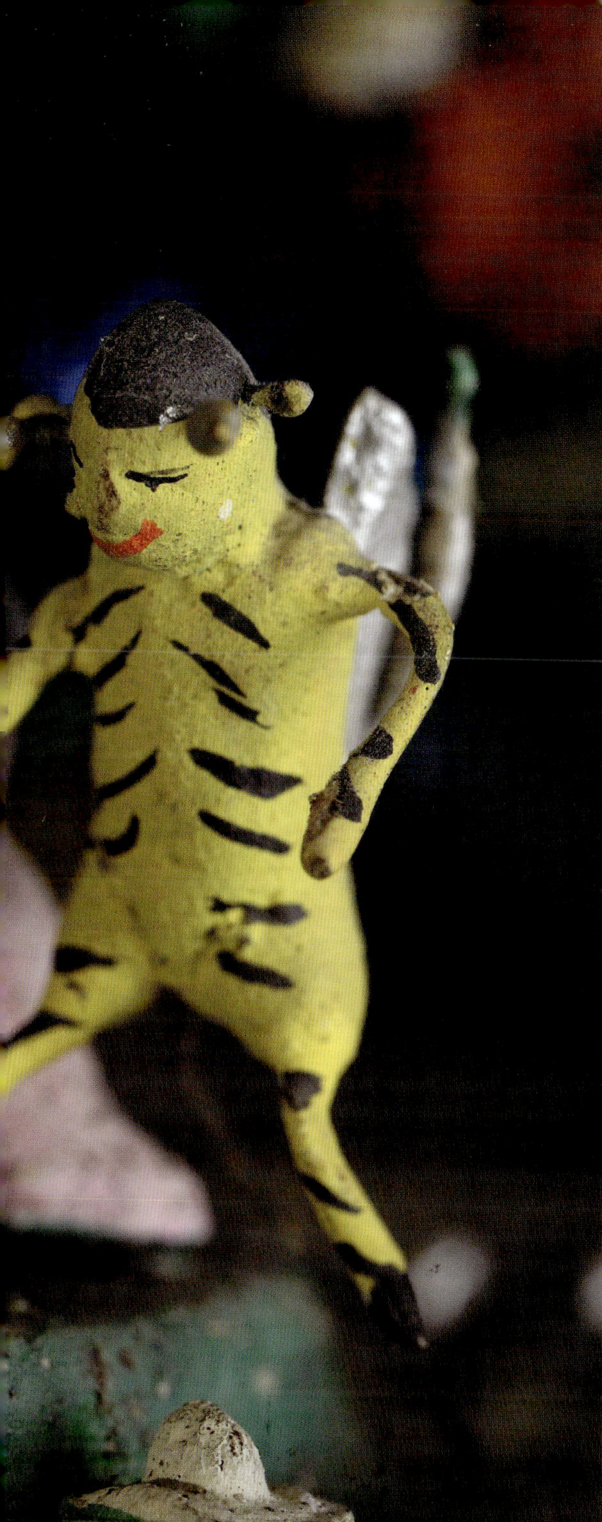

The Confessional, polychrome ceramic, metal wire, 20th century. **El Confesionario**, cerámica policromada, alambre de metal, siglo XX.

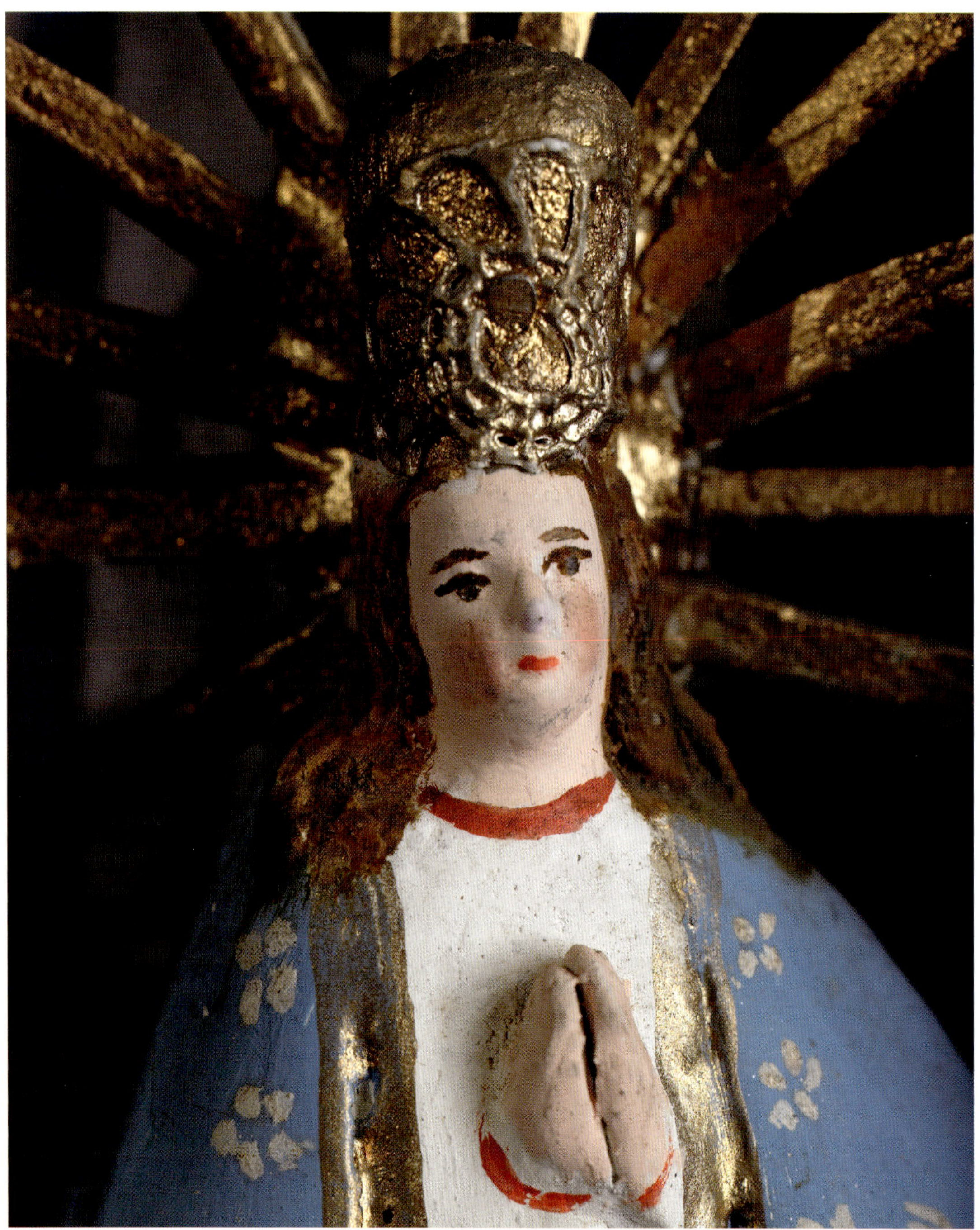

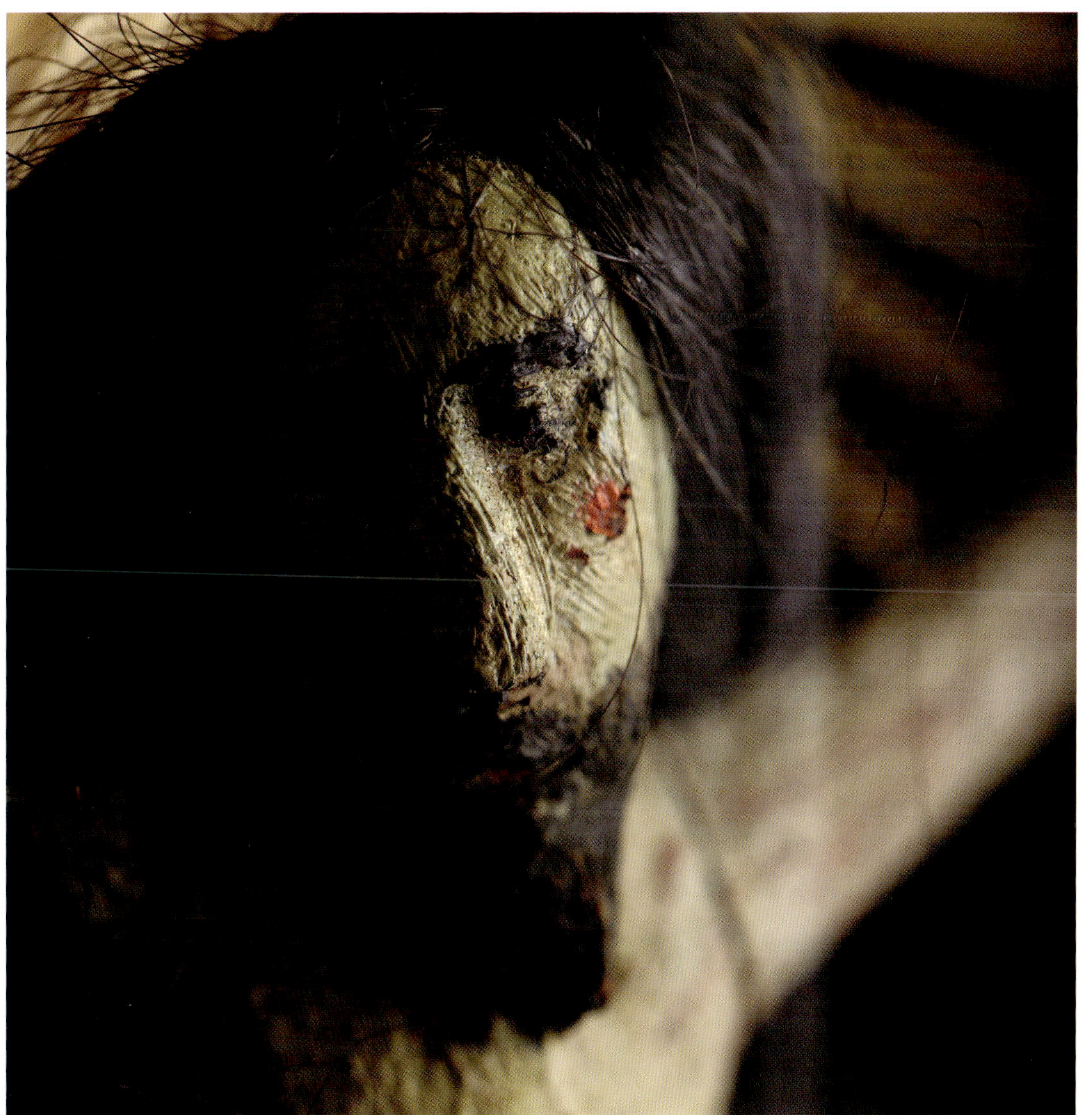

ABOVE: **Nicho, Christ on Cross,** wood, hair, straw, paint, nails, 20th century. **ENCIMA:** **Nicho con Cristo en la Cruz,** madera, cabello, paja, pintura, clavos, siglo XX.

OPPOSITE: **La Virgen de San Juan de los Lagos,** carved painted wood, plastic, 20th century. **PÁGINA OPUESTA:** **La Virgen de San Juan de los Lagos,** talla en madera pintada, plástico, siglo XX.

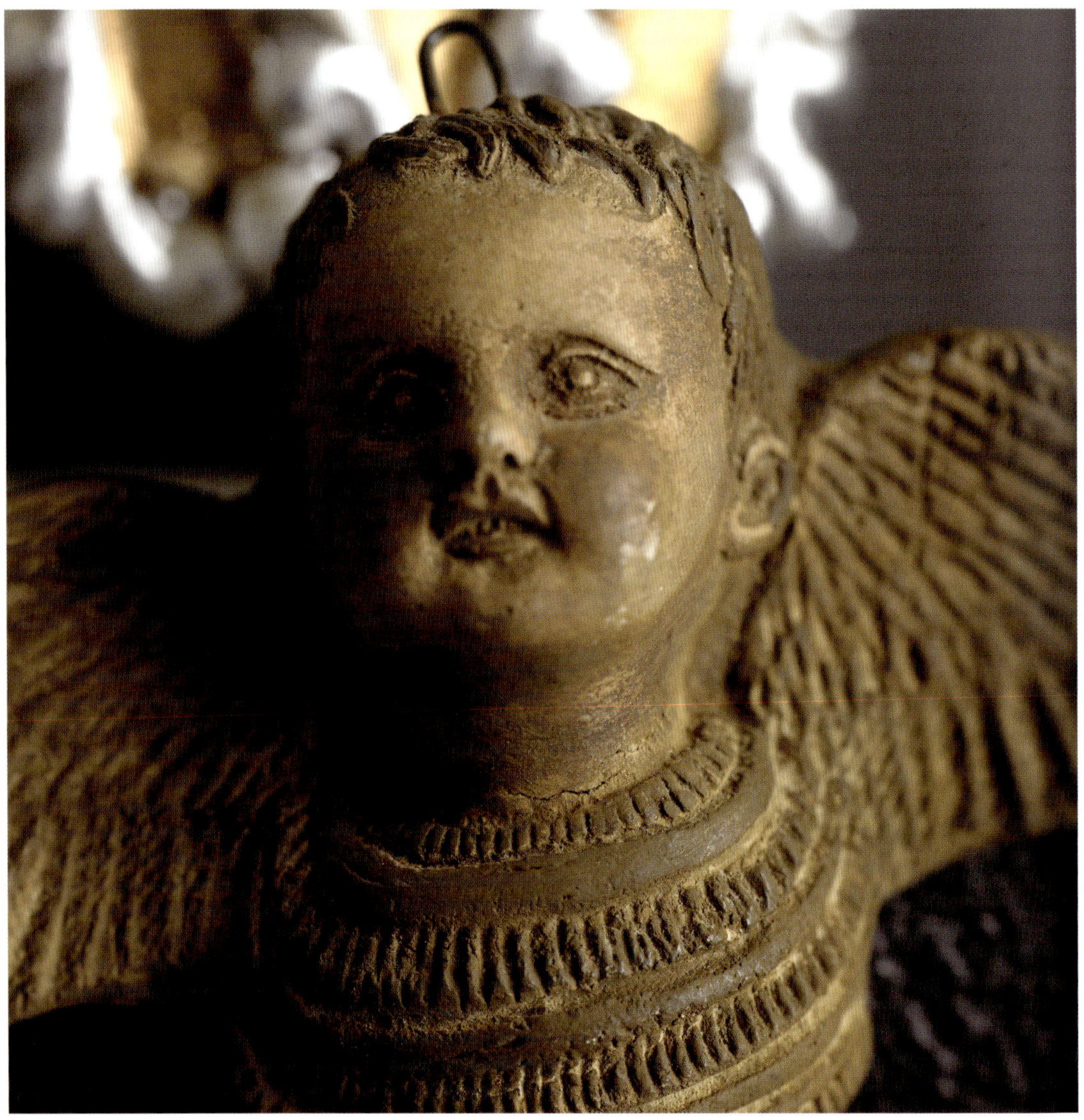

ABOVE: **Angel Head with Wings,** molded ceramic, 20th century.
ENCIMA: **Cabeza de ángel con alas,** cerámica moldeada, siglo XX.

OPPOSITE: **Figure, La Virgen de San Juan de los Lagos,** polychrome painted plastic, 20th century.
OPUESTA: **Figura de la Virgen de San Juan de los Lagos,**

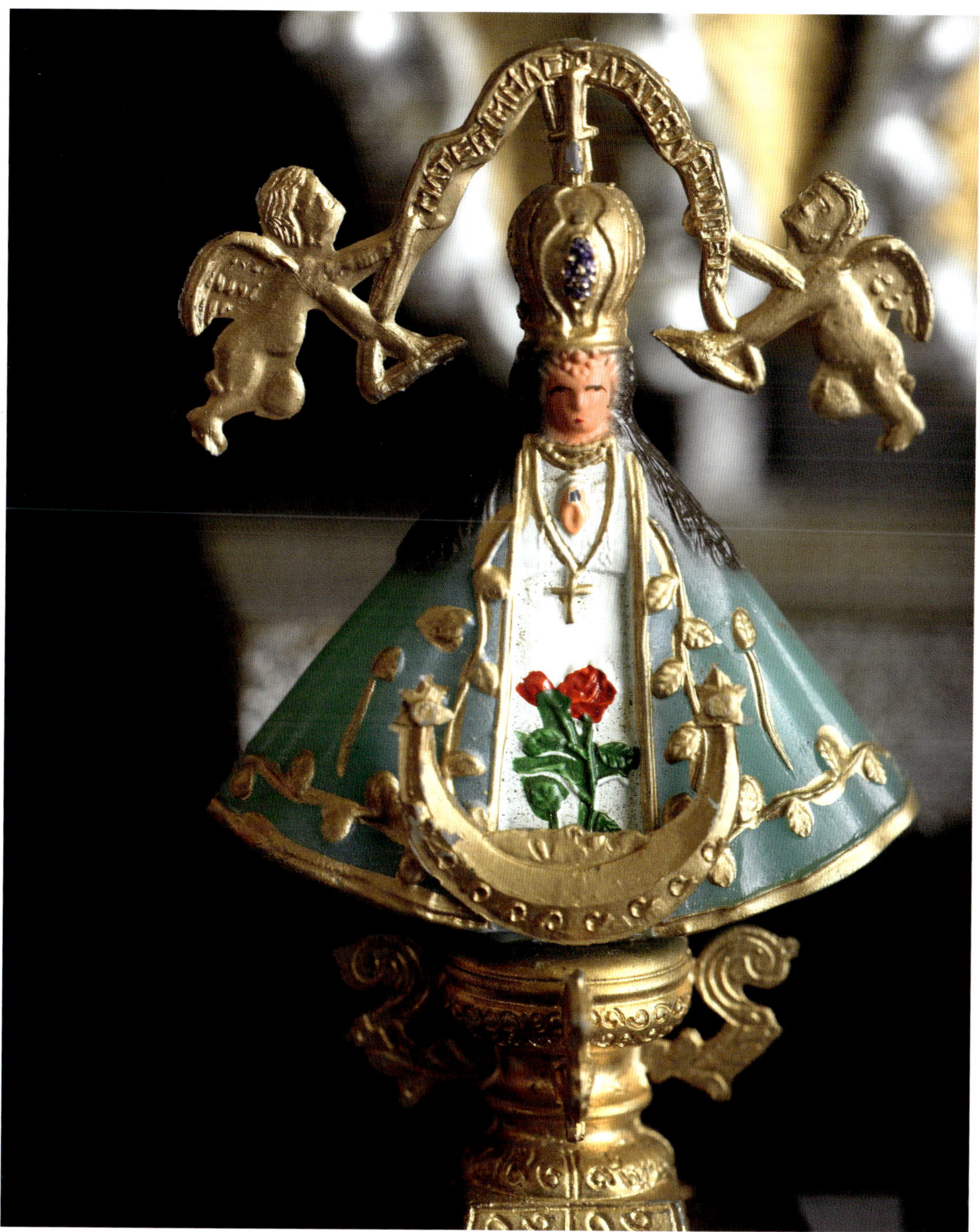

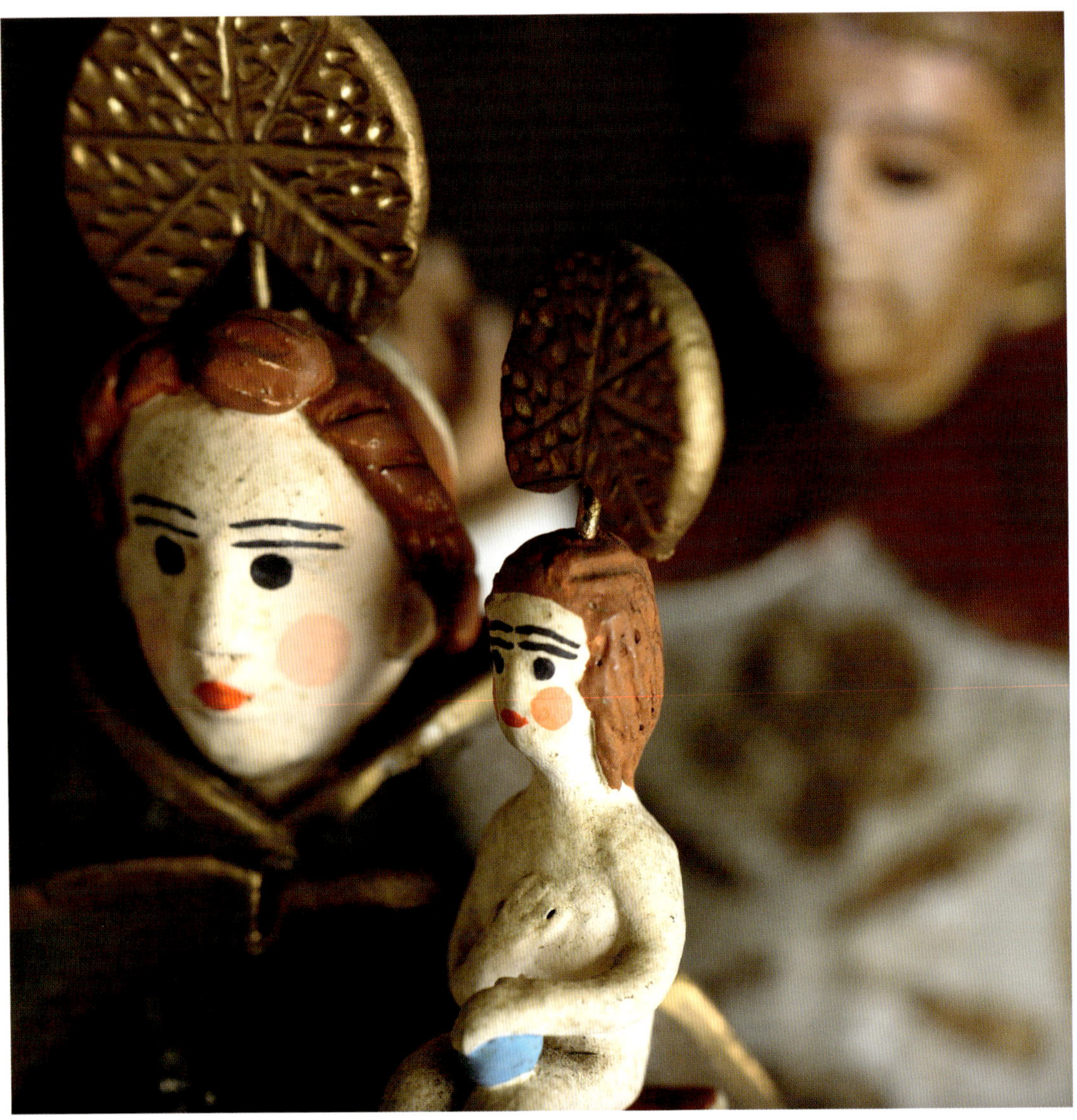

FROM LEFT TO RIGHT: **Saint Anthony of Padua,** painted ceramic, metal, Portugal; **El Santo Niño de Atocha,** carved, painted wood, 20th century. **DE IZQUIERDA A DERECHA:** **San Antonio de Padua,** cerámica pintada, metal, Portugal; **El Santo Niño de Atocha,** talla en madera pintada, siglo XX.

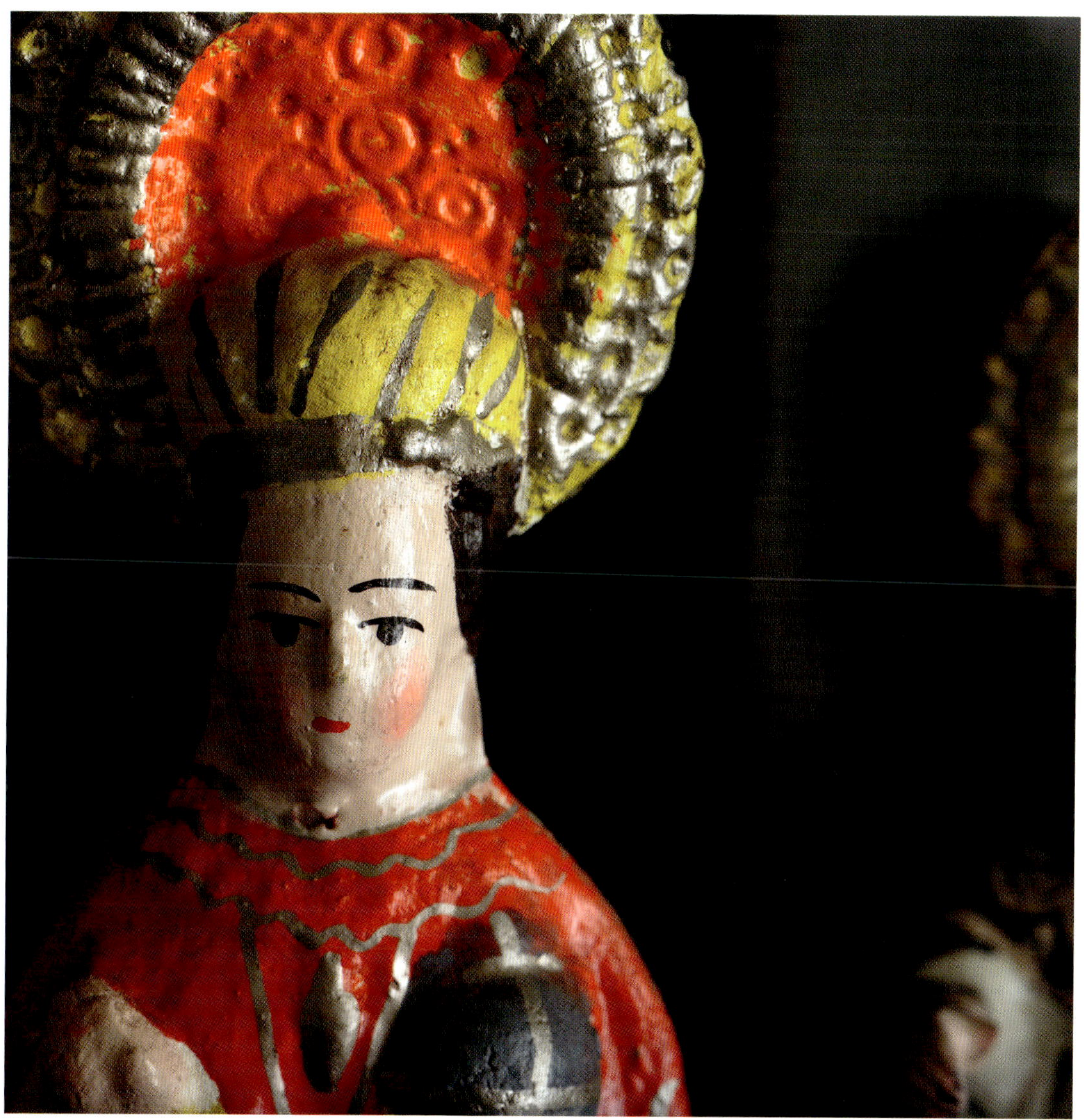

FROM LEFT TO RIGHT: **El Santo Niño de Atocha,** painted ceramic, metal, wood; **Saint in Religious Robe,** painted ceramic, wood, 20th century, Perú. **DE IZQUIERDA A DERECHA:** **El Santo Niño de Atocha,** cerámica pintada, metal, madera; **Santo con hábito religioso,** cerámica pintada, madera, siglo XX, Perú.

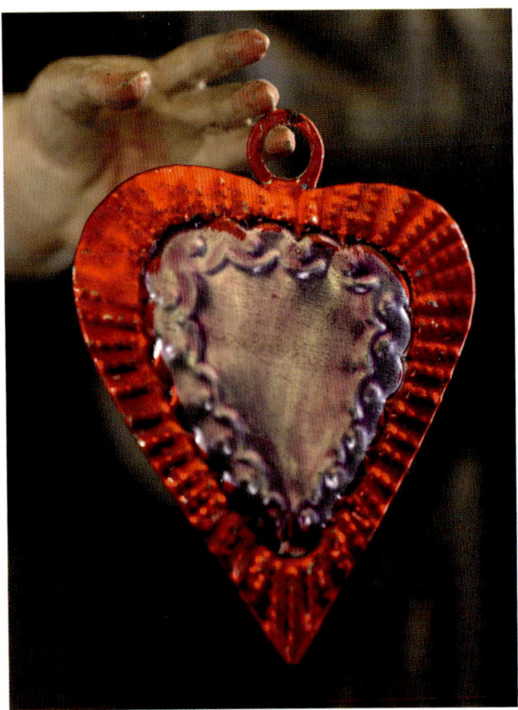

Heart Pendant, hammered tin, 20th century. **Pendiente en forma de corazón,** hojalata martillada, siglo XX.

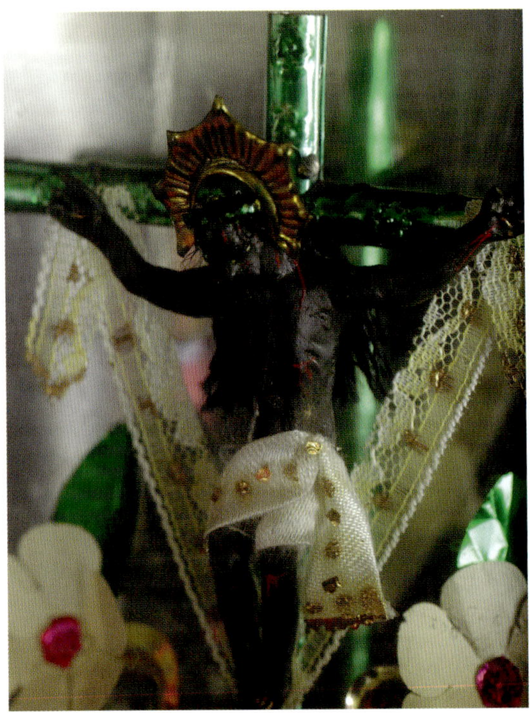

Nicho with Black Christ on the Cross, wax, tin, glass, foil, 20th century. **Nicho con Cristo negro en la cruz,** cera, hojalata, vidrio, papel de aluminio, siglo XX.

OPPOSITE: **Nicho, La Virgen de Guadalupe,** tin, glass, fabric, foil, 20th century. PÁGINA OPUESTA: **Nicho con la Virgen de Guadalupe,** hojalata, vidrio, tela, papel de aluminio, siglo XX.

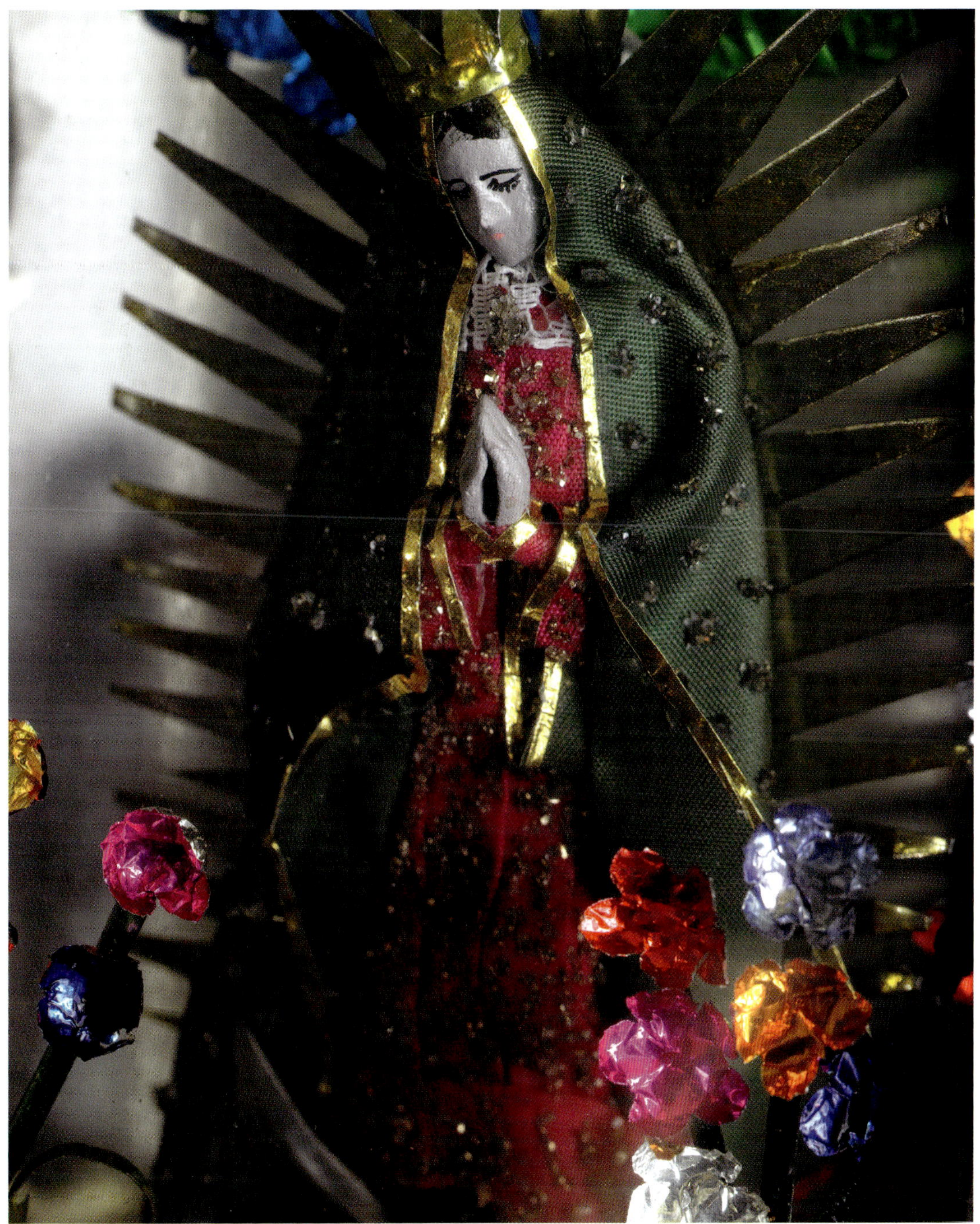

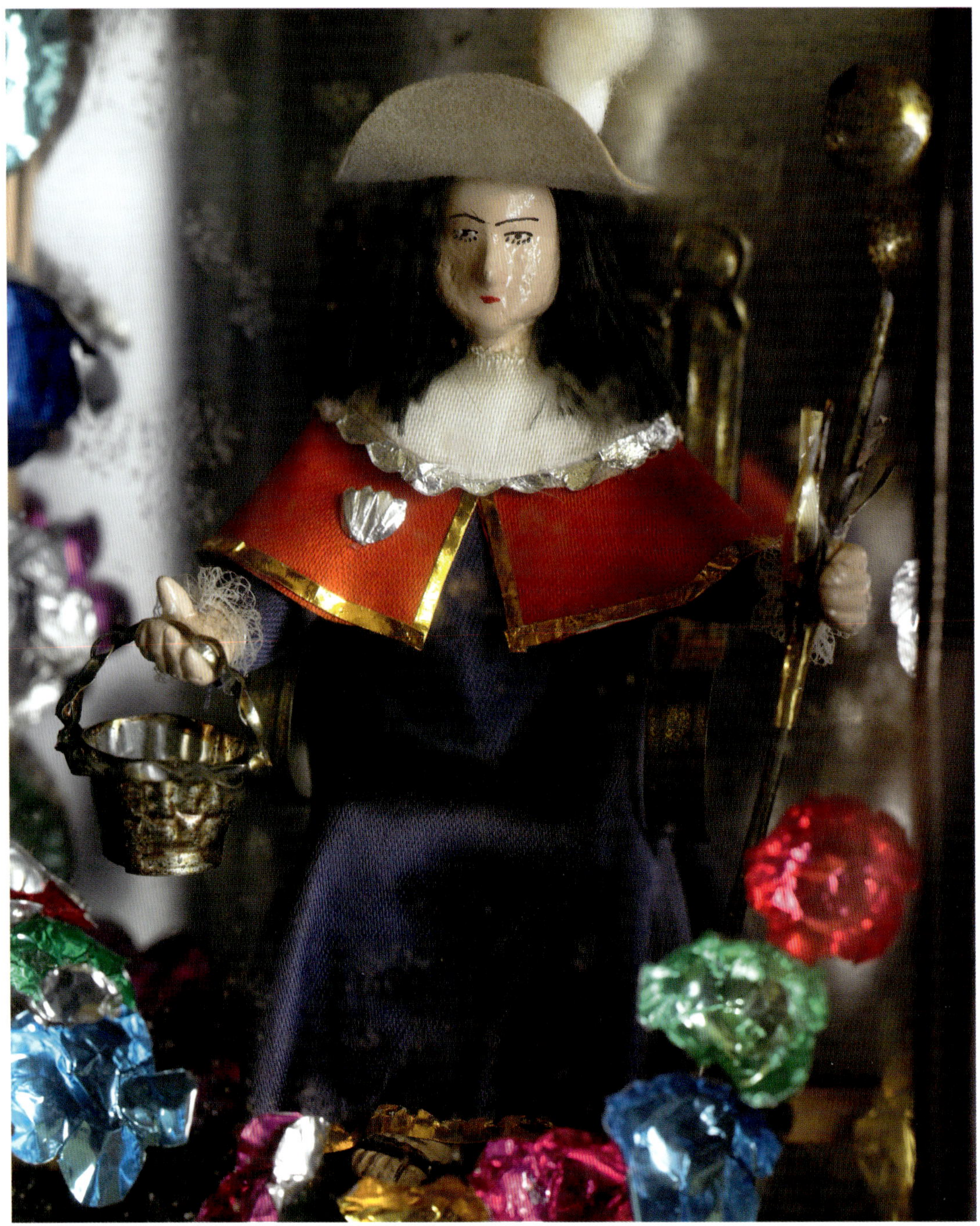

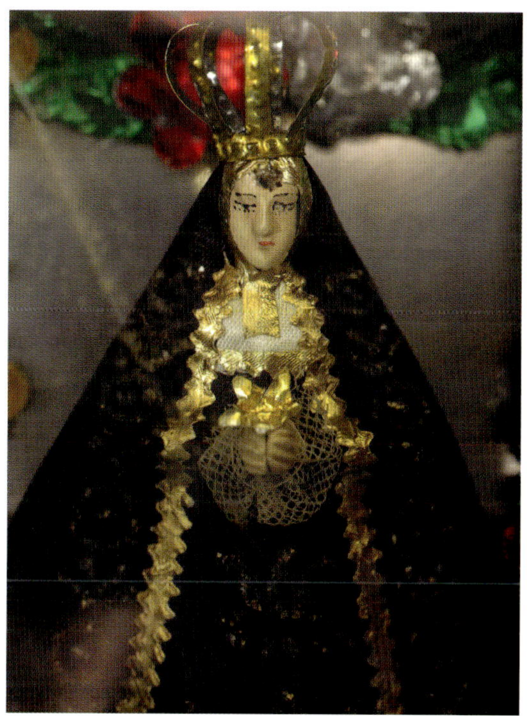

Nicho, La Virgen de la Soledad, metal, glass, fabric, 20th century. **Nicho con la Virgen de la Soledad,** metal, vidrio, tela, siglo XX.

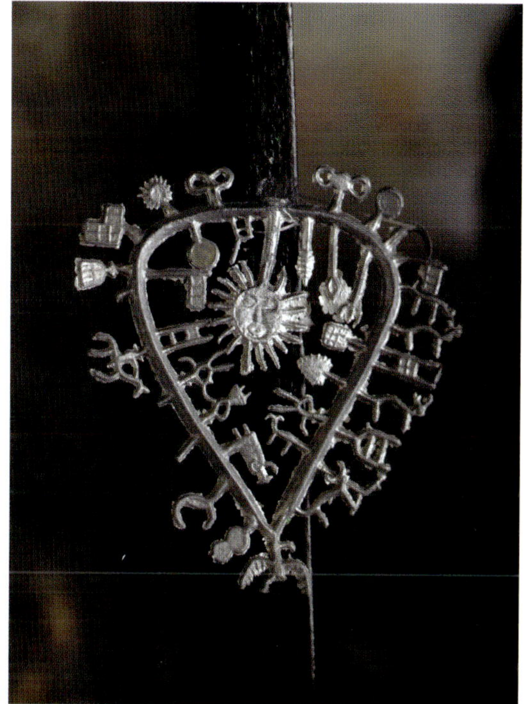

Miniature Milagro Offerings, metal, 20th century. **Ofrendas de milagros en miniatura,** metal, siglo XX.

OPPOSITE: Nicho, El Santo Niño de Atocha, tin, glass, fabric, foil, 20th century. **PÁGINA OPUESTA: Nicho con el Santo Niño de Atocha,** hojalata, vidrio, tela, papel de aluminio, siglo XX.

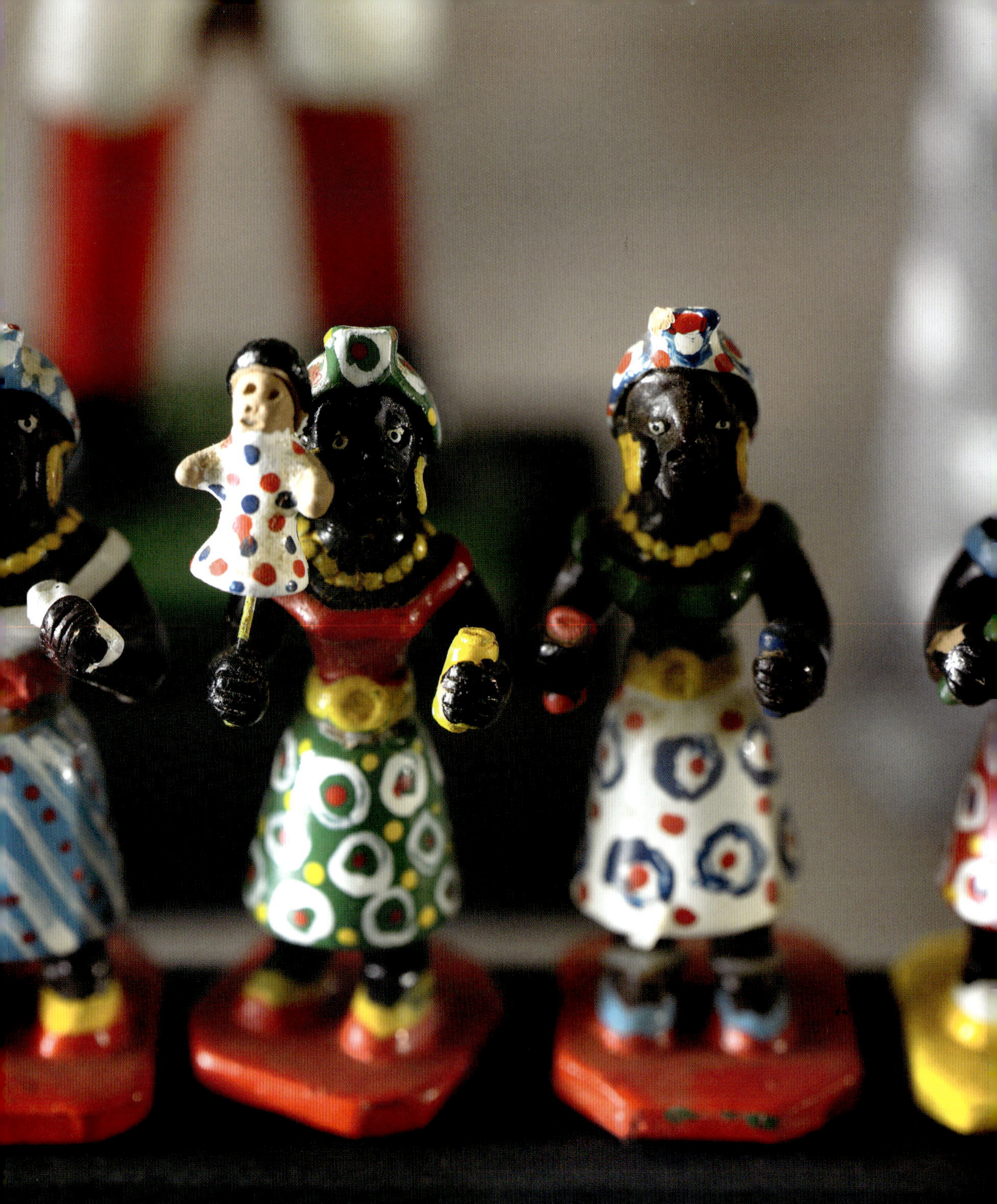

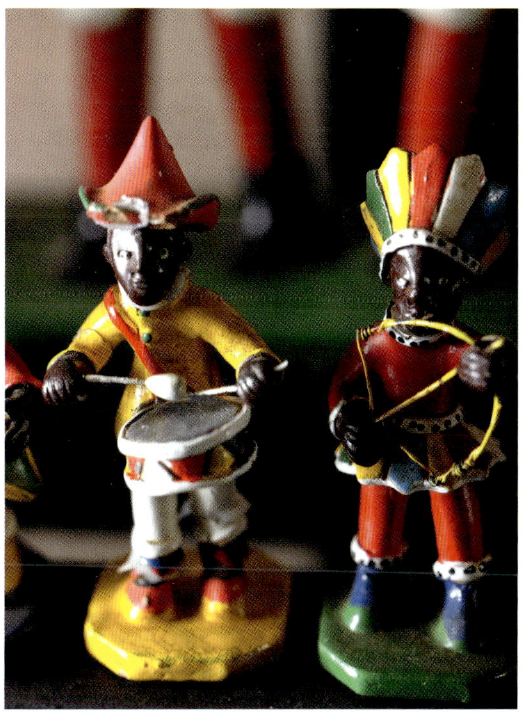

Candomblé Musicians (detail), painted ceramic, wood, 20th century. **Músicos de Candomblé** (detalle), cerámica pintada, madera, siglo XX.

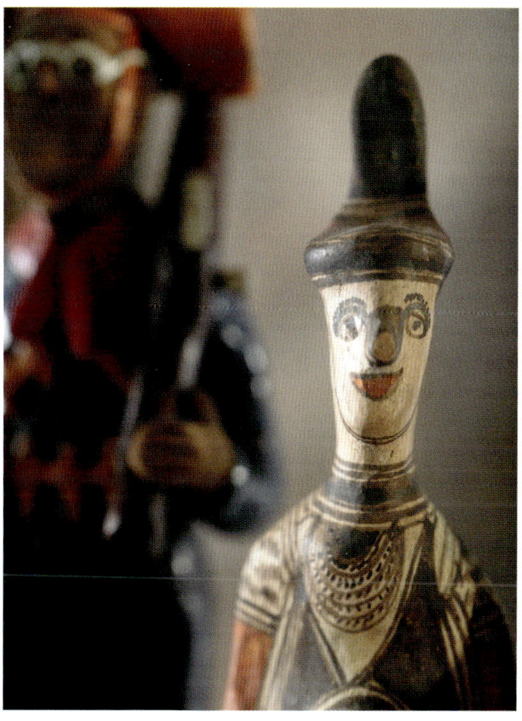

FROM LEFT TO RIGHT: **Soldier** (detail), painted ceramic, Perú; **Dancer**, polychrome ceramic. DE IZQUIERDA A DERECHA: **Soldado** (detalle), cerámica pintada, Perú; **Bailarín**, cerámica policromada, siglo XX.

OPPOSITE: **Candomblé Musicians** (detail), painted ceramic, wood, 20th century. PÁGINA OPUESTA: **Músicos de Candomblé** (detalle), cerámica pintada, madera, siglo XX.

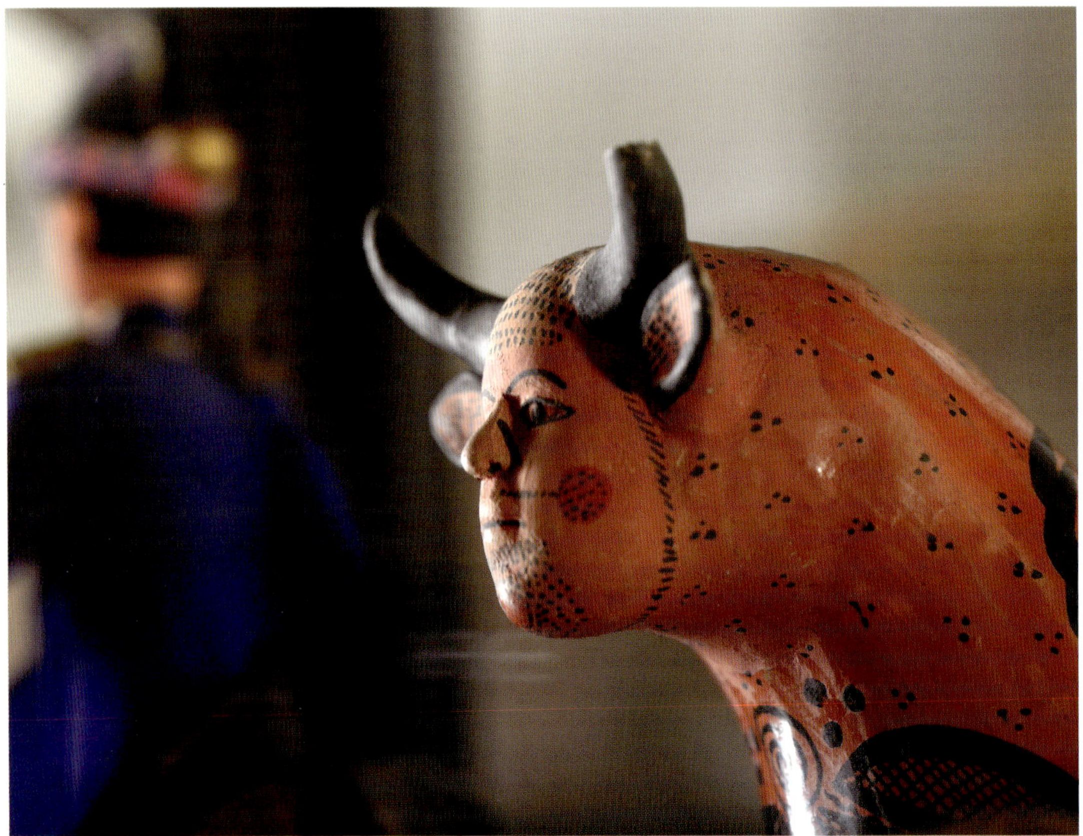

ABOVE: **Mask, Soldier on Horseback** (detail) carved painted wood, leather; **Nahual**, ceramic, 20th century. **ENCIMA:** **Soldado a caballo** (detalle), talla en madera pintada, cuero; **Nahual**, cerámica, siglo XX.

OPPOSITE: **Bearded Man Mask,** carved wood, 20th century. **PÁGINA OPUESTA:** **Máscara de Barbón,** talla en madera, siglo XX.

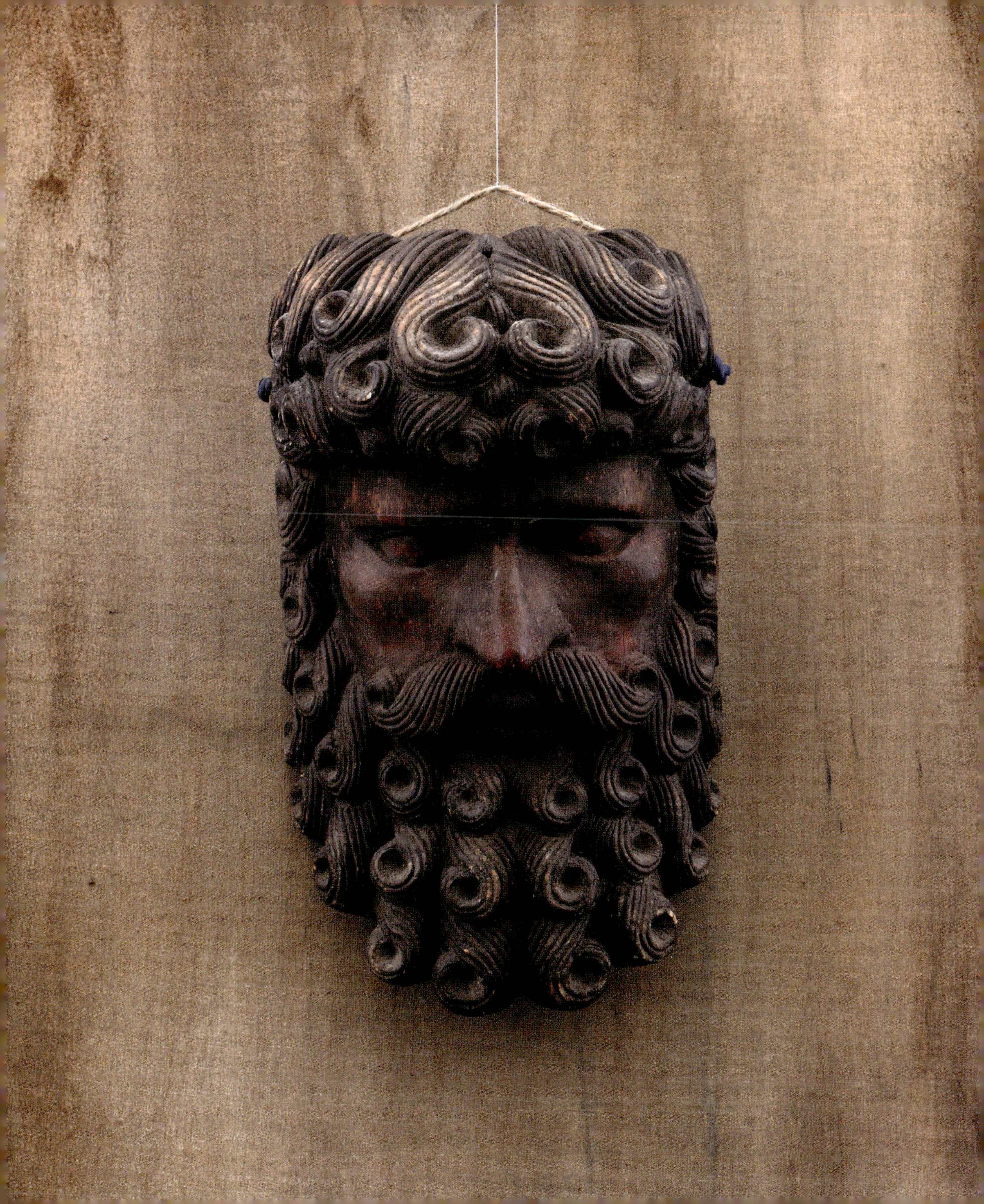

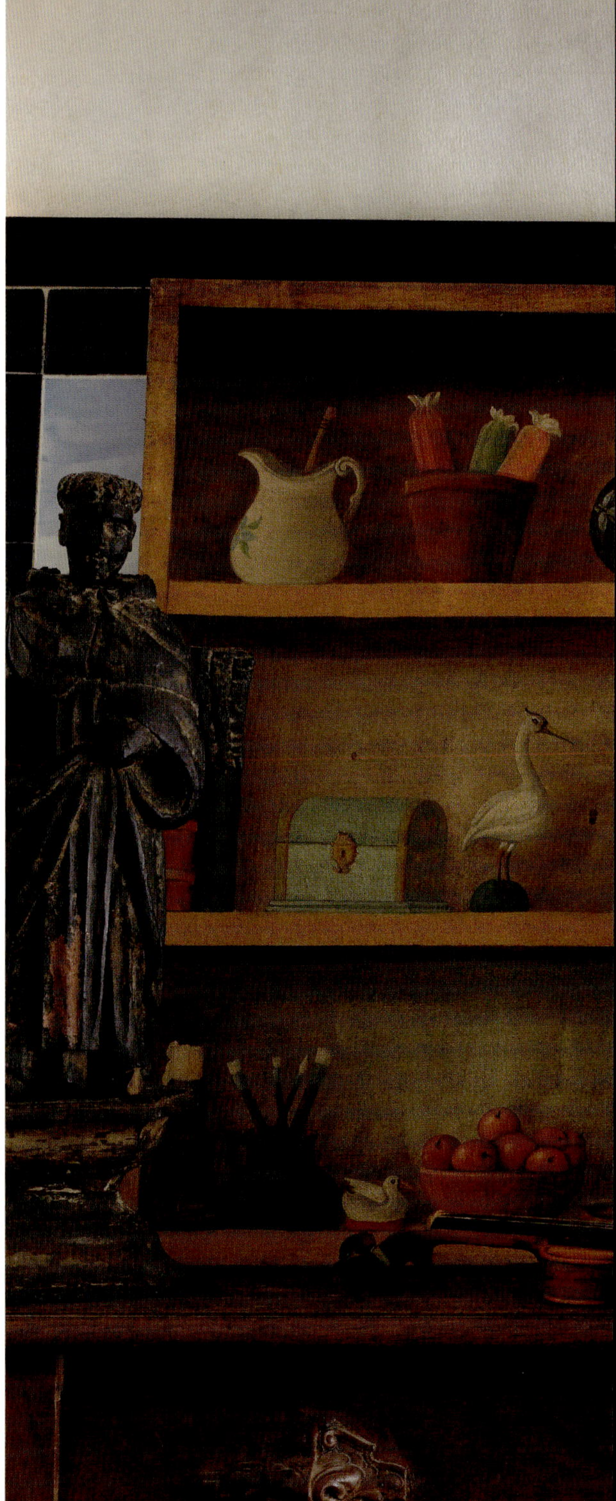

FROM LEFT TO RIGHT: **Still Life in Nicho,** artist: A. G. Torre, oil on canvas, 1987; **Miniature Violin** wood, monofilament, paint, 20th century; **Archangel** oil on canvas, 20th century, Perú; **Female Saint** carved, painted wood, ca. 19th–20th century; **Still Life with Pantry Shelves,** artist: Raúl, oil on canvas, 20th century; **Bust, Mexican President,** artist: Panduro family, painted ceramic, 20th century; **Nuestra Señora del Refugio de Pecadores,** oil on tin, wood, ca. 19th–20th century. **DE IZQUIERDA A DERECHA:** **Naturaleza muerta en nicho,** artista: A. G. Torre, óleo sobre lienzo, 1987; **Violín en miniatura,** madera, monofilamento, pintura, siglo XX; **Arcángel,** óleo sobre lienzo, siglo XX, Perú; **Figura de santa,** talla en madera pintada, alrededor del siglo XIX o XX; **Naturaleza muerta con estanterías de alacena,** artista: Raúl, óleo sobre lienzo, siglo XX; **Busto de presidente mexicano,** artista: familia Panduro, cerámica pintada, siglo XX; **Nuestra Señora del Refugio de Pecadores,** óleo sobre hojalata, madera, alrededor del siglo XIX o XX.

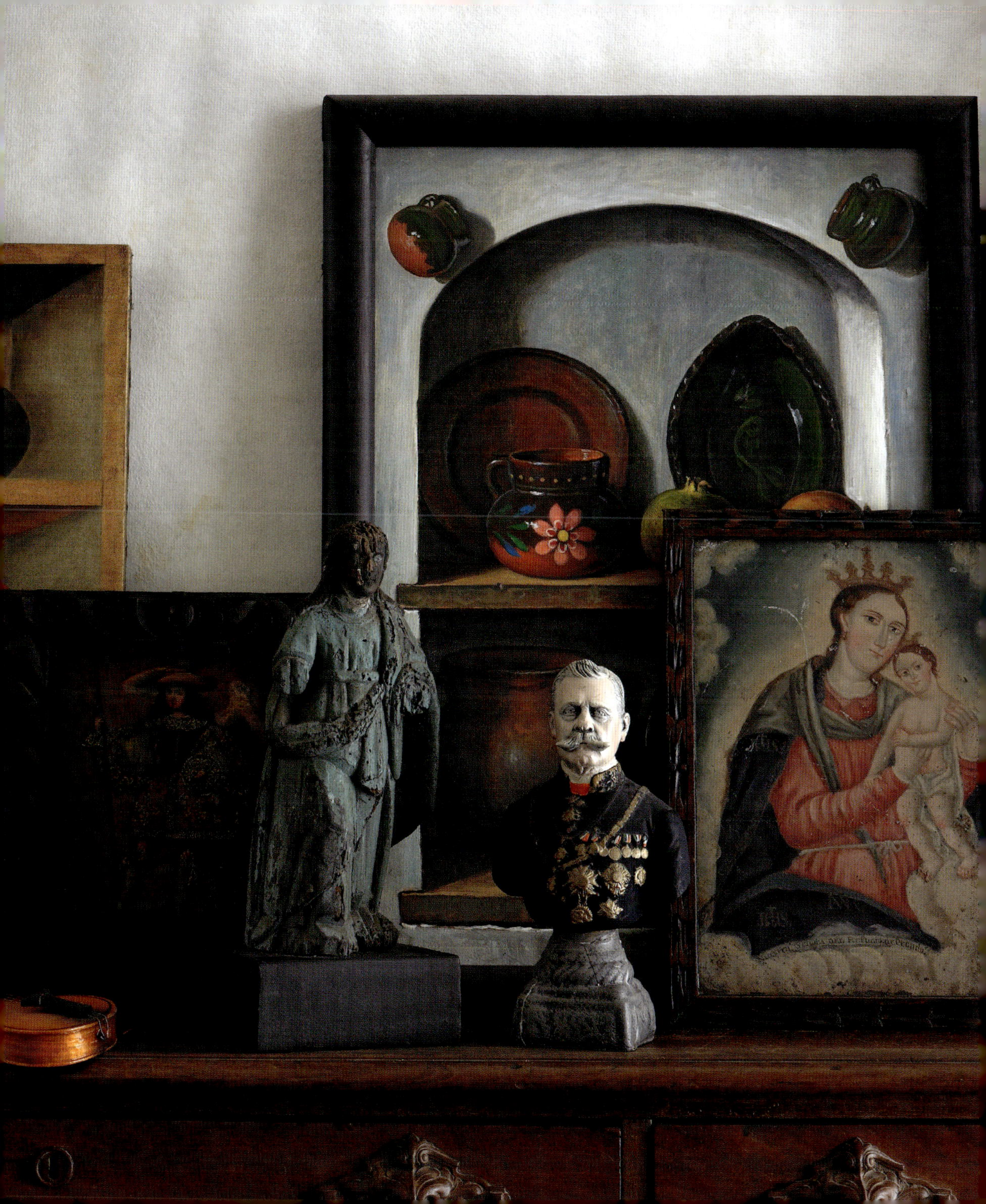

BACKGROUND: Still Life in Nicho, artist: A. G. Torre, oil on canvas, 1987. **FOREGROUND: Bust, Mexican President,** artist: Panduro family, painted ceramic, 20th century. **AL FONDO: Naturaleza muerta en nicho,** artista: A. G. Torre, óleo sobre lienzo, 1987. **EN PRIMER PLANO: Busto de presidente mexicano,** artista: familia Panduro, cerámica pintada, siglo XX.

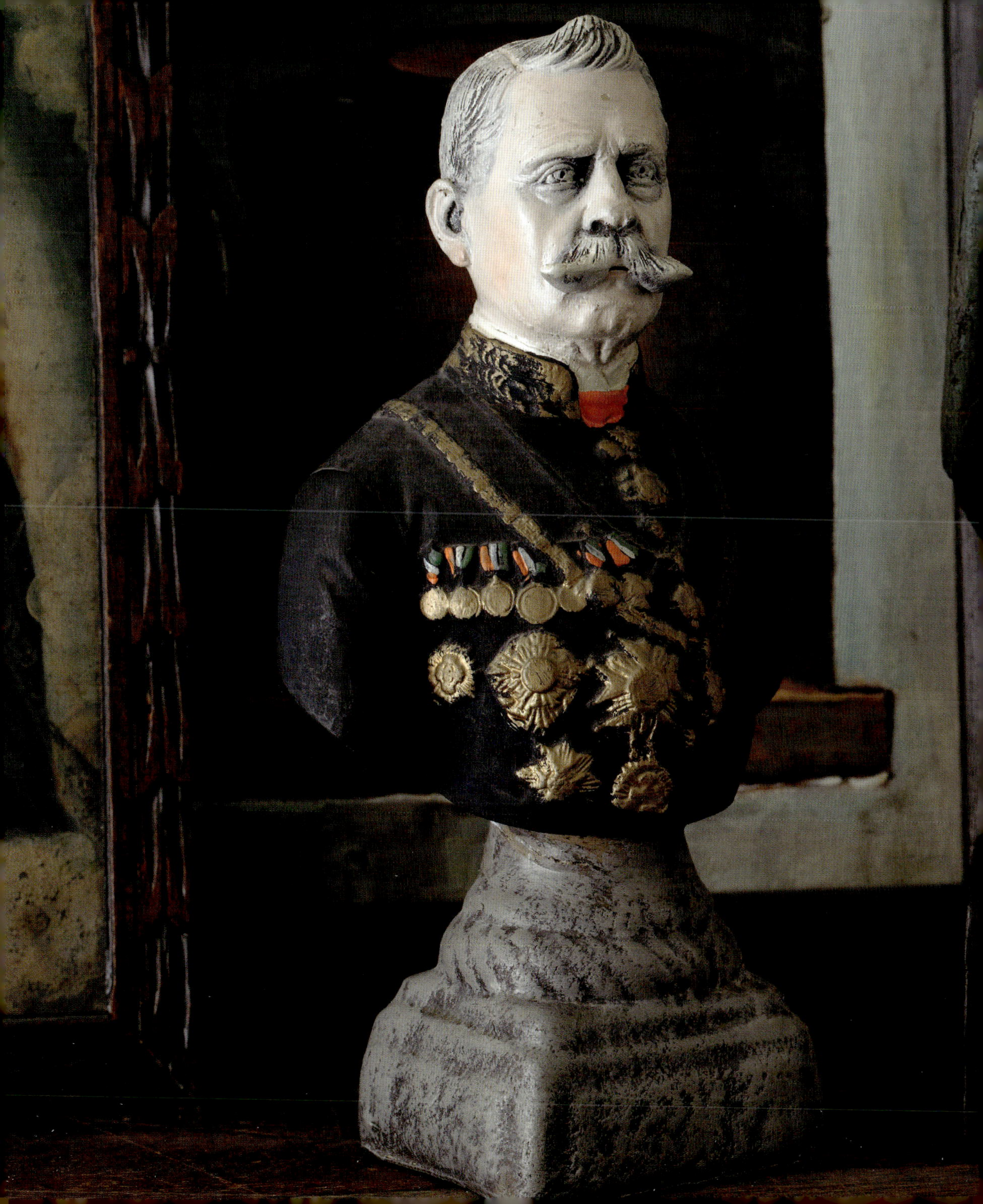

BACKGROUND: **Nicho Box, Nativity,** wood, potato paste, varnish, 20th century, Perú. **FOREGROUND:** **Nicho Box, La Virgen and Saint Joseph,** wood, potato paste, varnish, paint, leather, 20th century, Perú. **AL FONDO:** **Caja de nicho con nacimiento,** madera, pasta de papa, barniz, siglo XX, Perú. **EN PRIMER PLANO:** **Caja de nicho con la Virgen y San José,** madera, pasta de papa, barniz, pintura, cuero, siglo XX, Perú.

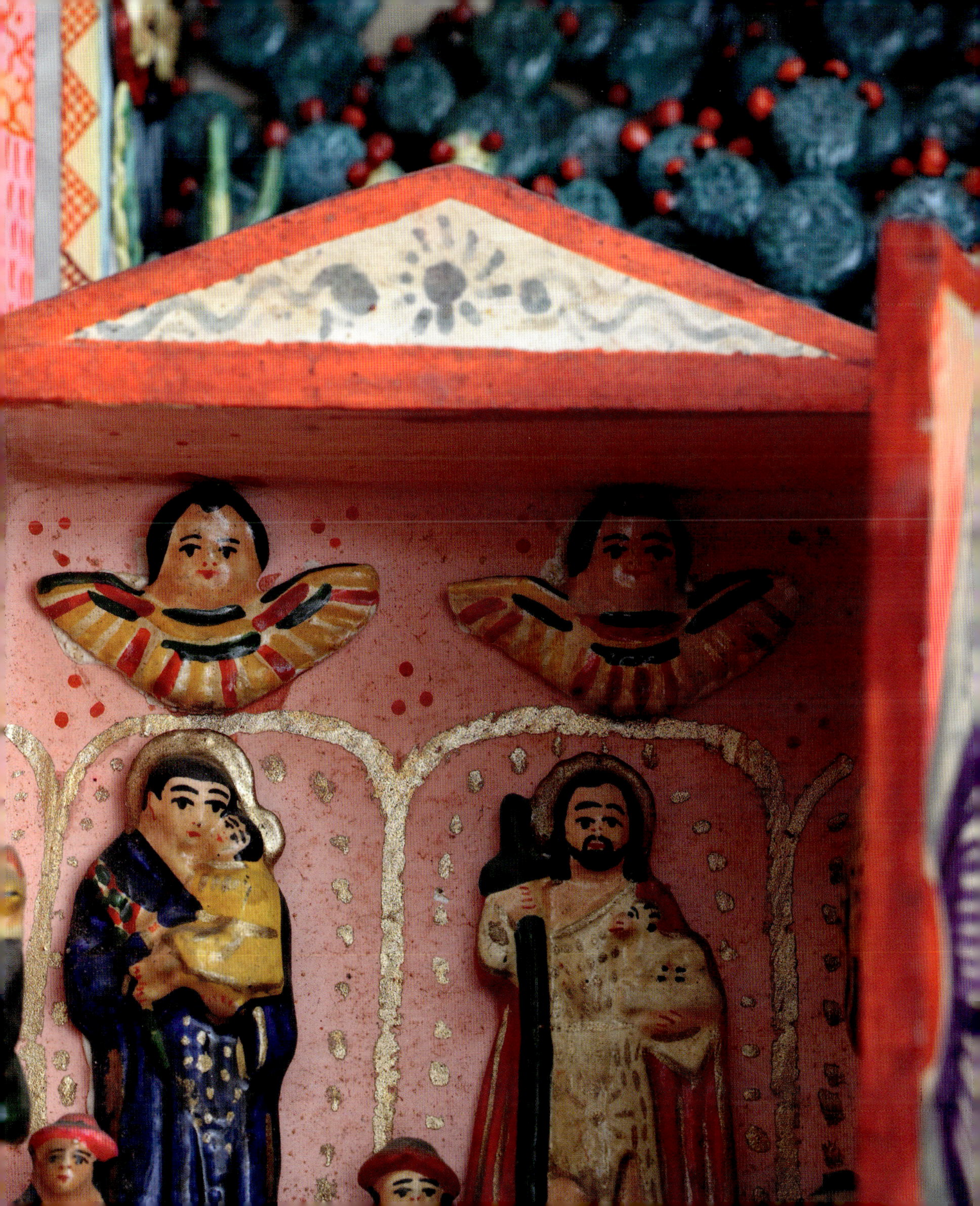

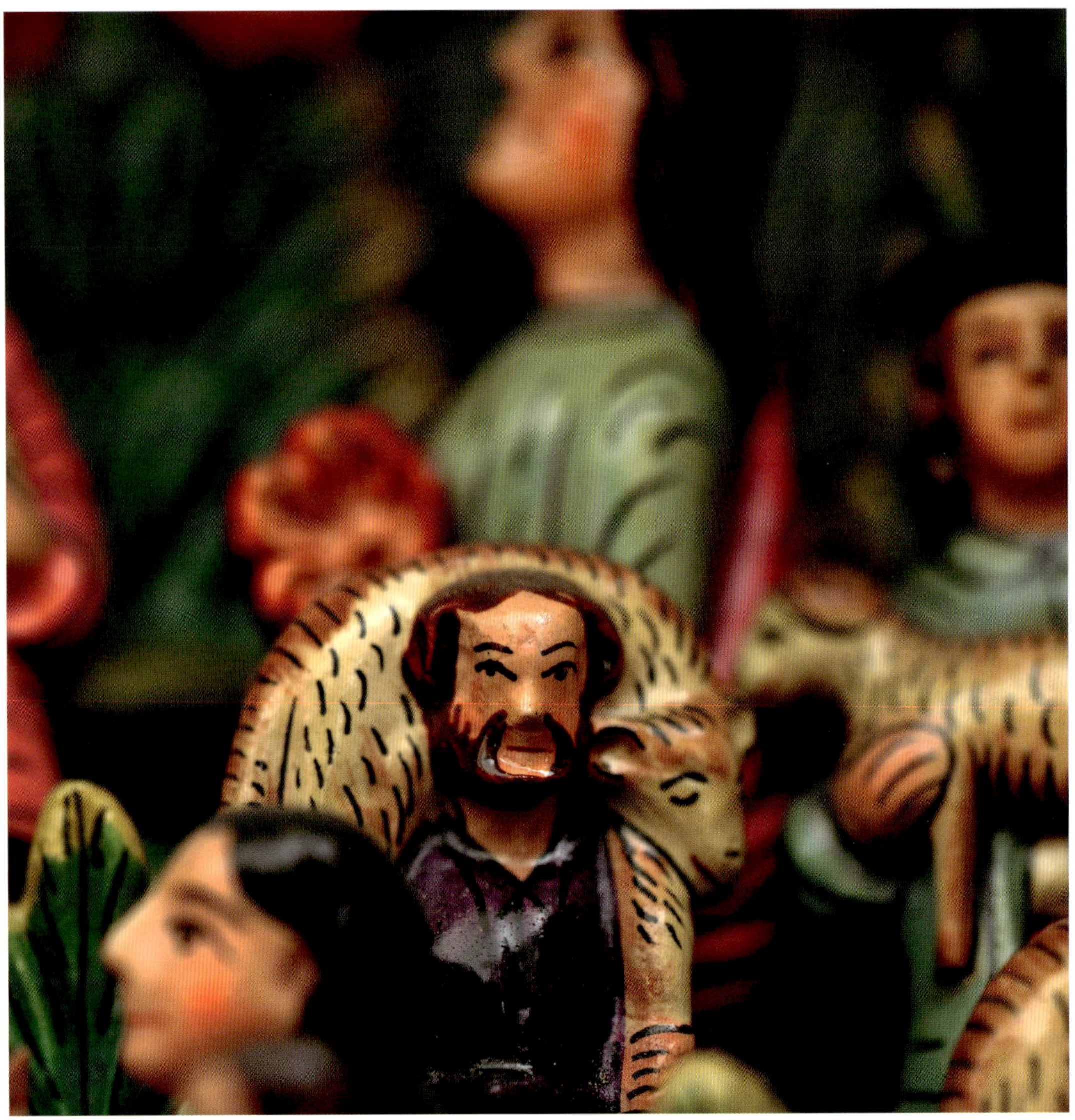

ABOVE: Nicho Box, Nativity (detail), wood, potato paste, varnish, 20th century, Perú. **ENCIMA: Caja de nicho con nacimiento** (detalle), madera, pasta de papa, barniz, siglo XX, Perú.

OPPOSITE: Masks, papier-mâché, wax. **PÁGINA OPUESTA: Máscaras,** papel maché, cera.

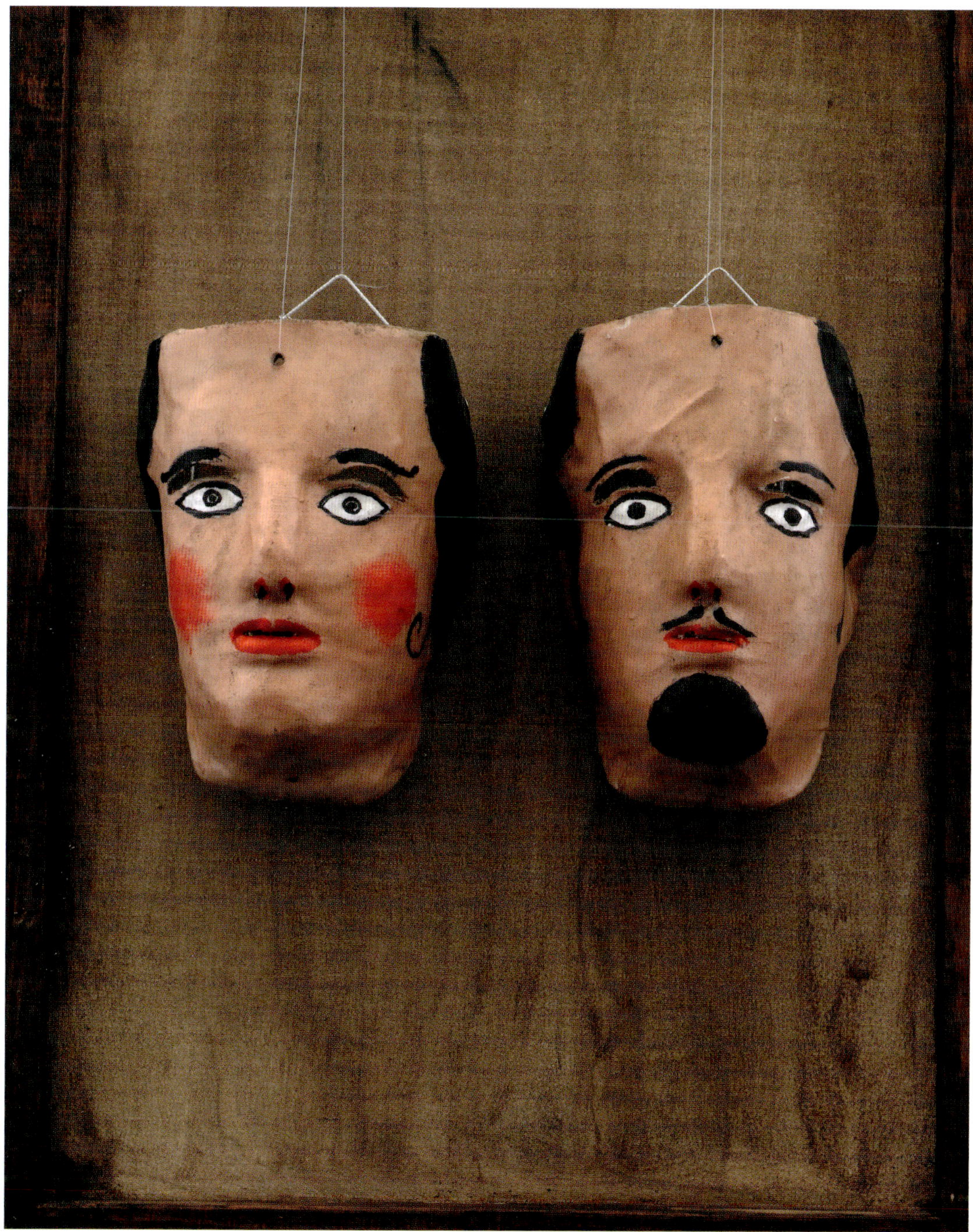

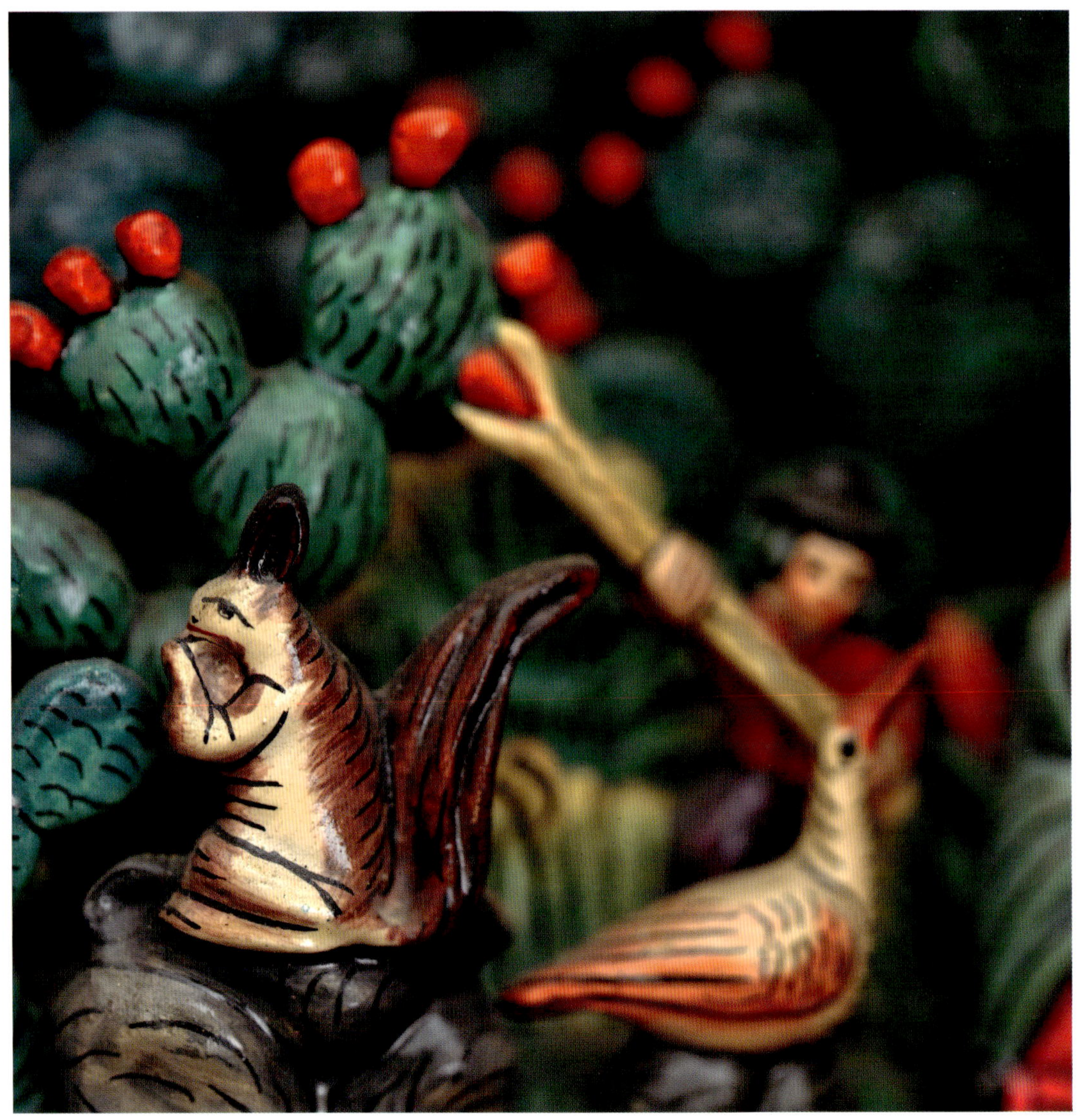

Nicho Box, Nativity (detail), wood, potato paste, varnish, 20th century, Perú. **Caja de nicho con nacimiento** (detalle), madera, pasta de papa, barniz, siglo XX, Perú.

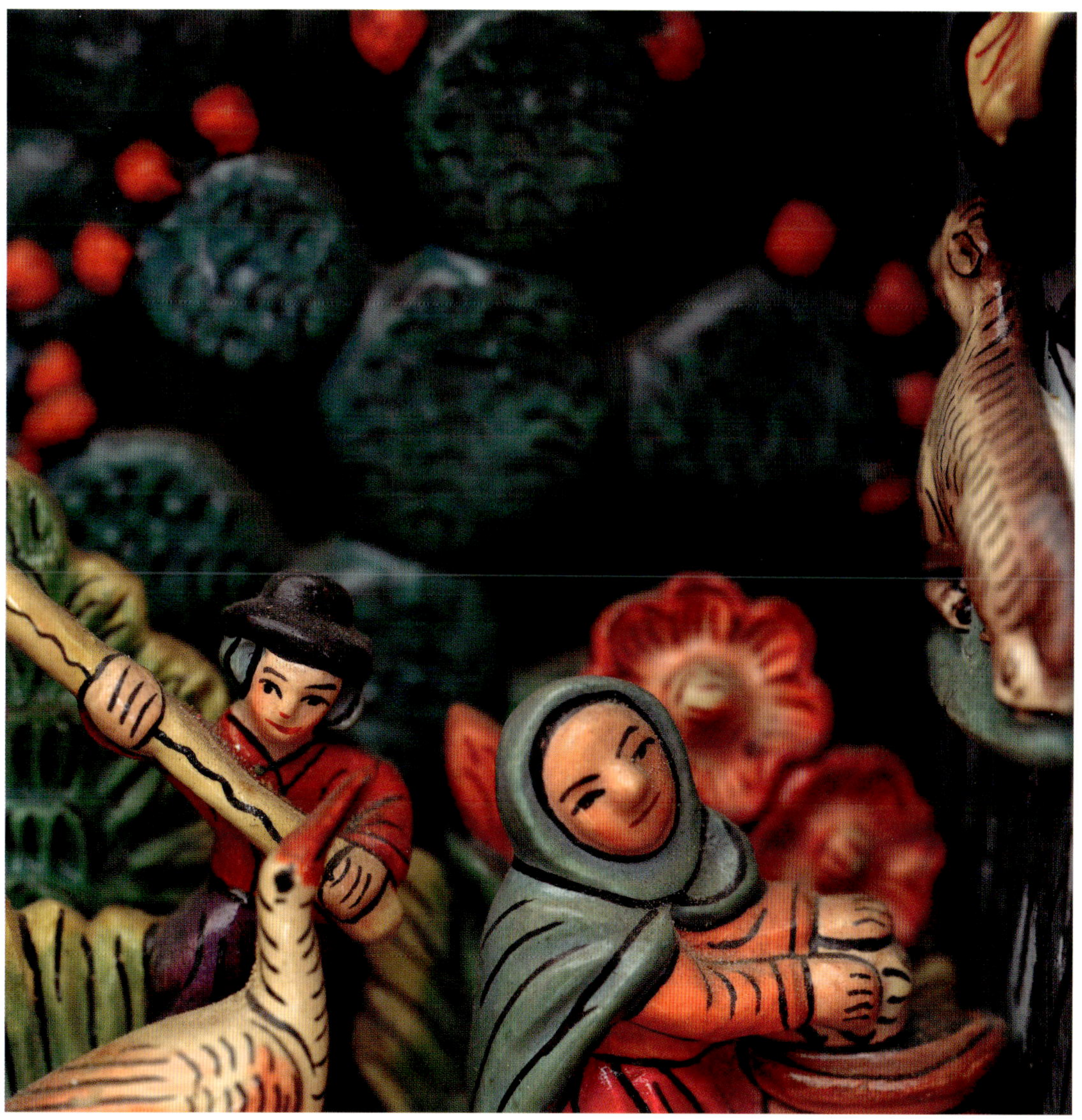

Nicho Box, Nativity (detail), wood, potato paste, varnish, 20th century, Perú. **Caja de nicho con nacimiento** (detalle), madera, pasta de papa, barniz, siglo XX, Perú.

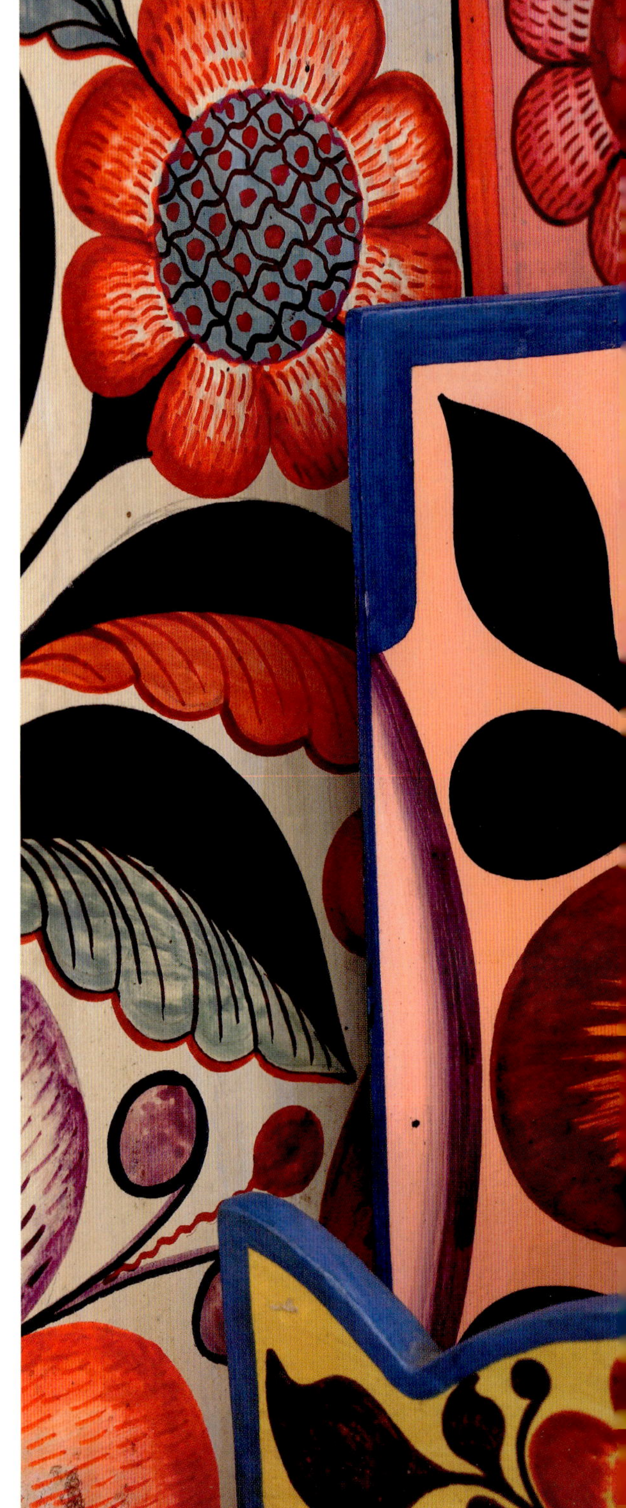

Nicho Boxes, Nativity, wood, potato paste, varnish, 20th century, Perú. **Cajas de nicho con nacimiento,** madera, pasta de papa, barniz, siglo XX, Perú.

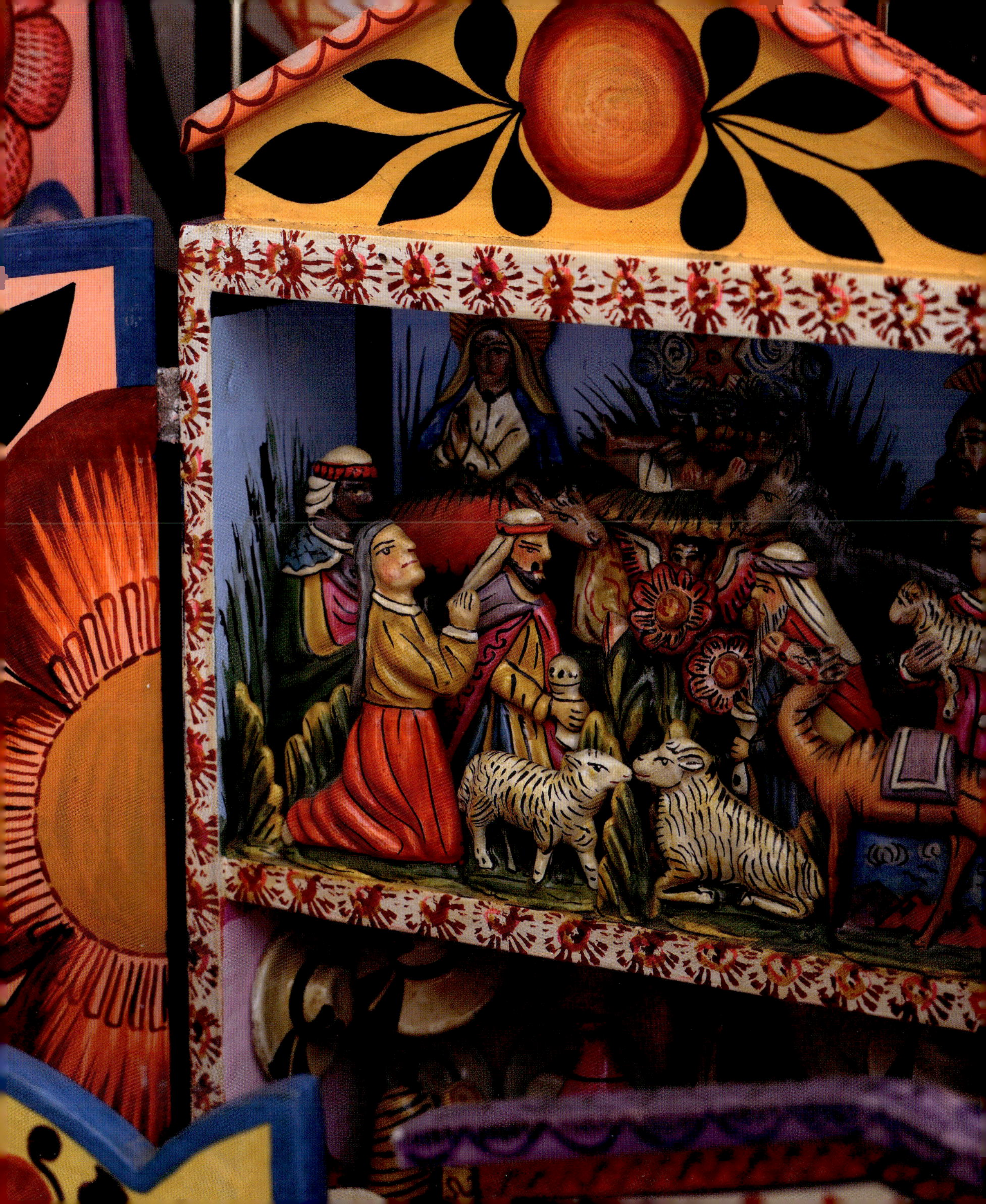

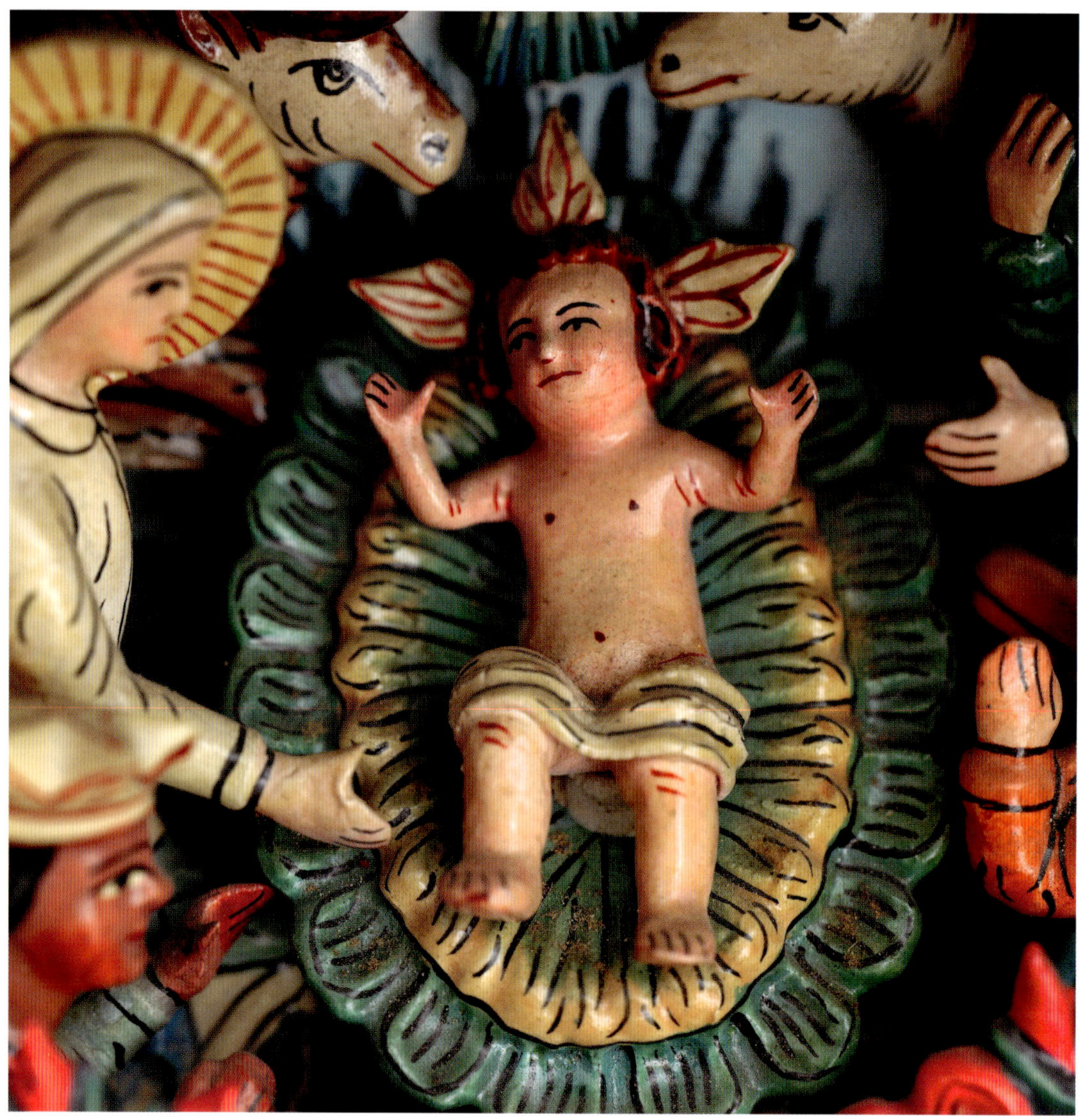

Nicho Box, Nativity (detail), wood, potato paste, varnish, 20th century, Perú. **Caja de nicho con nacimiento** (detalle), madera, pasta de papa, barniz, siglo XX, Perú.

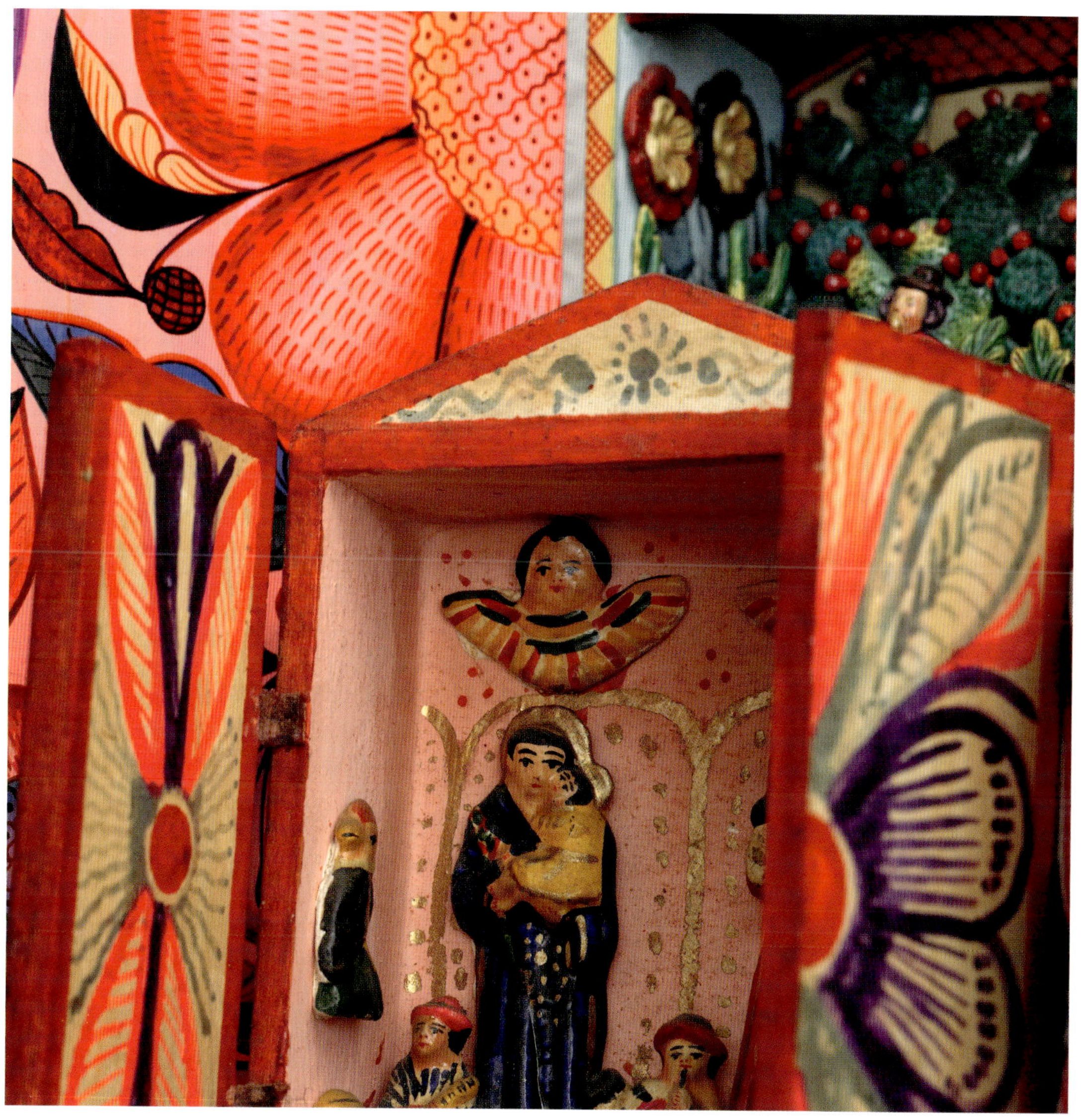

Nicho Boxes, wood, potato paste, varnish, 20th century, Perú.
Caja de nicho, madera, pasta de papa, barniz, siglo XX, Perú.

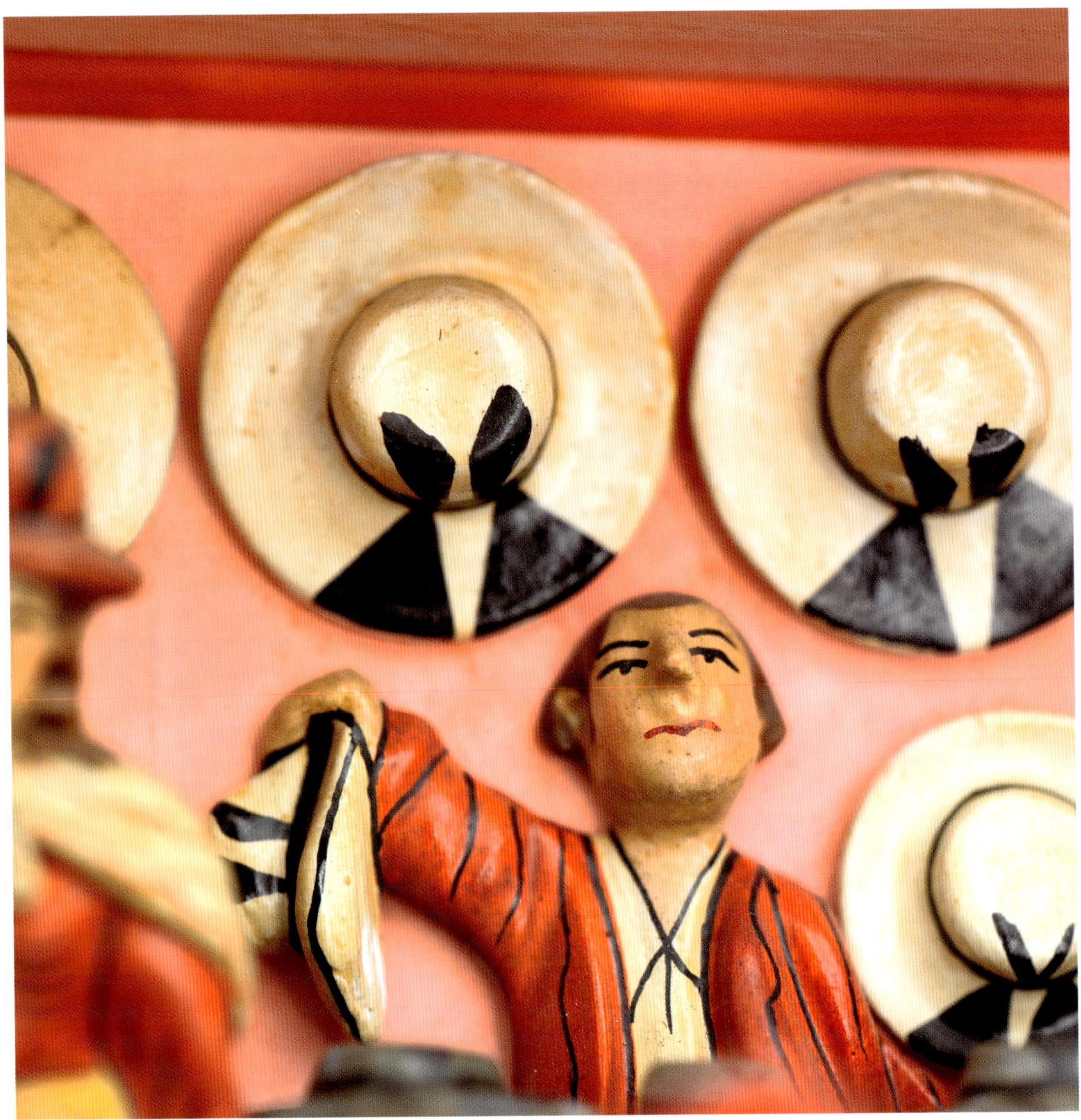

ABOVE: Nicho Box, Hat Shop (detail), wood, potato paste, varnish, paint, leather, 20th century, Perú. **ENCIMA: Caja de nicho con sombrerería** (detalle), madera, pasta de papa, barniz, pintura, cuero, siglo XX, Perú.

OPPOSITE: Nicho Box, Procession (detail), wood, potato paste, varnish, 20th century, Perú. **PÁGINA OPUESTA: Caja de nicho con procesión** (detalle), madera, pasta de papa, barniz, siglo XX, Perú.

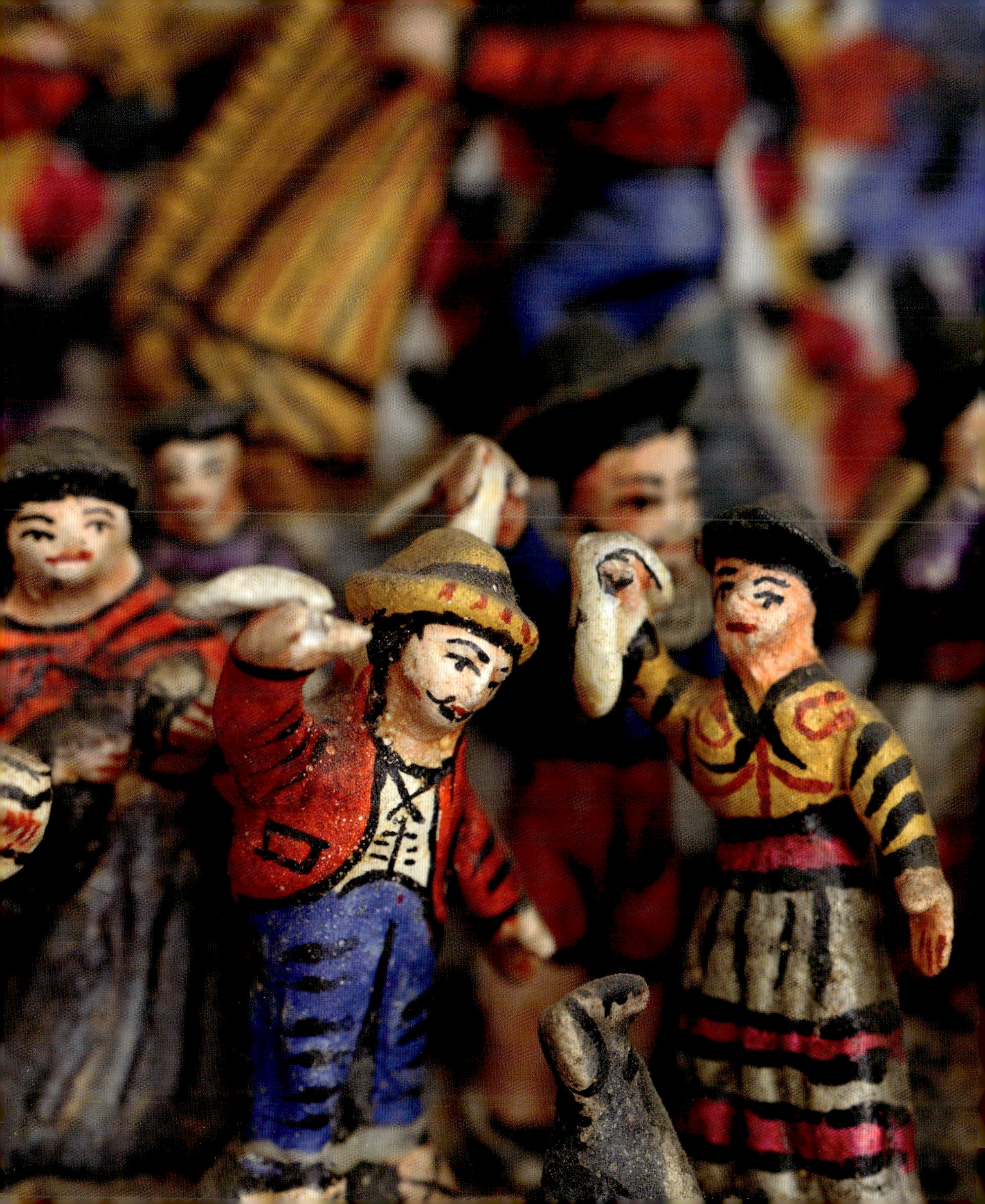

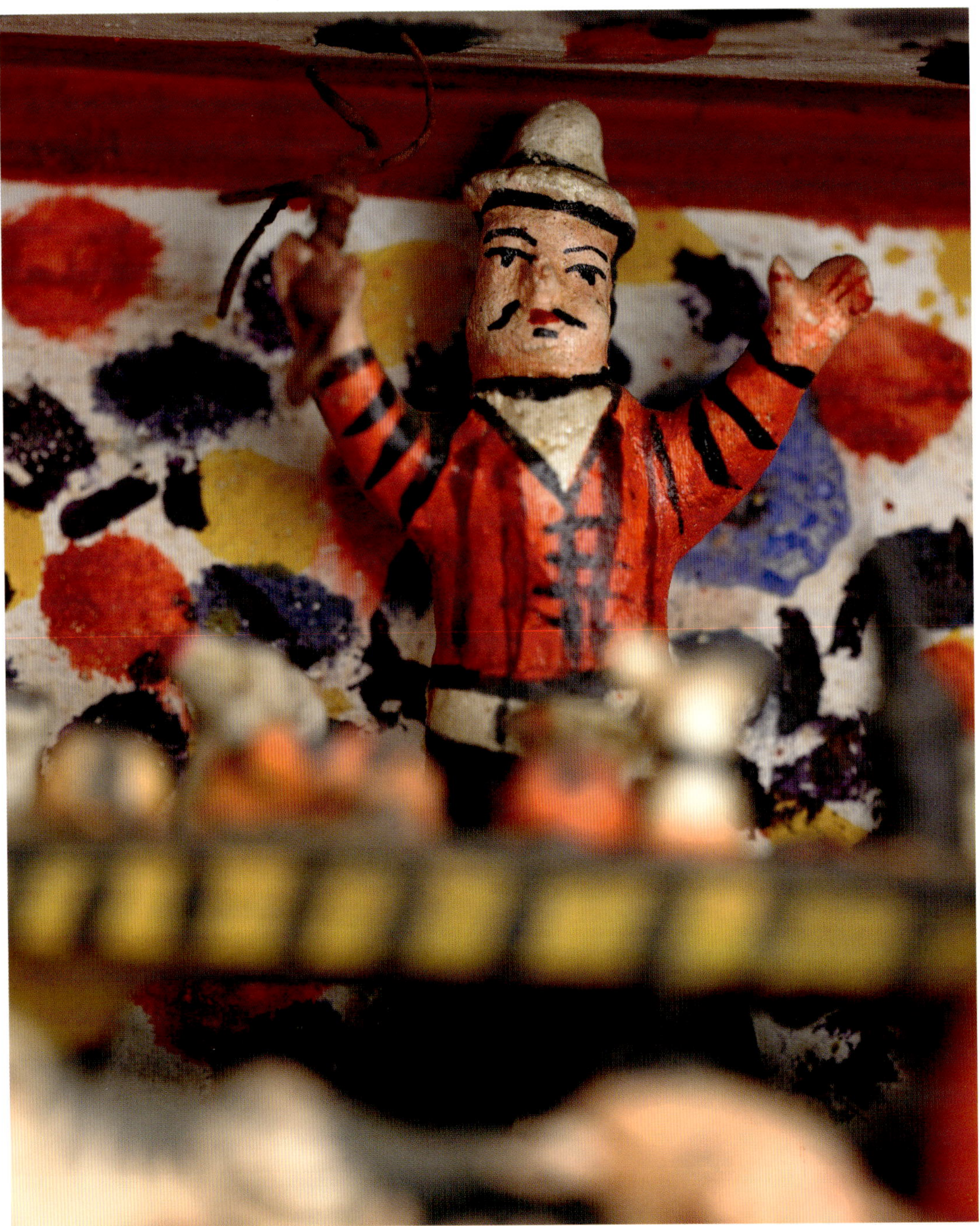

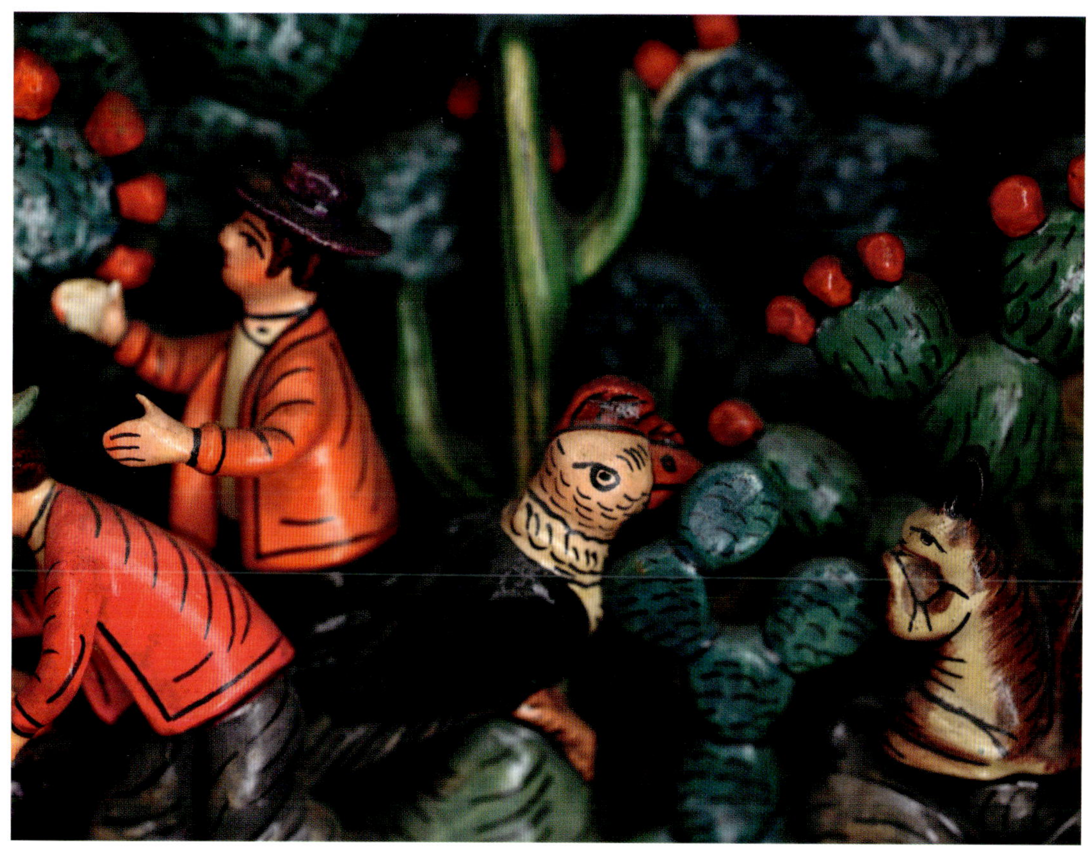

Nicho Box, Nativity (detail), wood, potato paste, varnish, 20th century, Perú. **Caja de nicho con nacimiento** (detalle), madera, pasta de papa, barniz, siglo XX, Perú.

OPPOSITE: **Nicho Box, Procession** (detail), wood, potato paste, varnish, 20th century, Perú. PÁGINA OPUESTA: **Caja de nicho con procesión** (detalle), madera, pasta de papa, barniz, siglo XX, Perú.

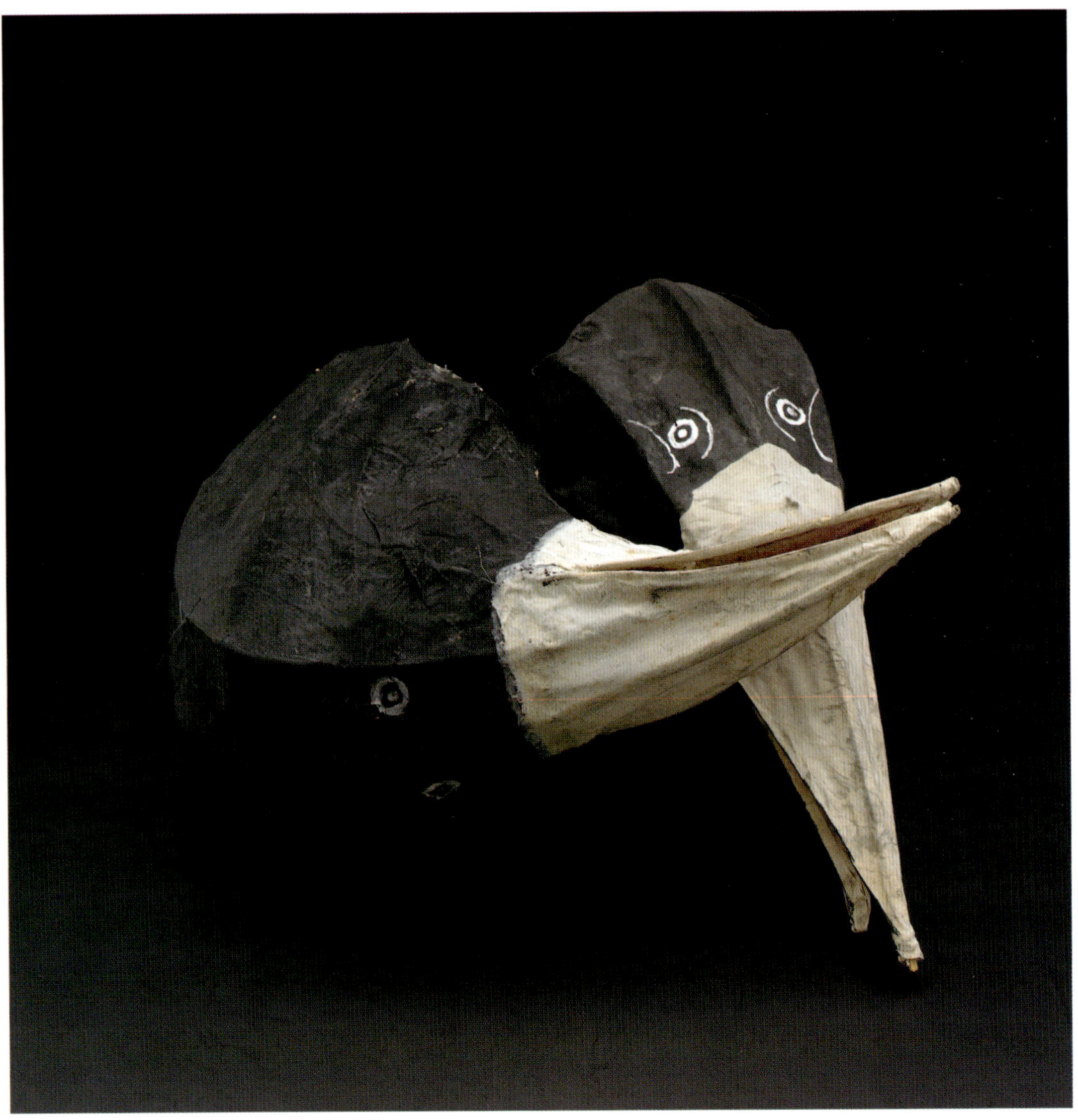

Vulture Masks, bamboo, fabric, paper, 20th century.
Máscaras de zopilote, bambú, tela, papel, siglo XX.

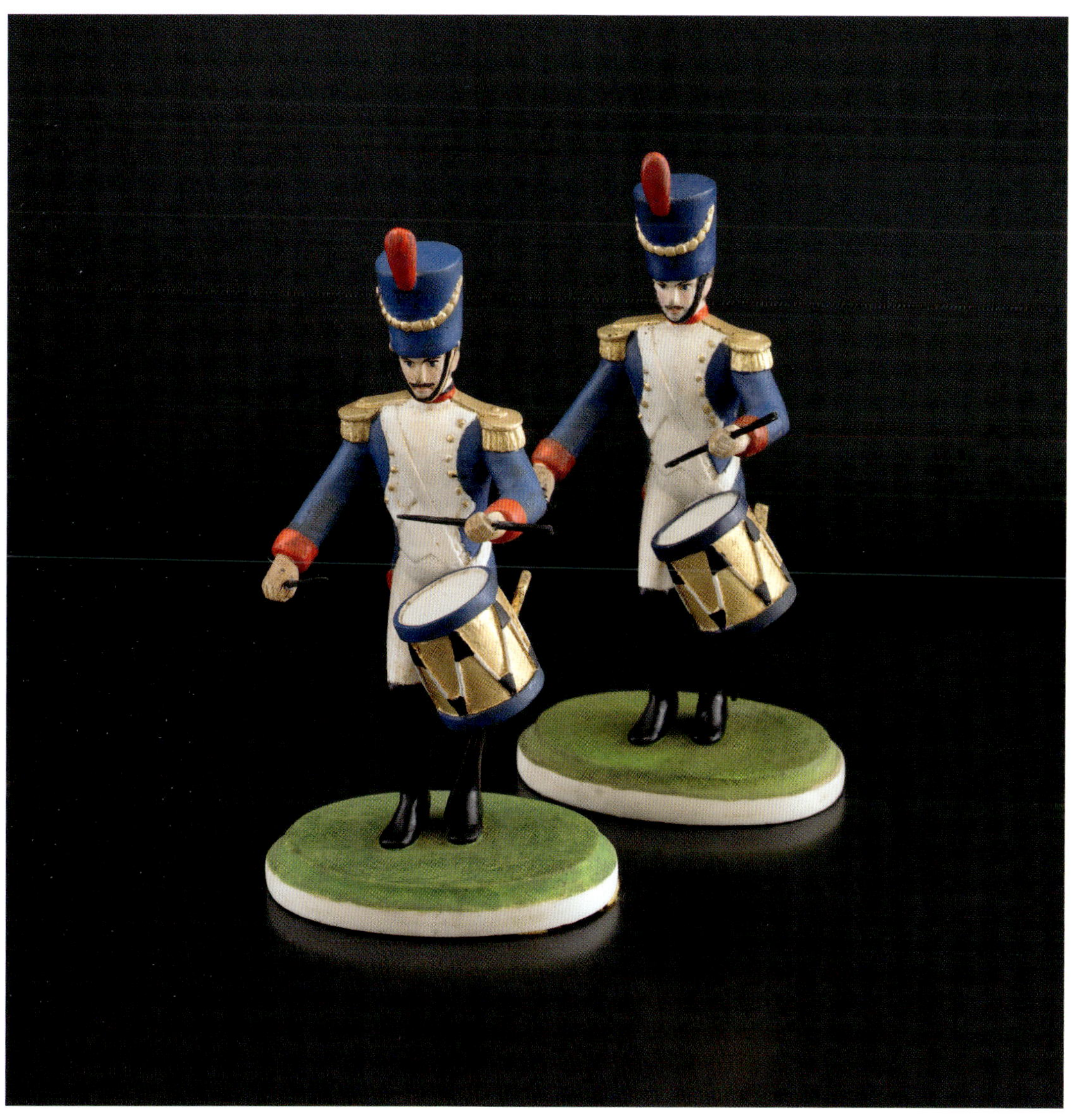

Soldier Drummers, painted ceramic, 20th century.
Soldados tocando el tambor, cerámica pintada, siglo XX.

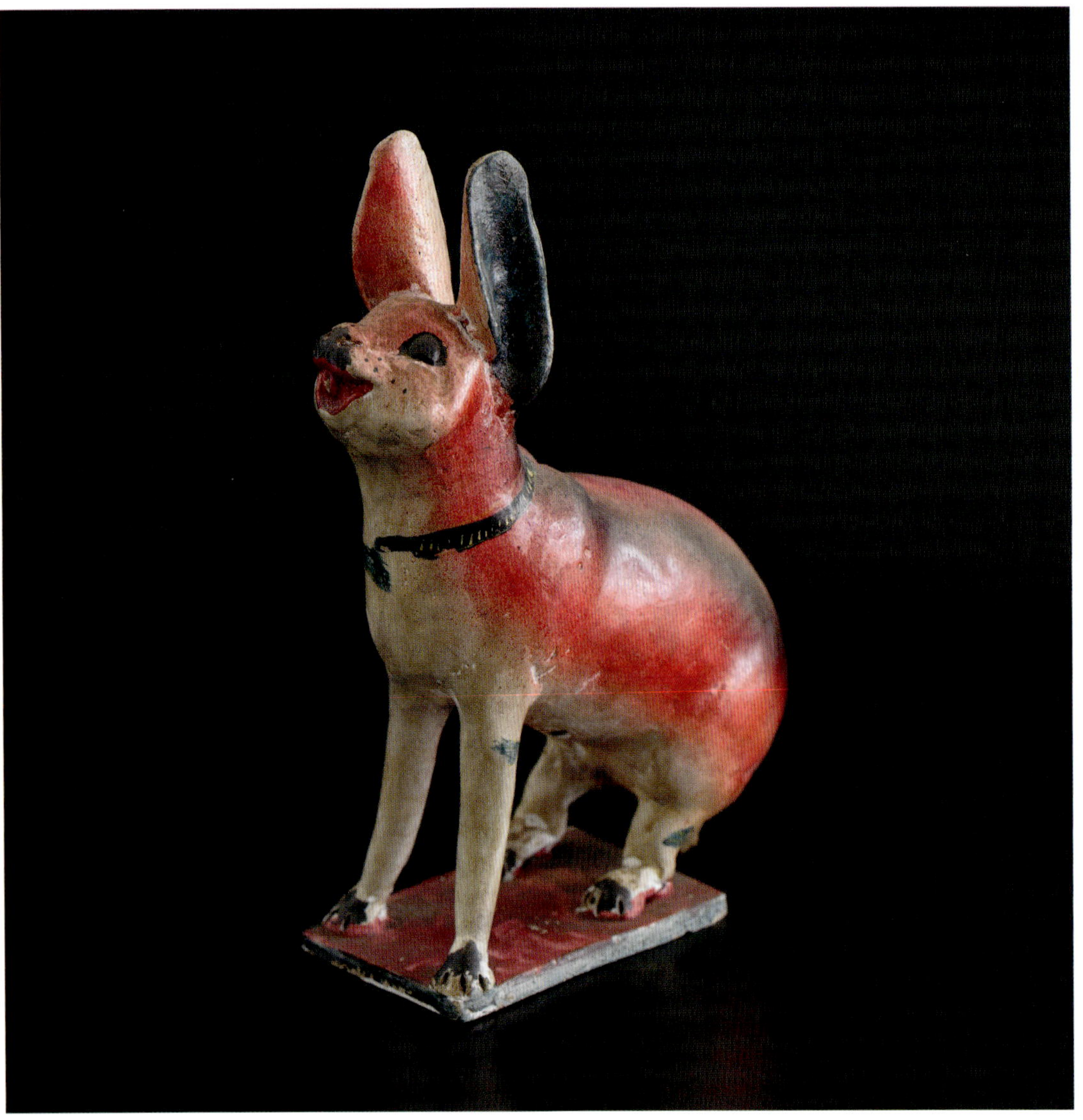

ABOVE: Rabbit, polychrome ceramic, 20th century. **ENCIMA: Conejo,** cerámica policromada, siglo XX.

OPPOSITE: Palm Trees, artist: Josefina Aguilar, painted ceramic, 20th century. **PÁGINA OPUESTA: Palmeras,** artista: Josefina Aguilar, cerámica pintada, siglo XX.

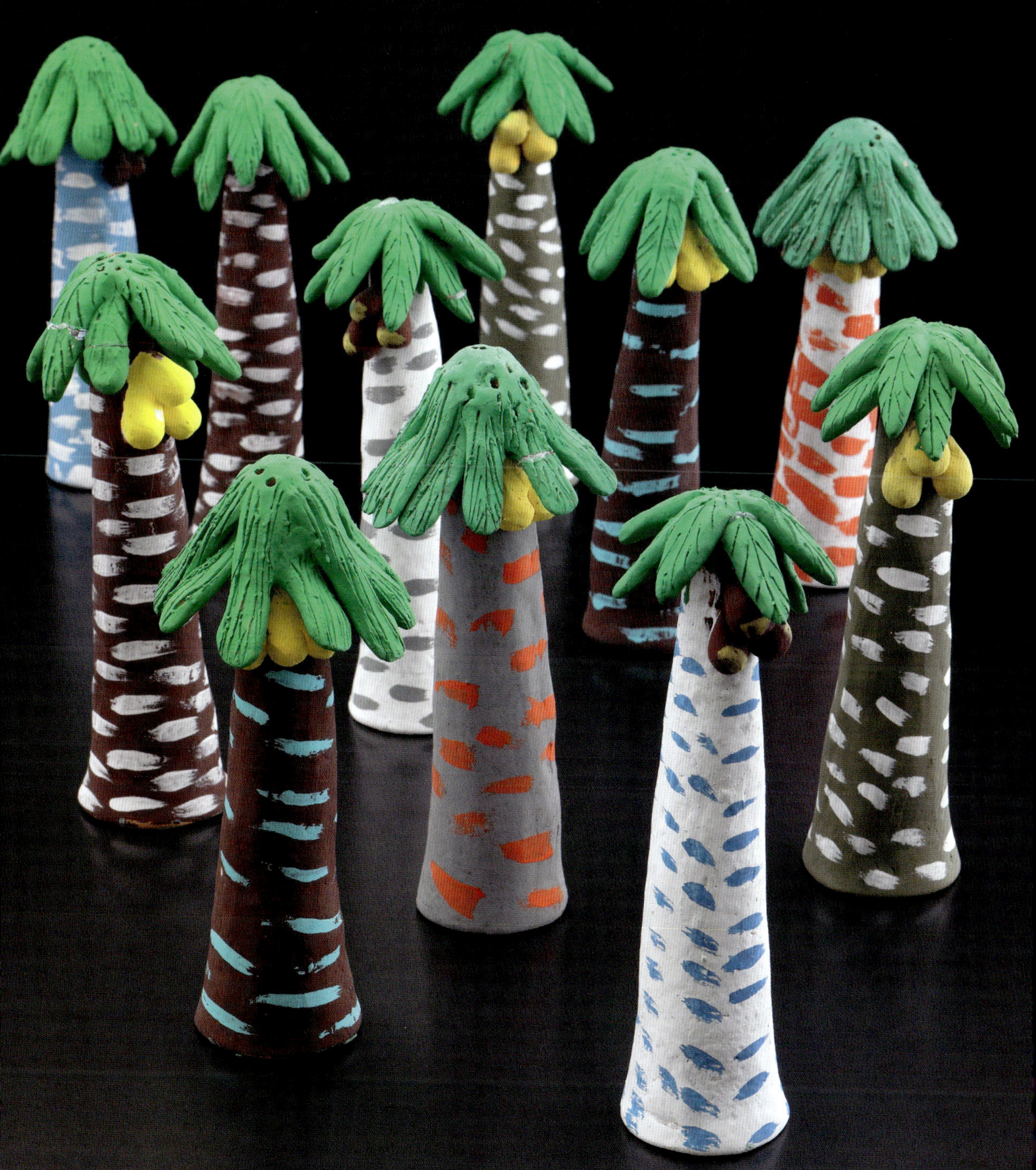

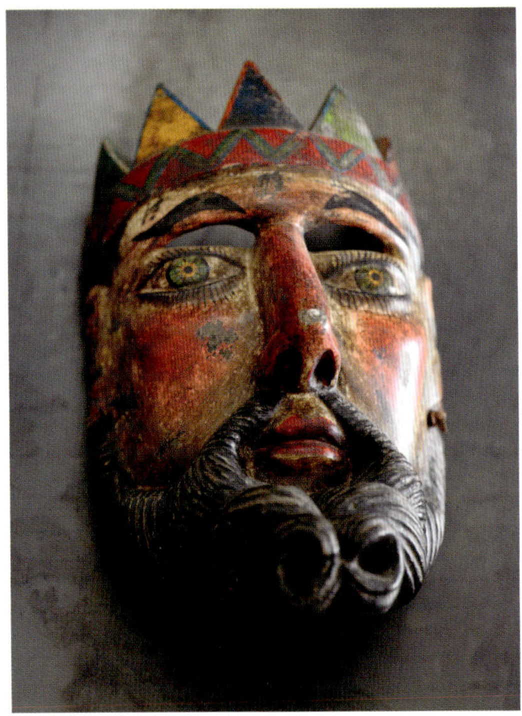

Mask with Crown, painted, carved wood, leather, 20th century.
Máscara con corona, talla en madera pintada, cuero, siglo XX.

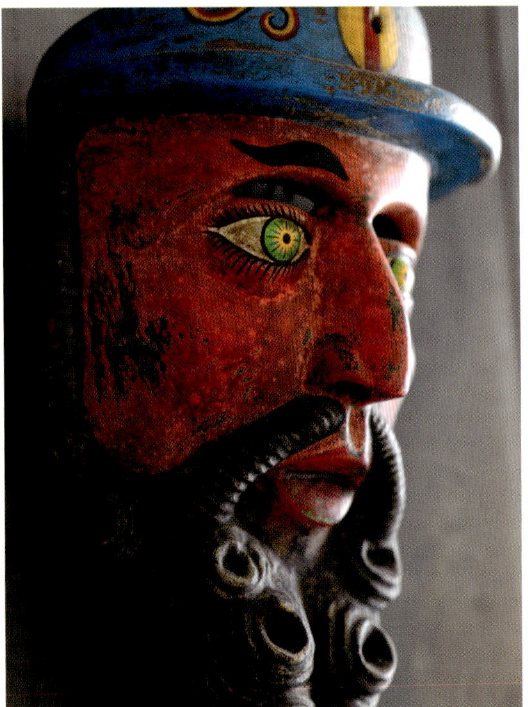

Mask with Hat, painted, carved wood, leather, 20th century.
Máscara con sombrero, talla en madera pintada, cuero, siglo XX.

OPPOSITE: **Mask, Devil Face,** carved, painted wood, 20th century. PÁGINA OPUESTA: **Máscara con cara de diablo,** talla en madera pintada, siglo XX.

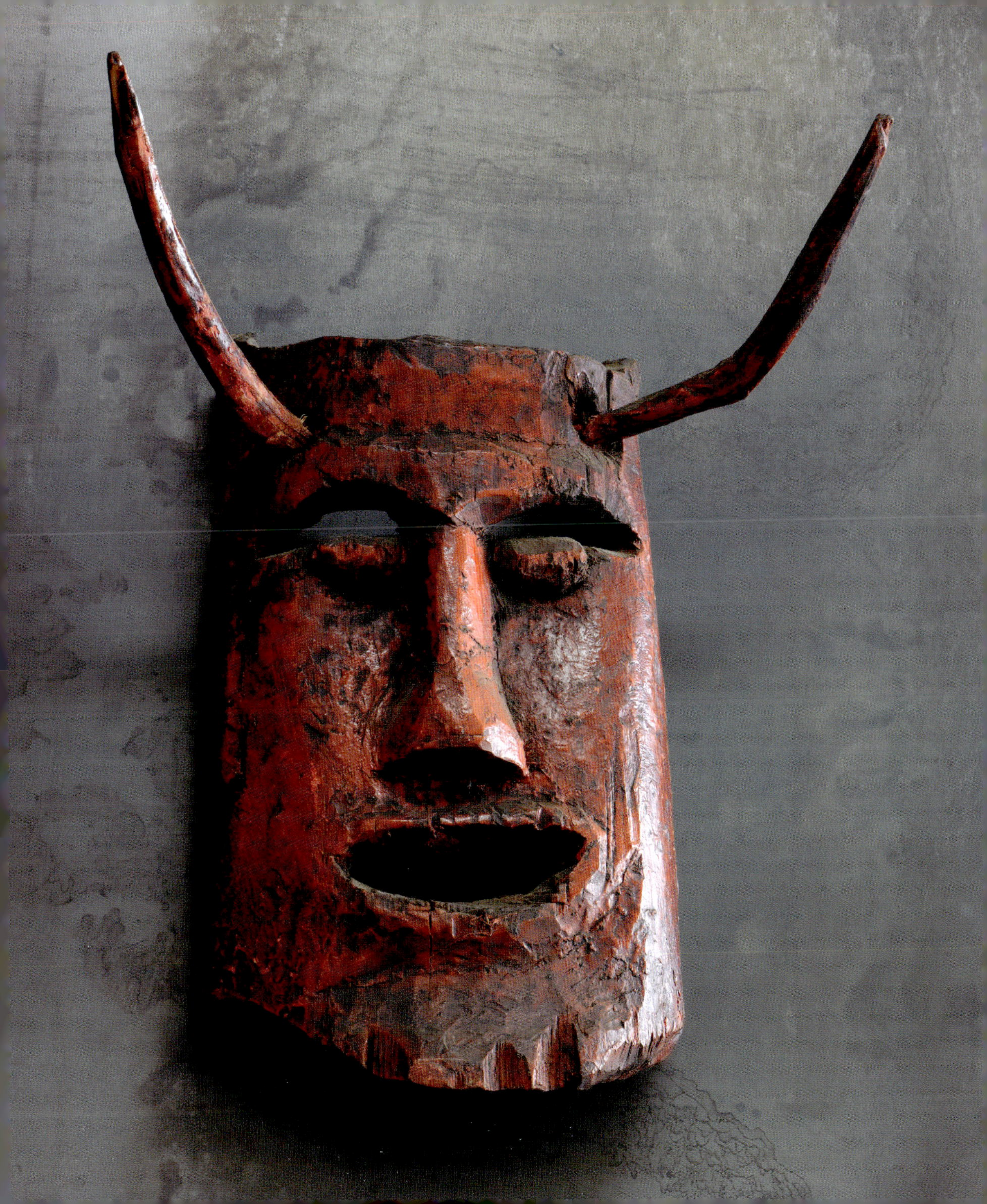

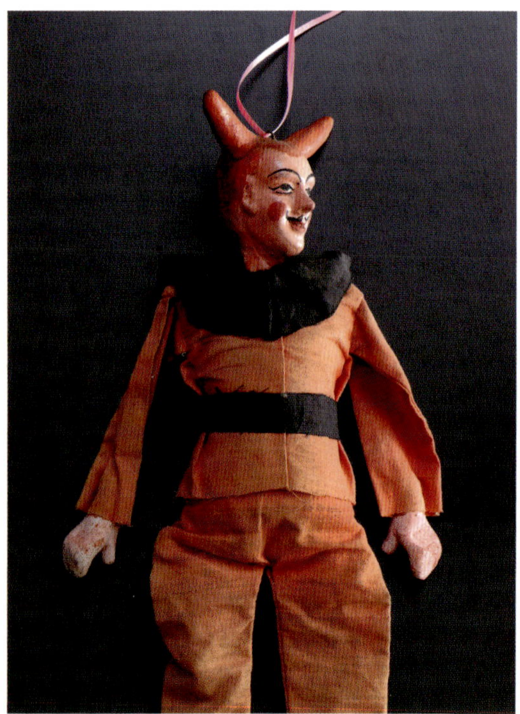

Devil Puppet, clay, metal, fabric, ribbon, 20th century.
Títere del diablo, barro, metal, tela, cinta, siglo XX.

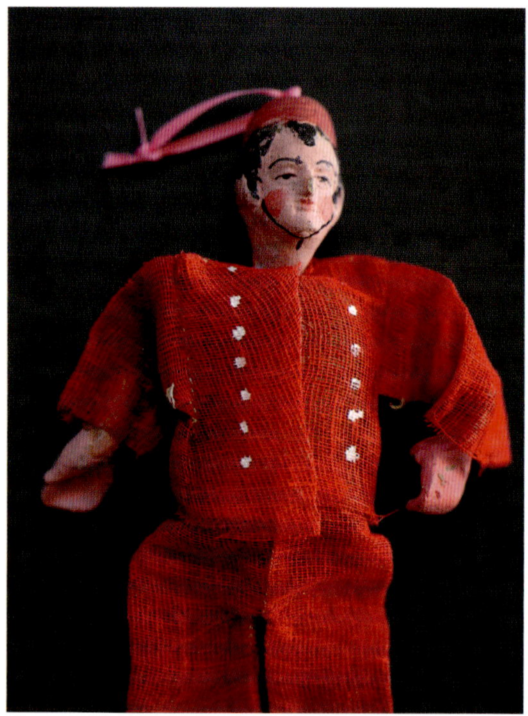

Bellboy Puppet, clay, metal, fabric, ribbon, 20th century.
Títere de un botones, barro, metal, tela, cinta, siglo XX.

OPPOSITE: **Witch with Rats Puppet,** clay, metal, fabric, ribbon, 20th century. PÁGINA OPUESTA: **Títere de bruja con ratas,** barro, metal, tela, cinta, siglo XX.

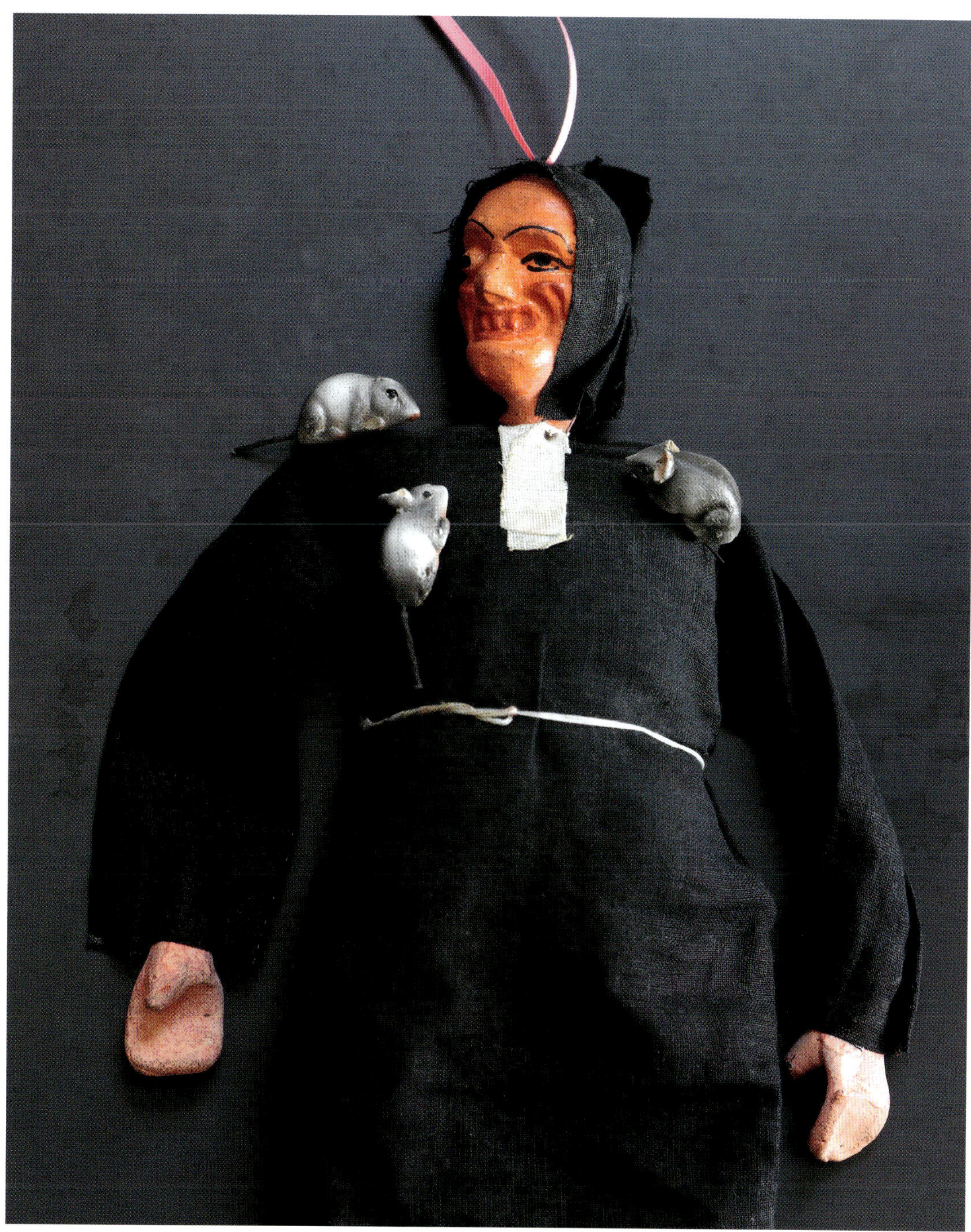

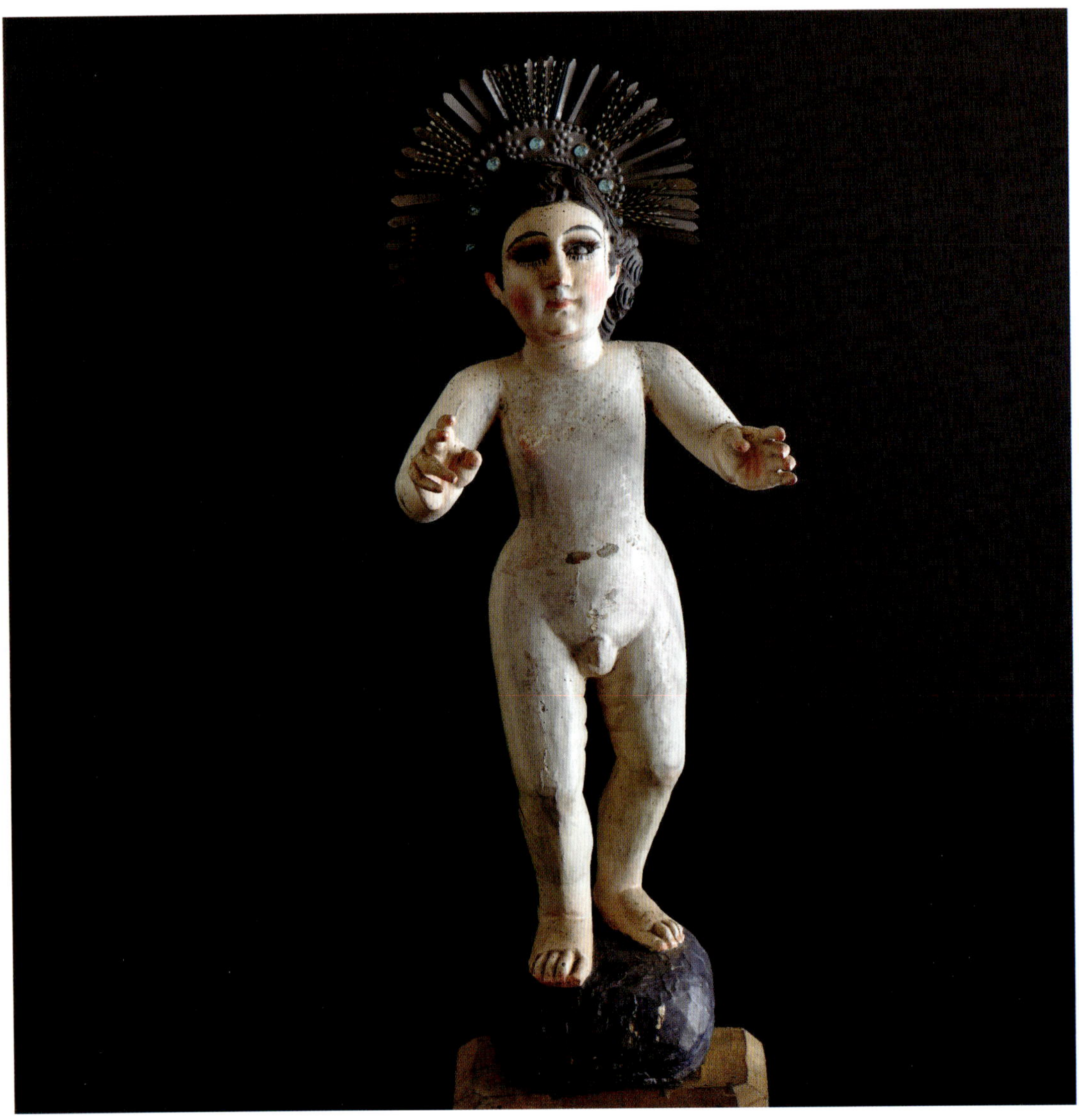

El Niño Jesús with Halo, carved, painted wood, metal, glass, ca. 19th–20th century. **El Niño Jesús con halo,** talla en madera pintada, metal, vidrio, alrededor del siglo XIX o XX.

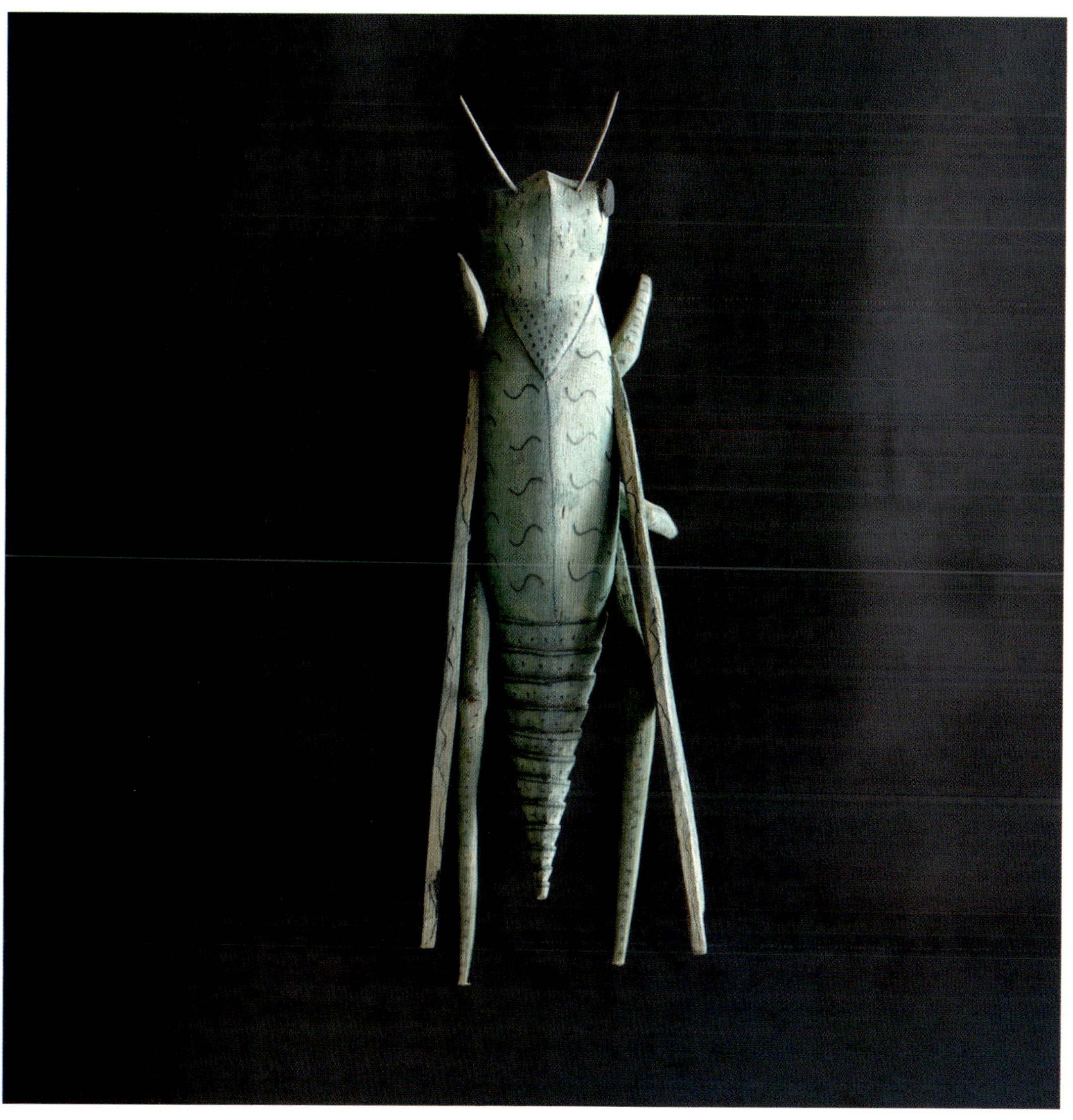

Grasshopper, carved, painted wood, 20th century.
Saltamontes, talla en madera pintada, siglo XX.

Deer Head Masks, papier-mâché, 20th century.
Máscaras de cabeza de venado, papel maché, siglo XX.

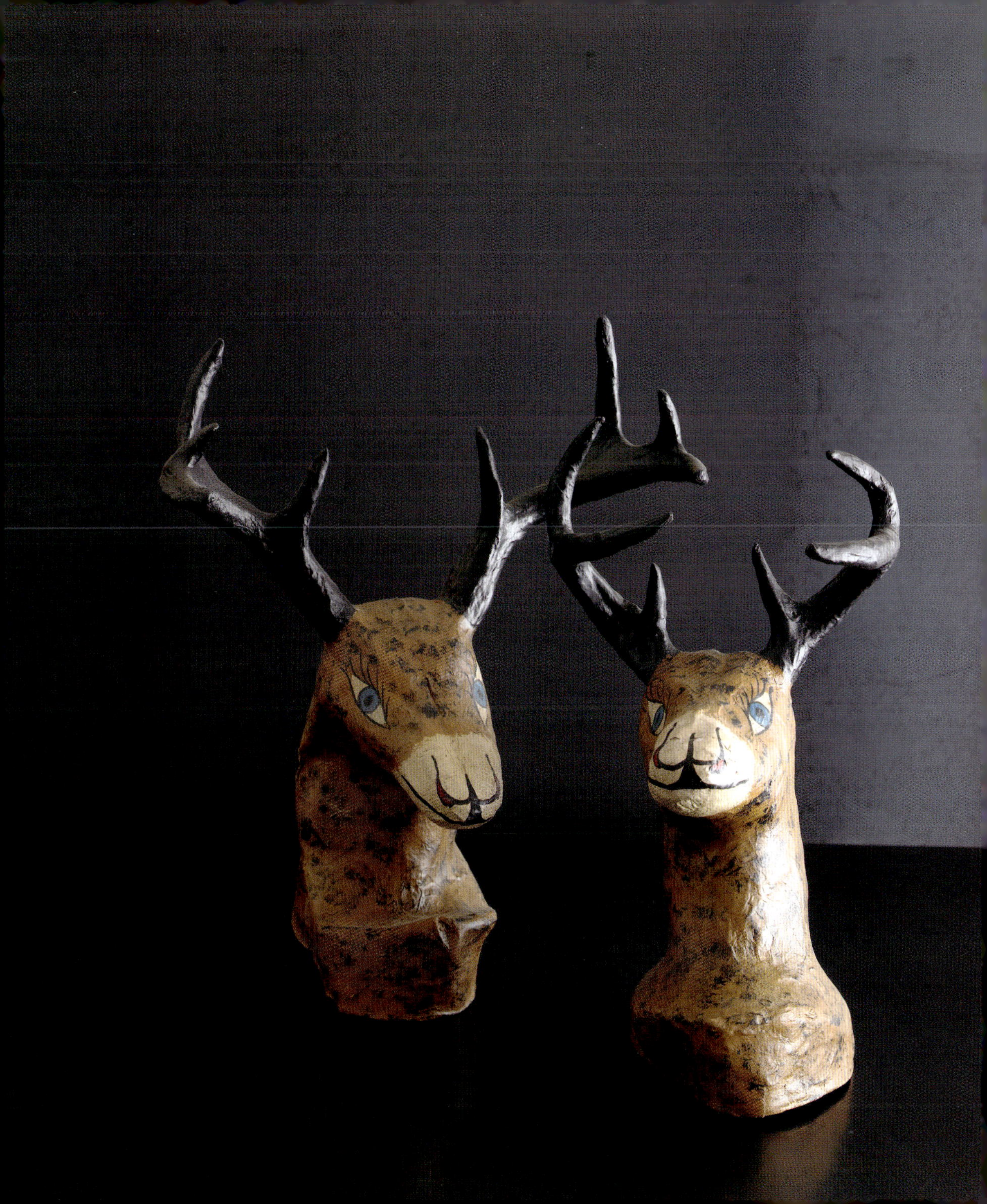

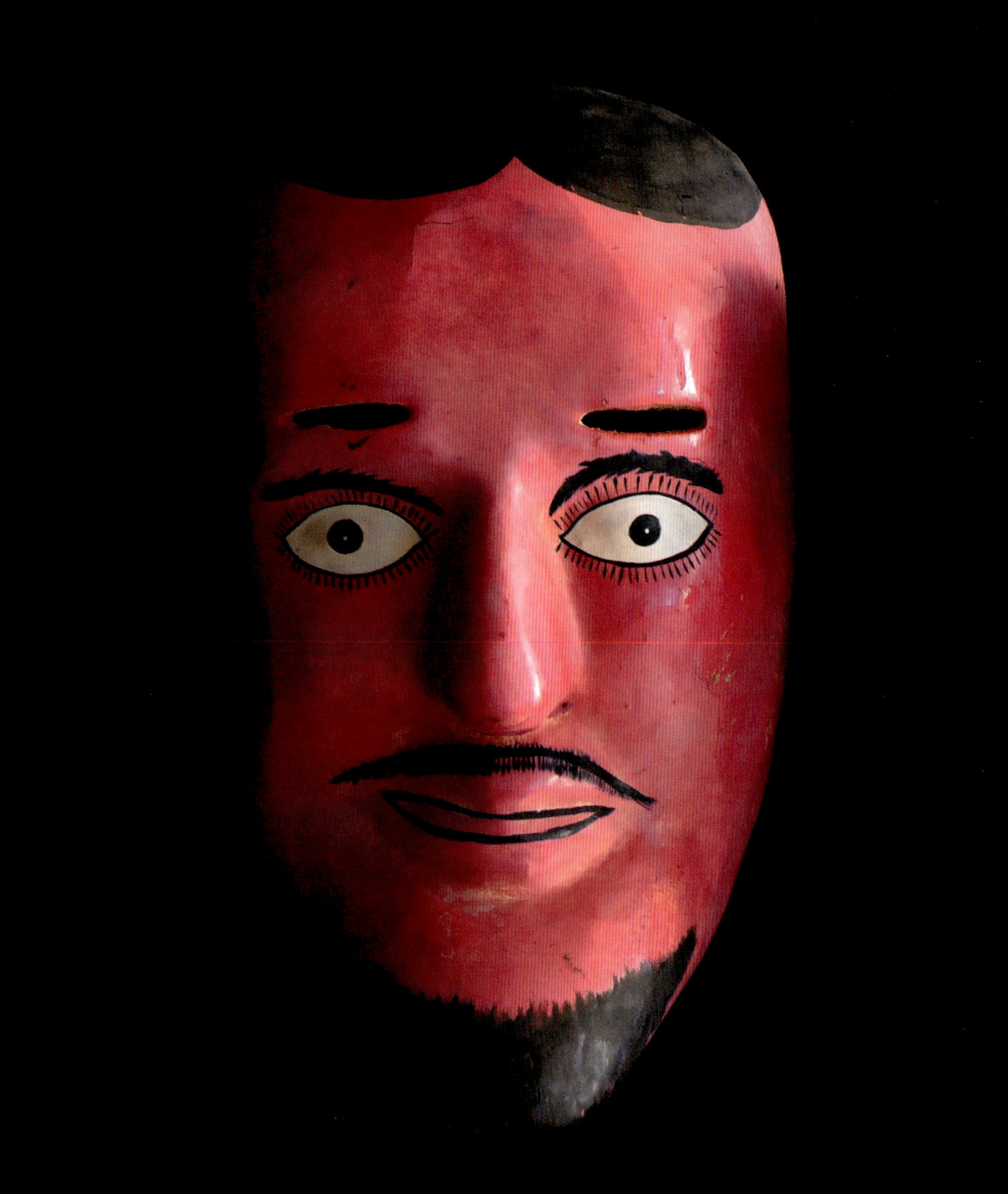

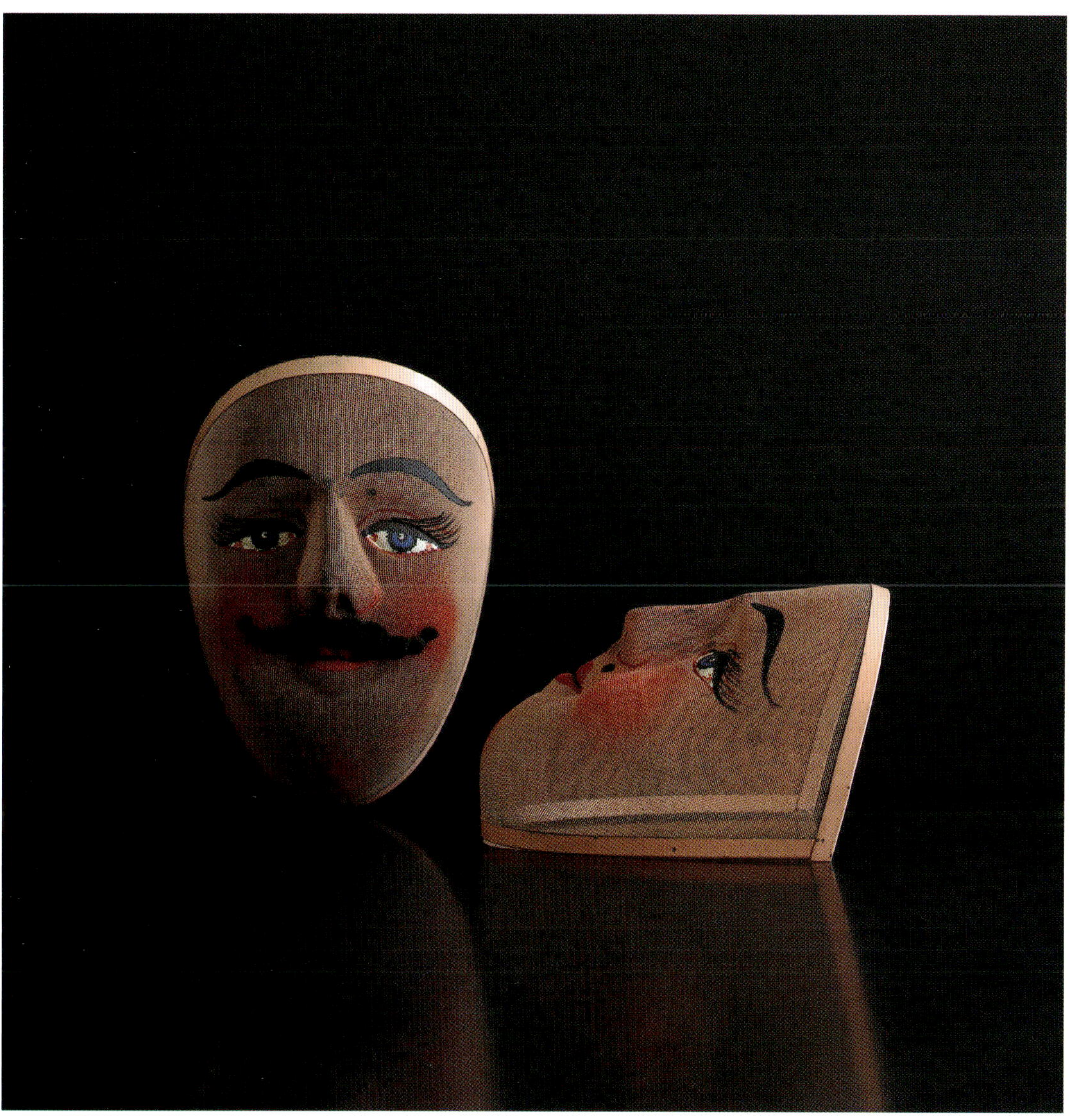

Mesh Masks, painted wire mesh, 20th century.
Máscaras de malla, malla de alambre pintada, siglo XX.

OPPOSITE: **Mask, Pink Face with Beard,** carved, painted wood, 20th century. PÁGINA OPUESTA: **Máscara de cara rosada con barba,** talla en madera pintada, siglo XX.

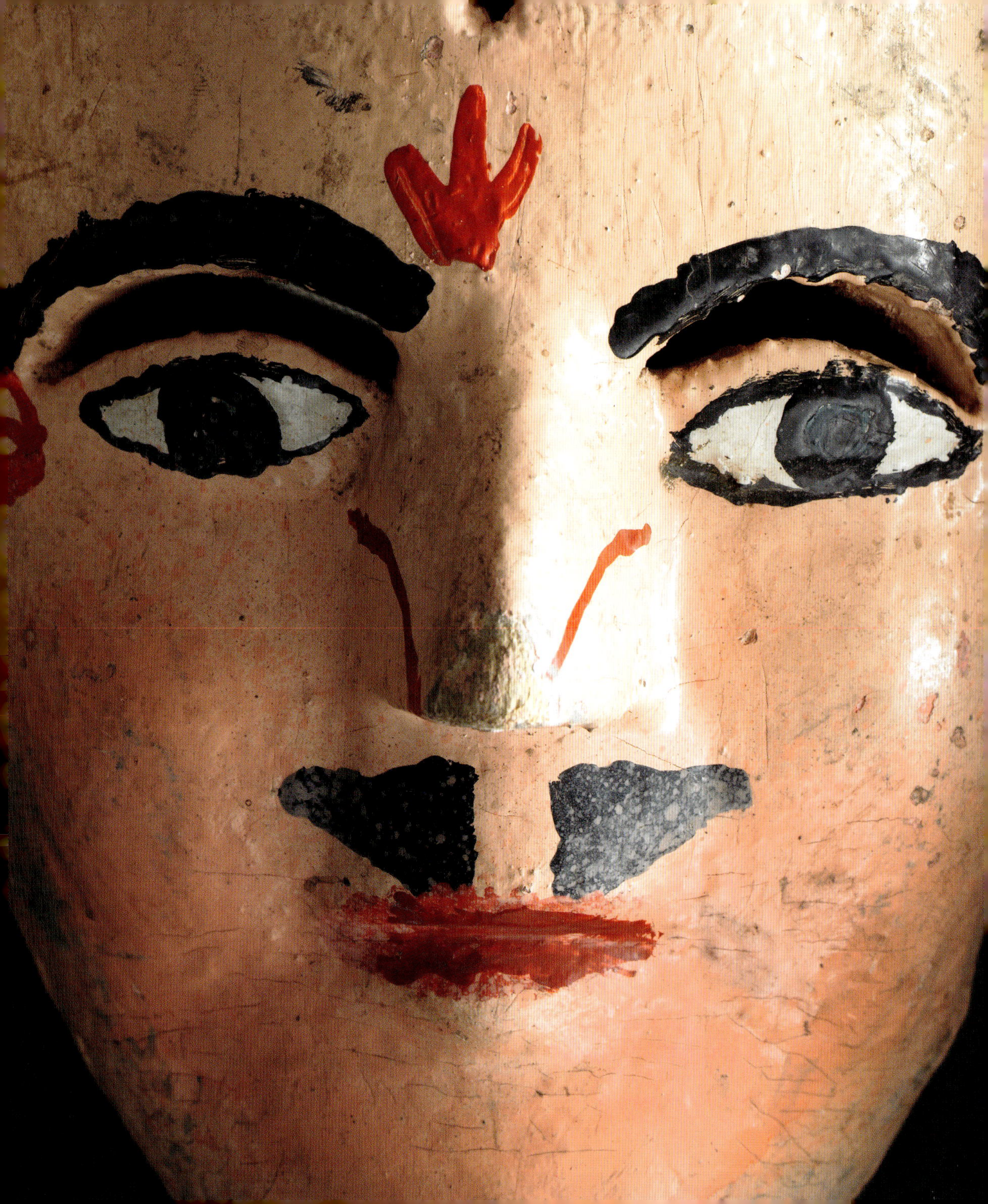

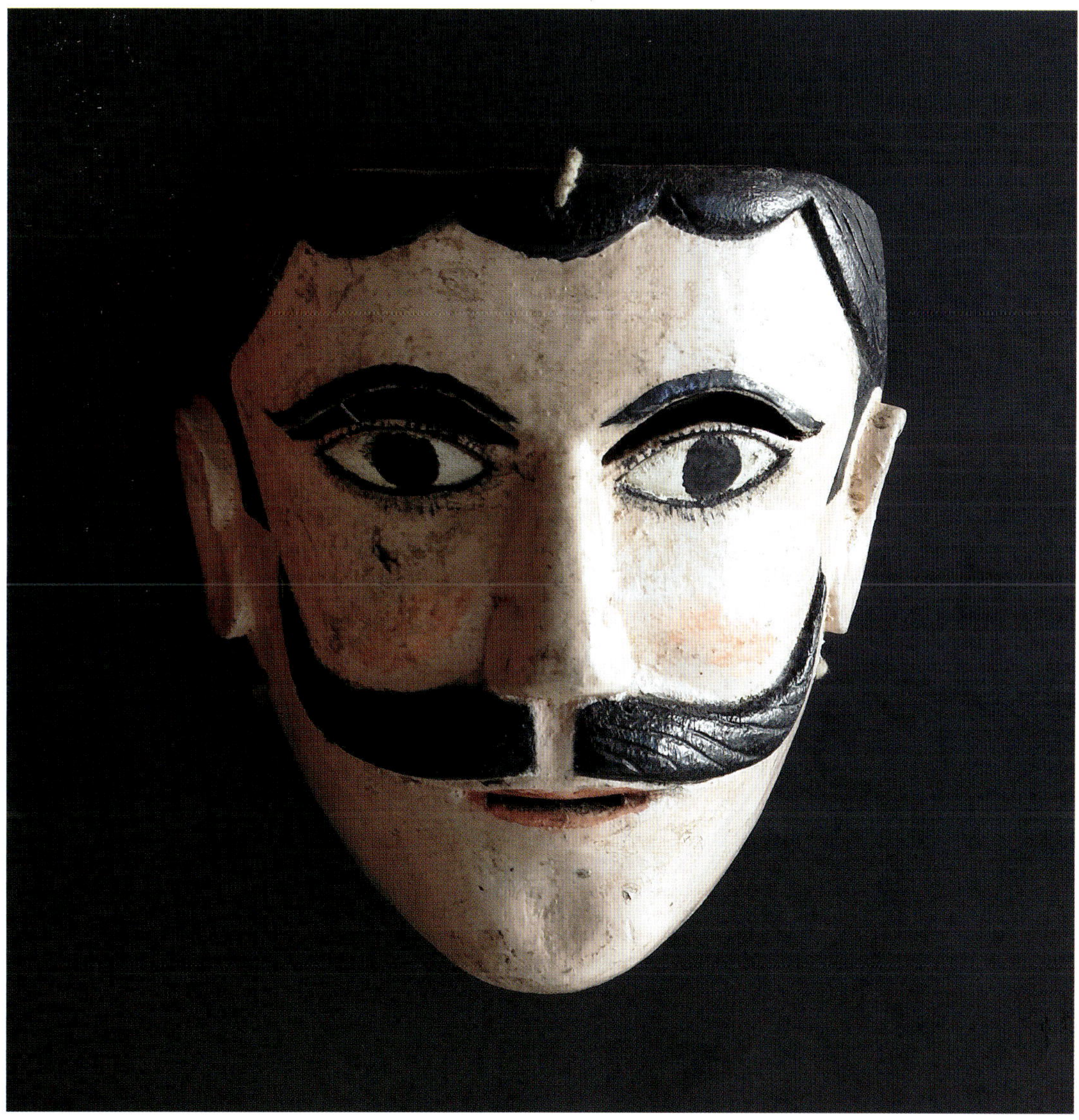

Mask, Spaniard, carved, painted wood, 20th century.
Máscara de español, talla en madera pintada, siglo XX.

OPPOSITE: **Mask, Pink Face with Mustache,** carved, painted wood, 20th century. **PÁGINA OPUESTA:** **Máscara de cara rosada con bigote,** talla en madera pintada, siglo XX.

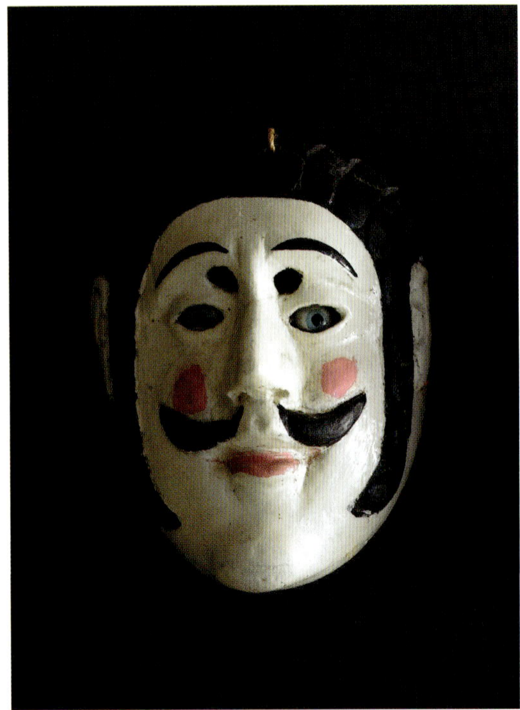

Mask, White Face with Sideburns, carved, painted wood, glass, 20th century. **Máscara de cara blanca con patillas,** talla en madera pintada, vidrio, siglo XX.

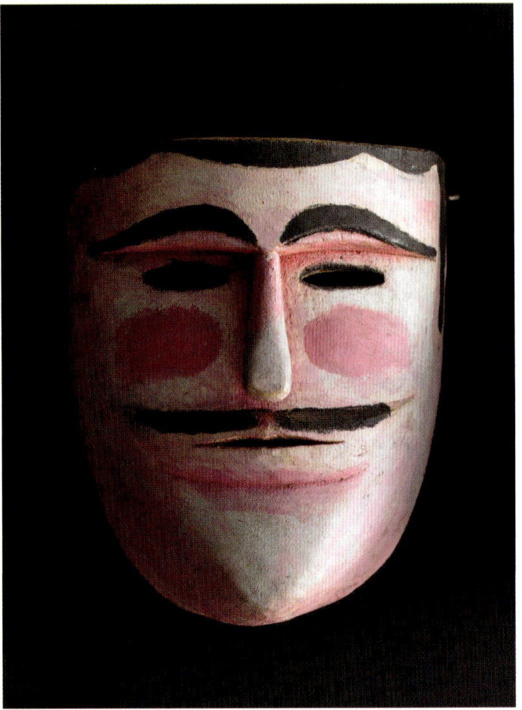

Mask, Pink Face with Mustache, carved, painted wood, 20th century. **Máscara de cara rosada con bigote,** talla en madera pintada, siglo XX.

OPPOSITE: **Mask, Pink Face with Hair,** carved, painted wood, hair, 20th century. PÁGINA OPUESTA: **Máscara de cara rosada con cabello,** talla en madera pintada, cabello, siglo XX.

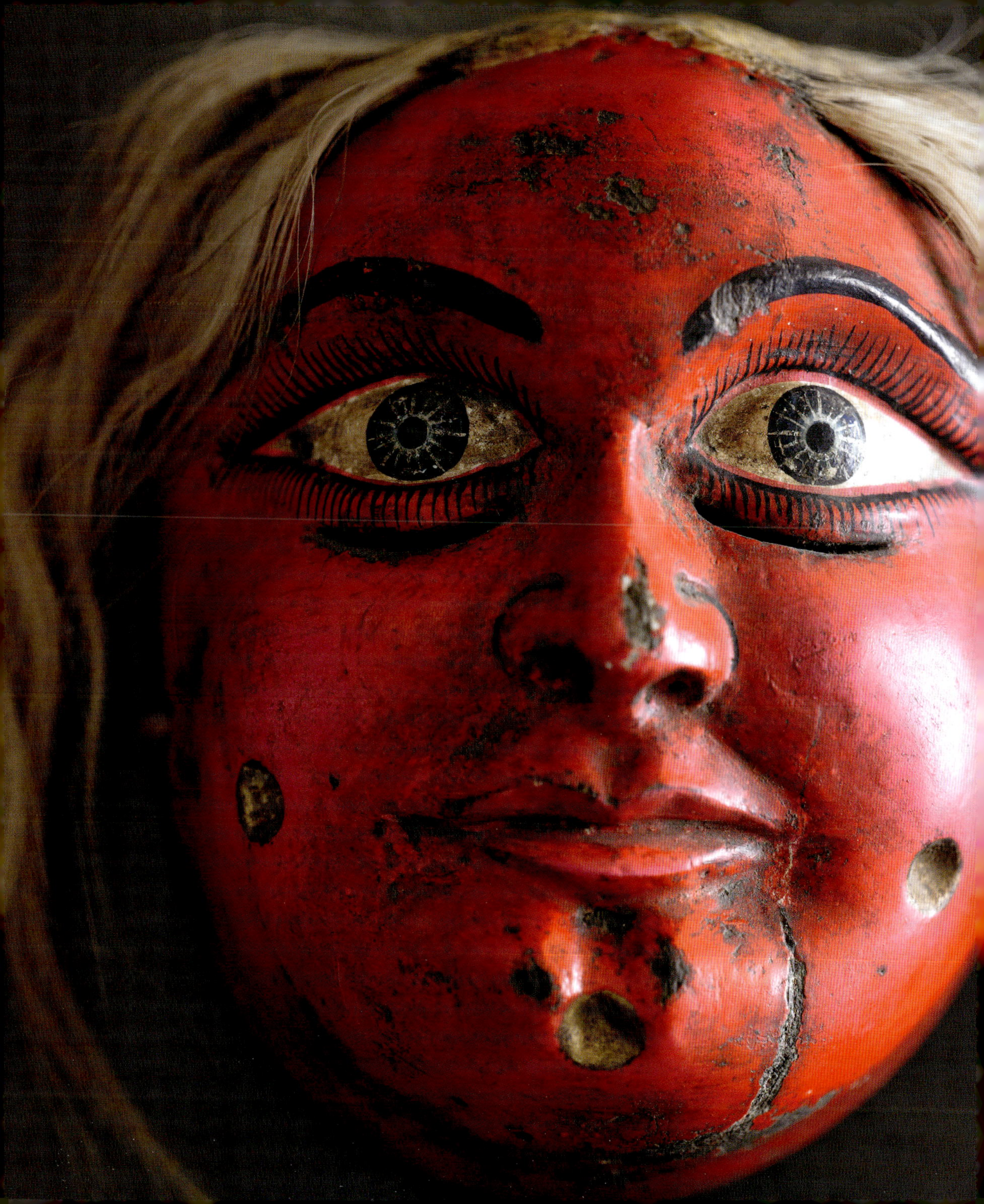

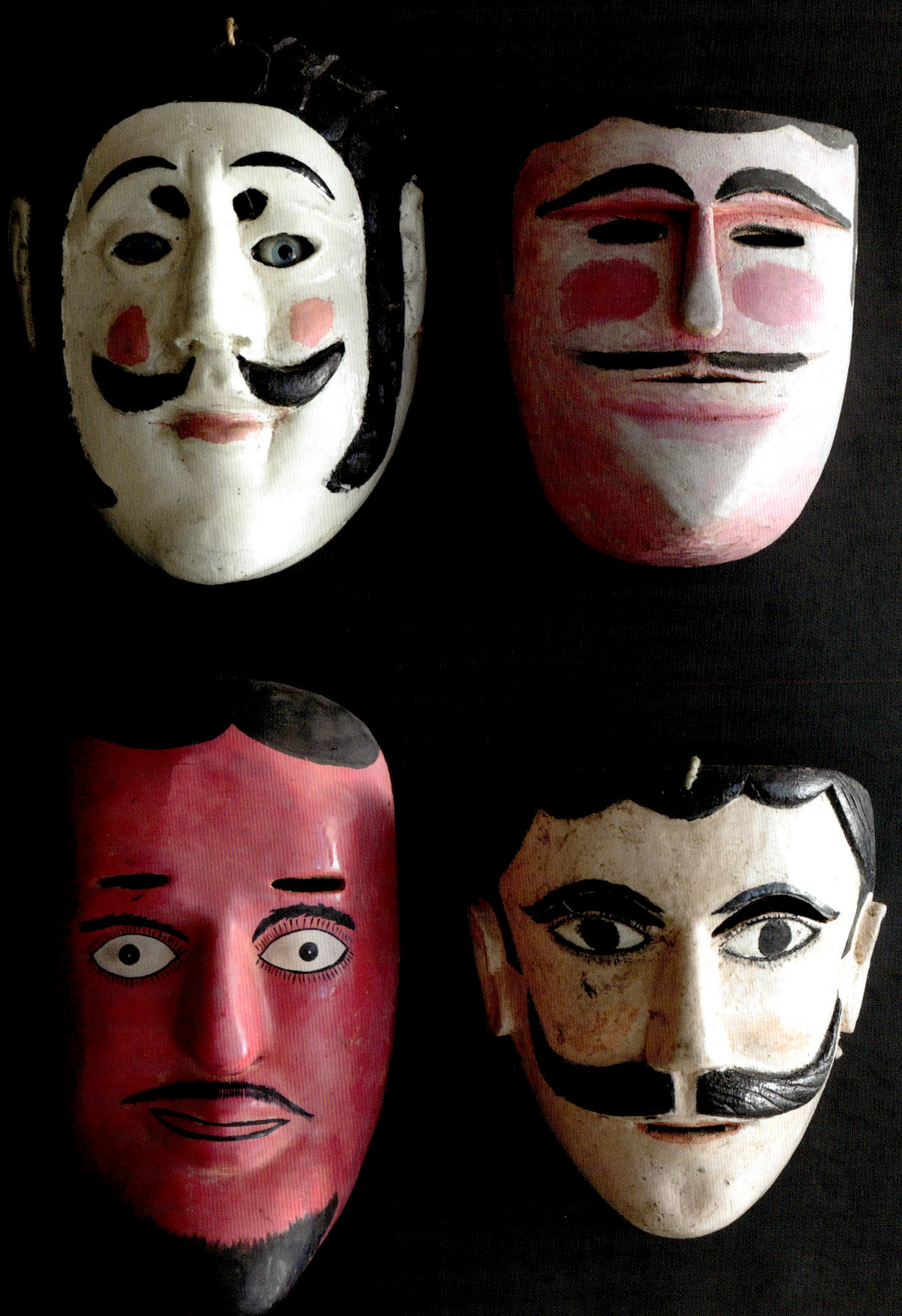

OPPOSITE: Masks, carved, painted wood, 20th century.
PÁGINA OPUESTA: Máscaras, talla en madera pintada, siglo XX.

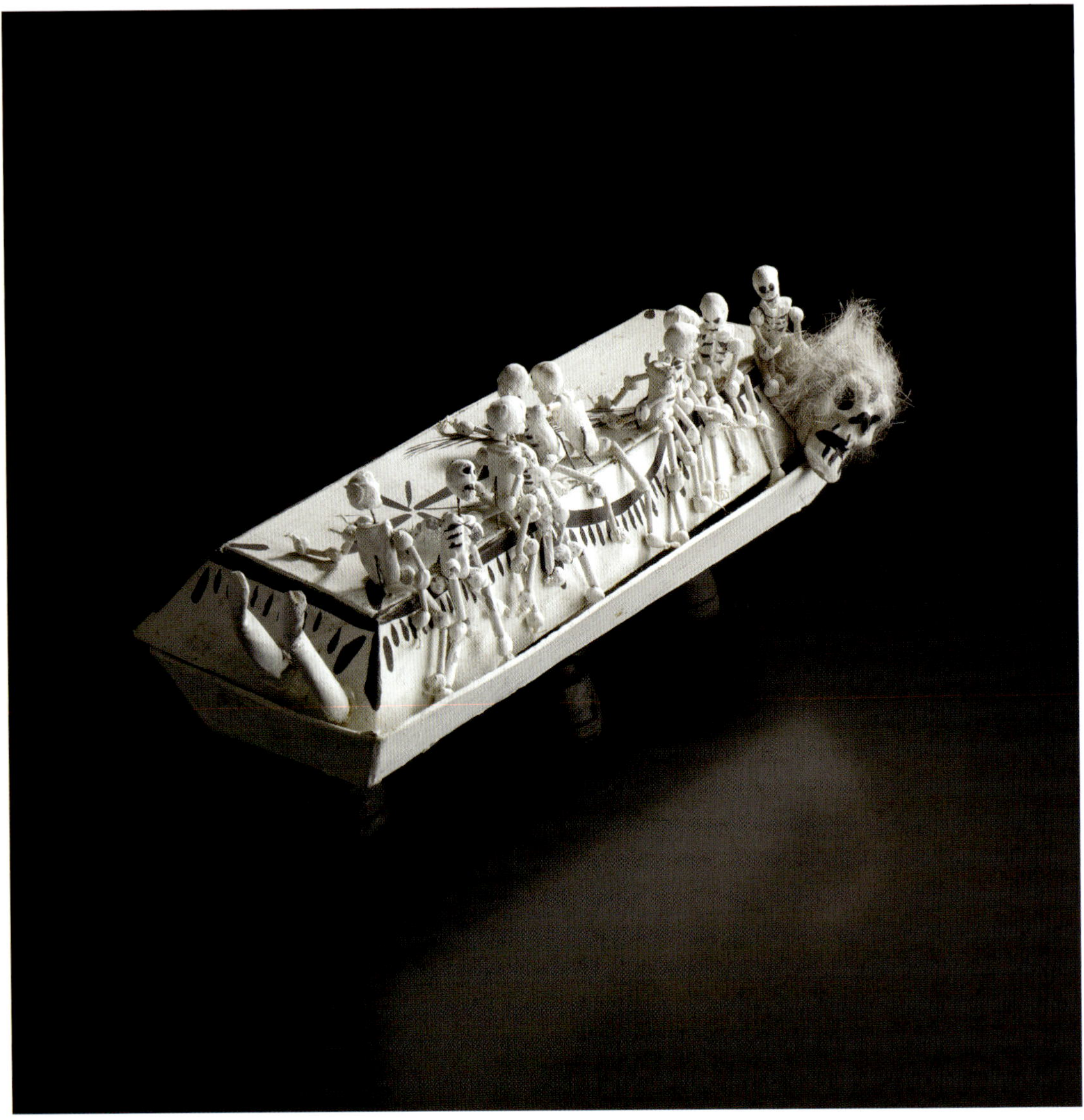

Coffin with Skeletons, paper, ceramic, metal, paint, 20th century. **Ataúd con esqueletos,** papel, cerámica, metal, pintura, siglo XX.

OPPOSITE: **Wolf Mask,** carved, painted wood, metal, 20th century. PÁGINA OPUESTA: **Máscara de lobo,** talla en madera pintada, metal, siglo XX.

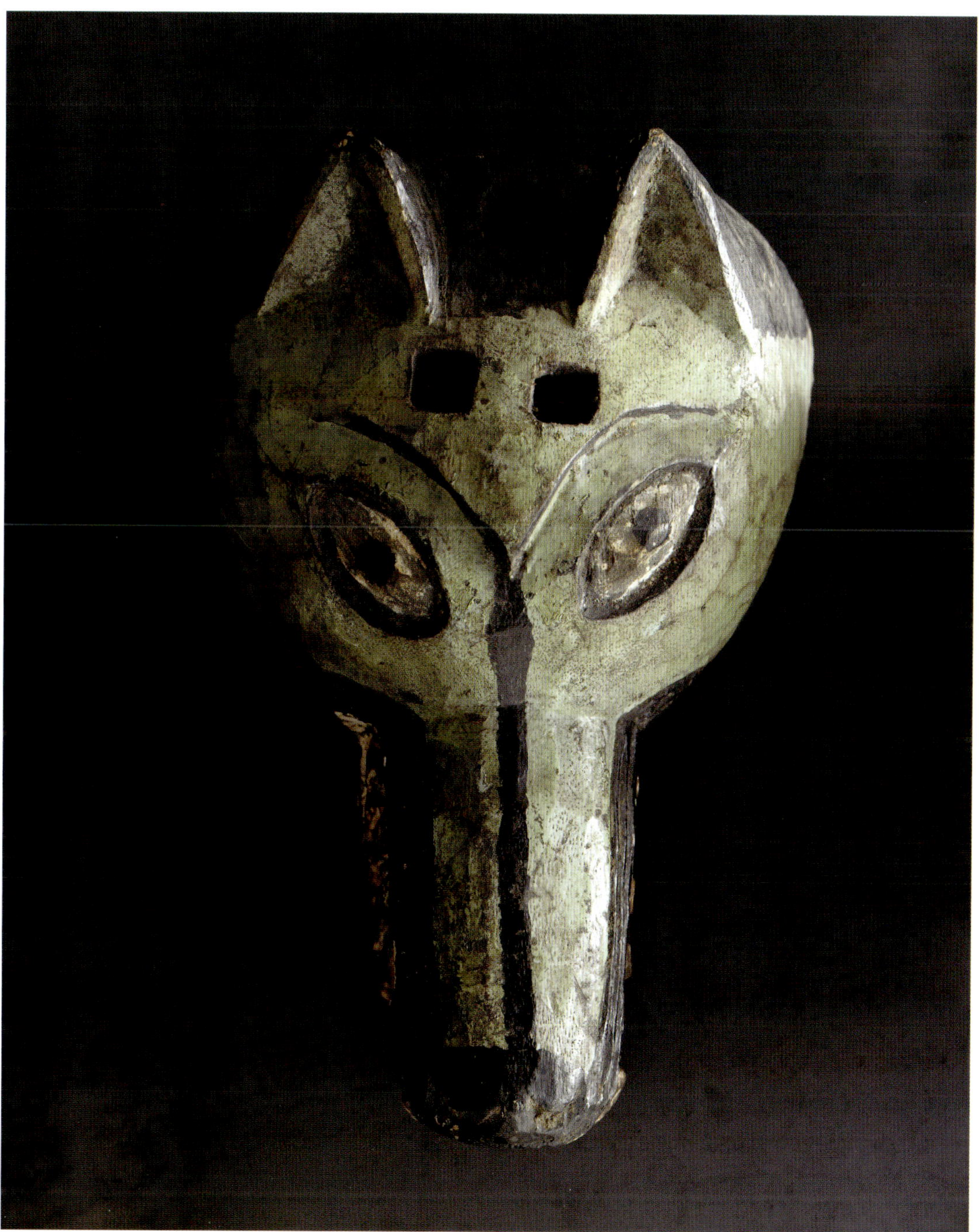

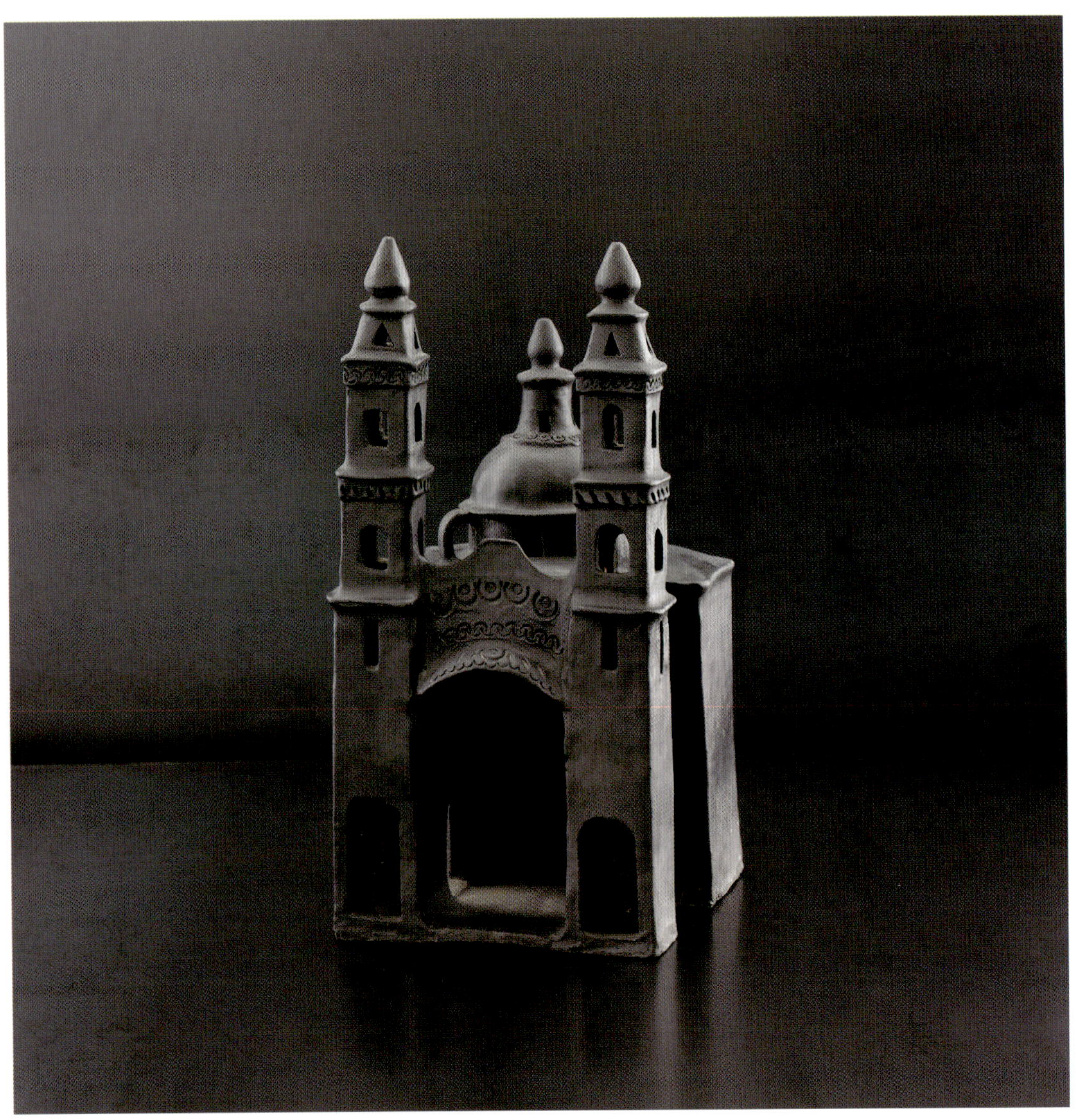

Church, black ceramic, 20th century.
Iglesia, cerámica negra, siglo XX.

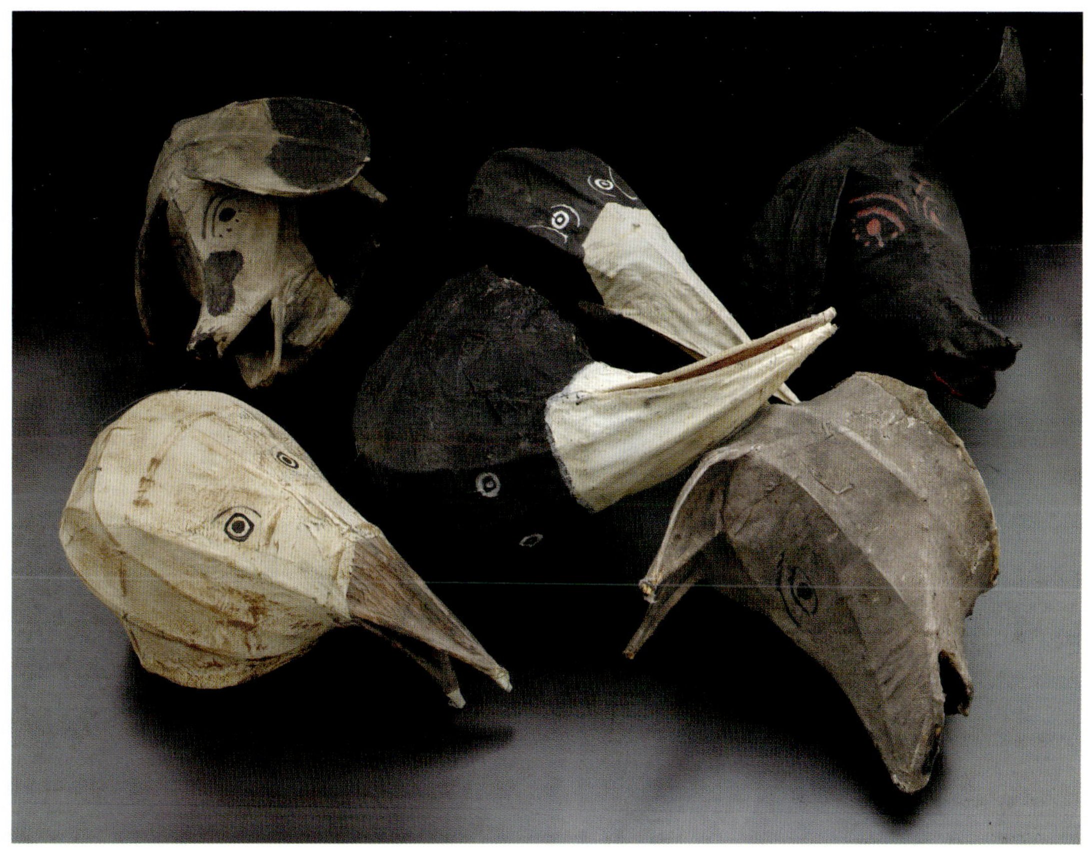

Masks, bamboo, fabric, paper, 20th century.
Máscaras, bambú, tela, papel, siglo XX.

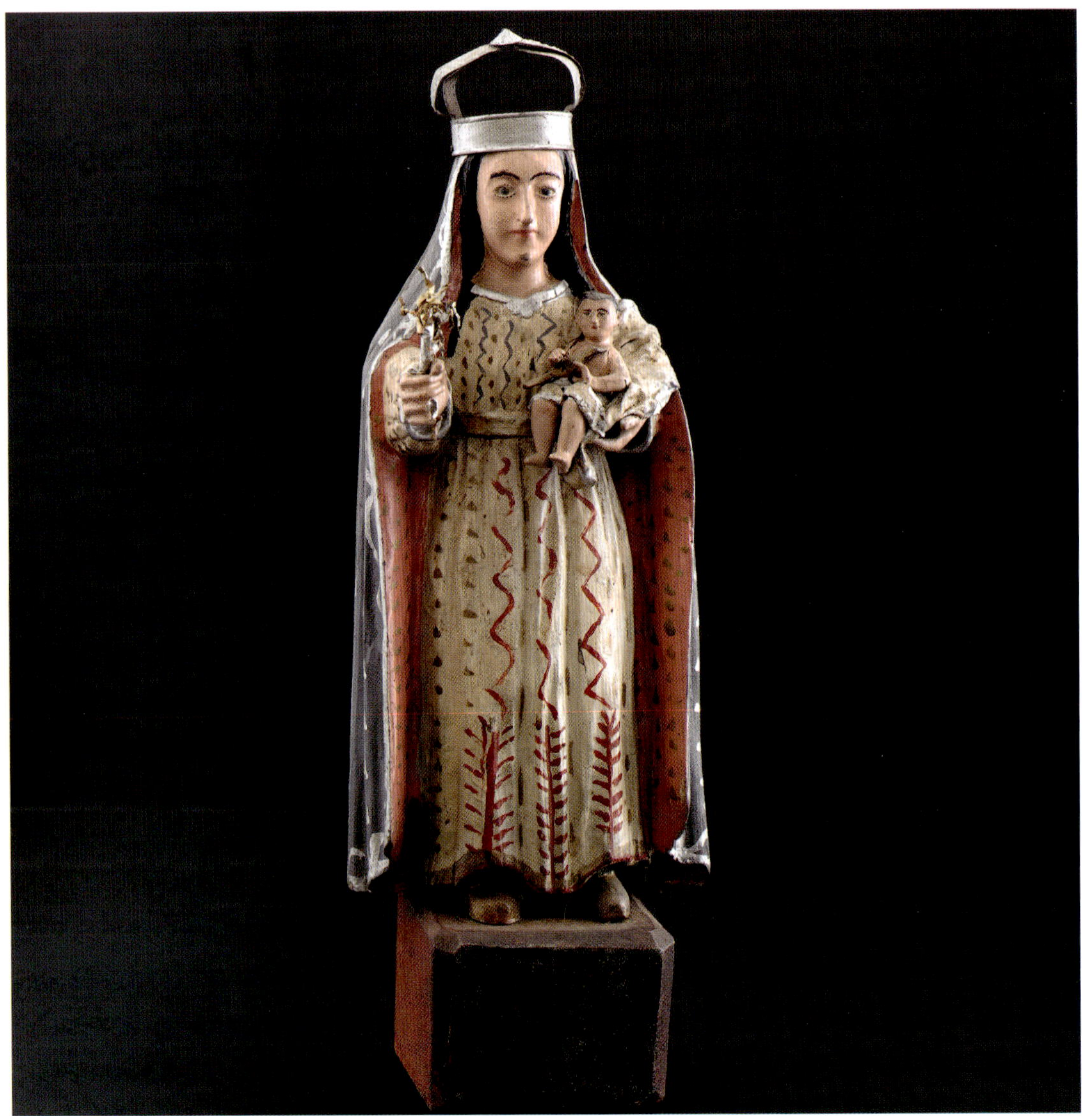

Figure, La Virgen with the baby Jesus, carved, polychrome wood, fabric, 20th century. **Figura de la Virgen con el Niño Jesús,** talla en madera policromada, tela, siglo XX.

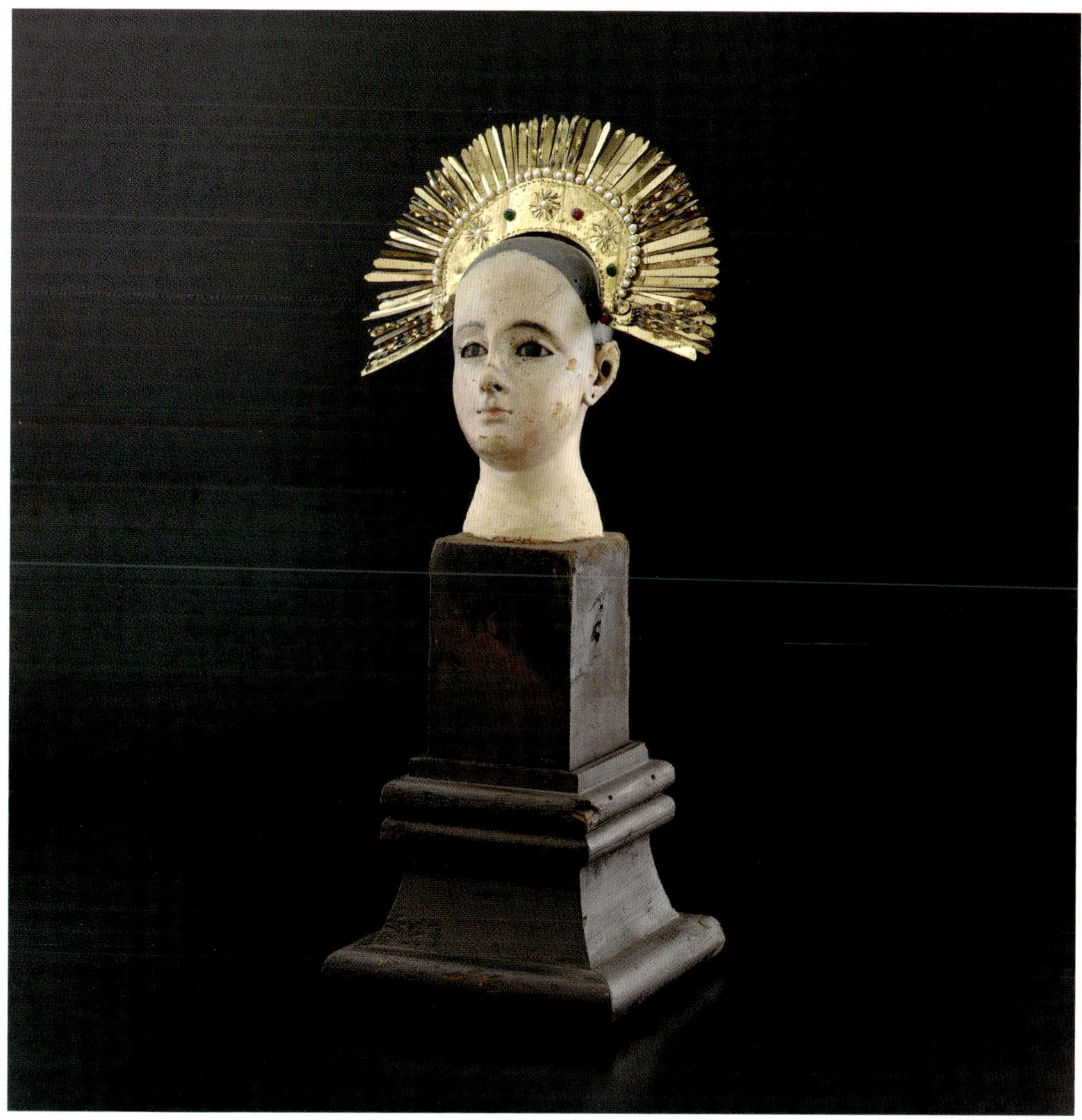

Head with Golden Halo, carved wood, gesso, paint, metal, 20th century. **Cabeza con halo dorado,** talla en madera, yeso, pintura, metal, siglo XX.

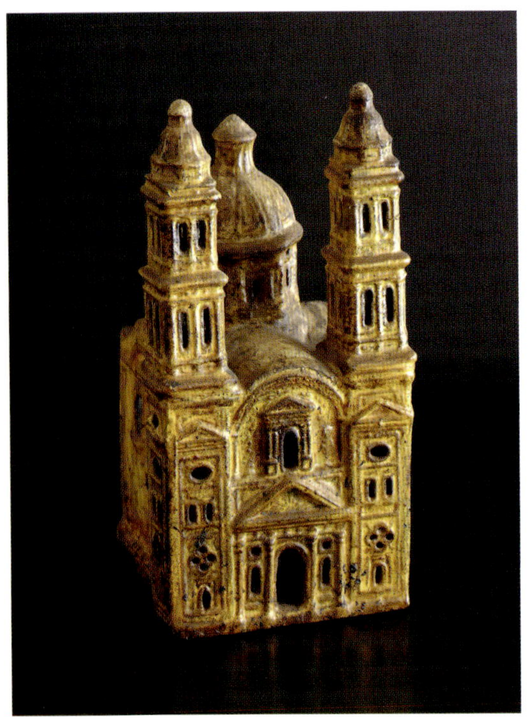

Church, ceramic, 20th century.
Iglesia, cerámica, siglo XX.

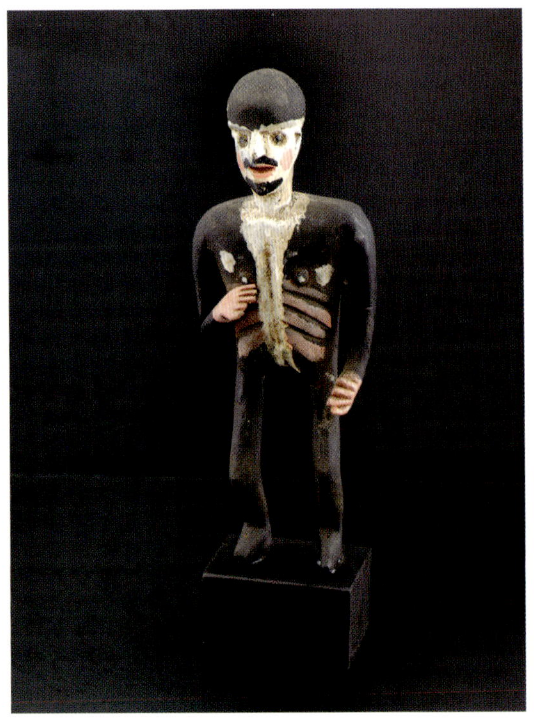

Standing Man, carved, painted wood, 20th century.
Hombre de pie, talla en madera pintada, siglo XX.

OPPOSITE: **Nahual,** ceramic, 20th century.
PÁGINA OPUESTA: **Nahual,** cerámica, siglo XX.

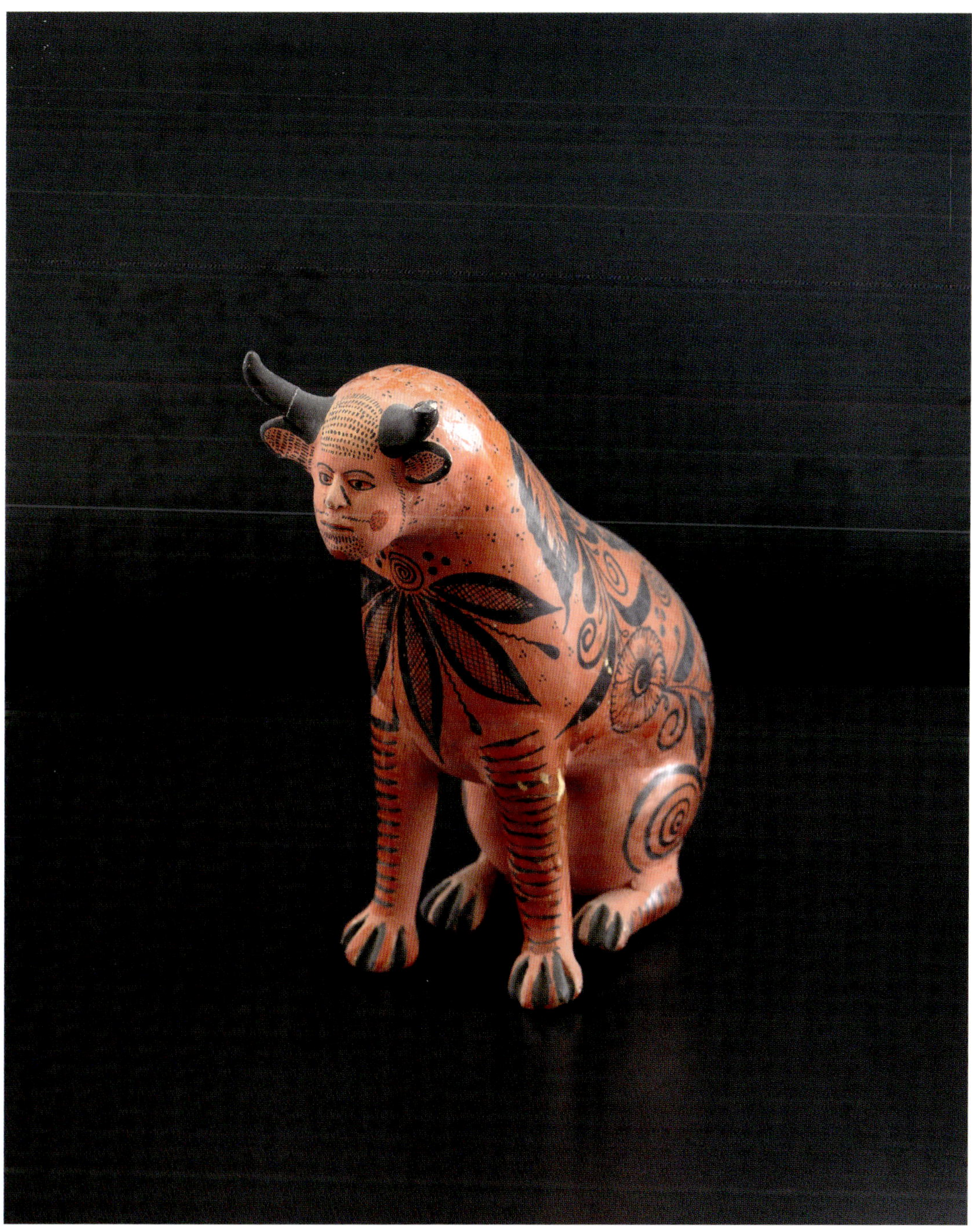

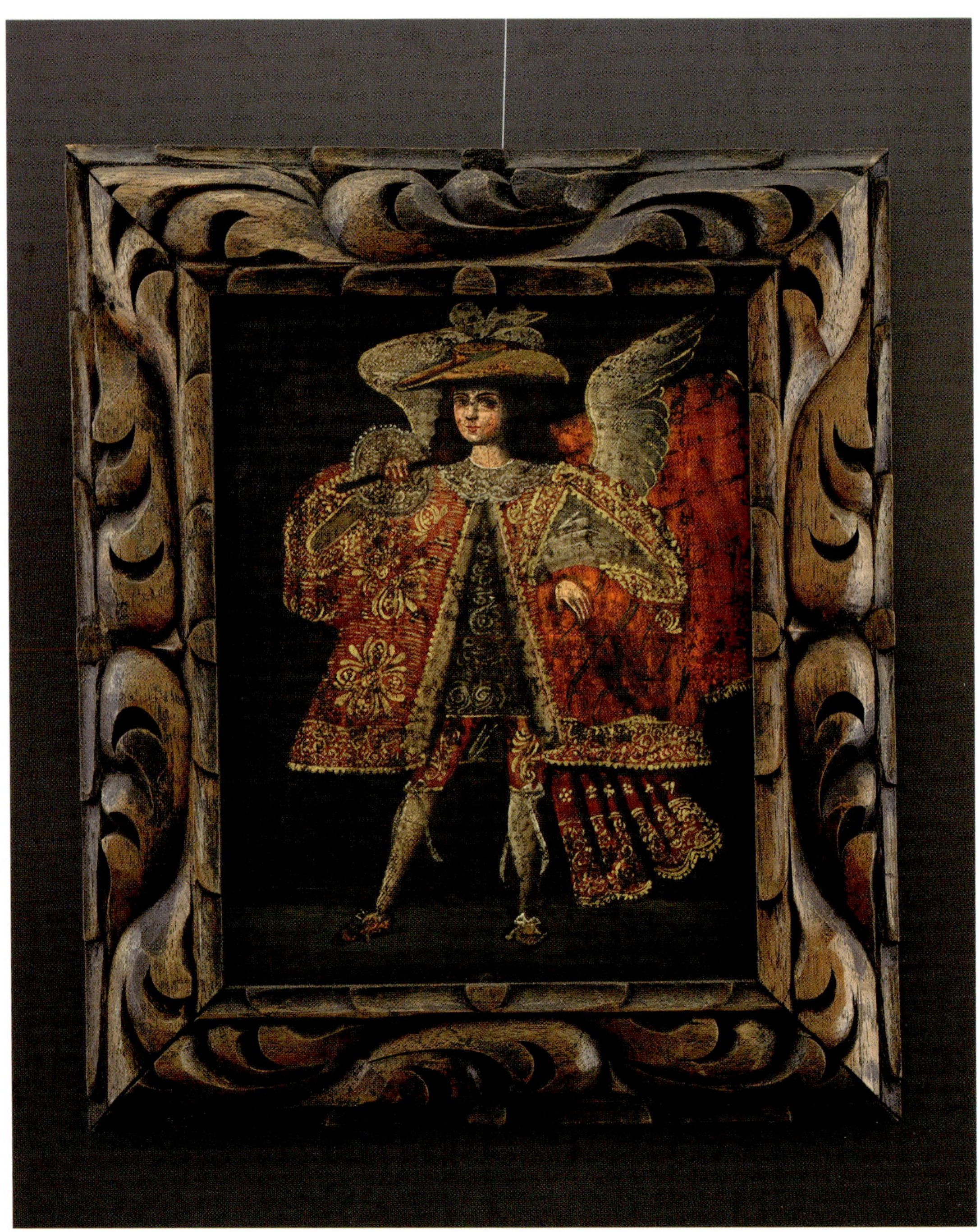

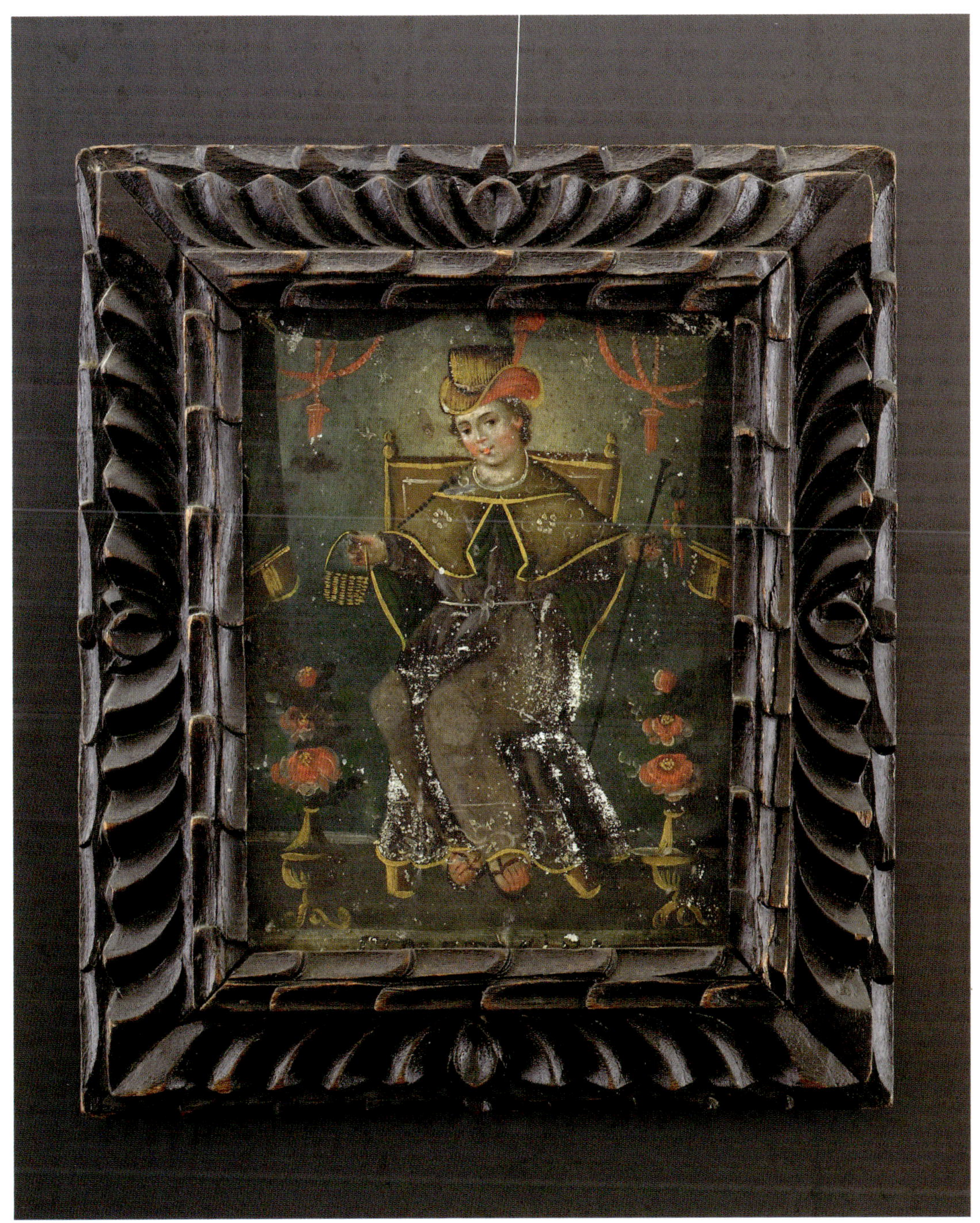

PREVIOUS PAGES, LEFT TO RIGHT: **Archangel,** oil on canvas, ca. 19th–20th century. **El Santo Niño de Atocha,** oil on tin, wood, ca. 19th–20th century. **PÁGINAS ANTERIORES, IZQUIERDA A DERECHA:** **Arcángel,** óleo sobre lienzo, alrededor del siglo XIX o XX. **El Santo Niño de Atocha,** óleo sobre hojalata, madera, alrededor del siglo XIX o XX.

OPPOSITE: **San Marcos and the Lion, with Book,** polychrome carved wood, gesso, 20th century. **PÁGINA OPUESTA:** **San Marcos y el león, con libro,** talla en madera policromada, yeso, siglo XX.

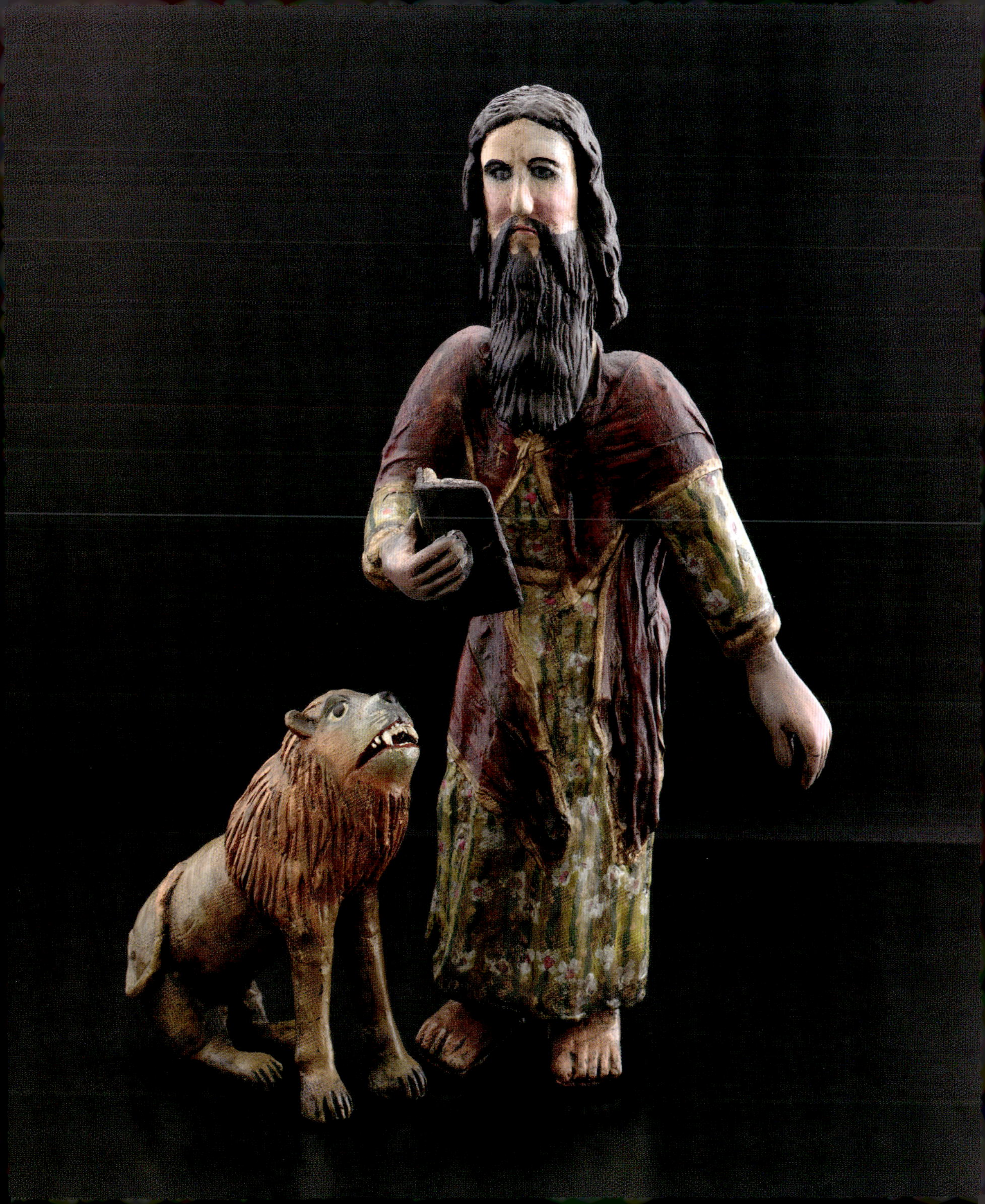

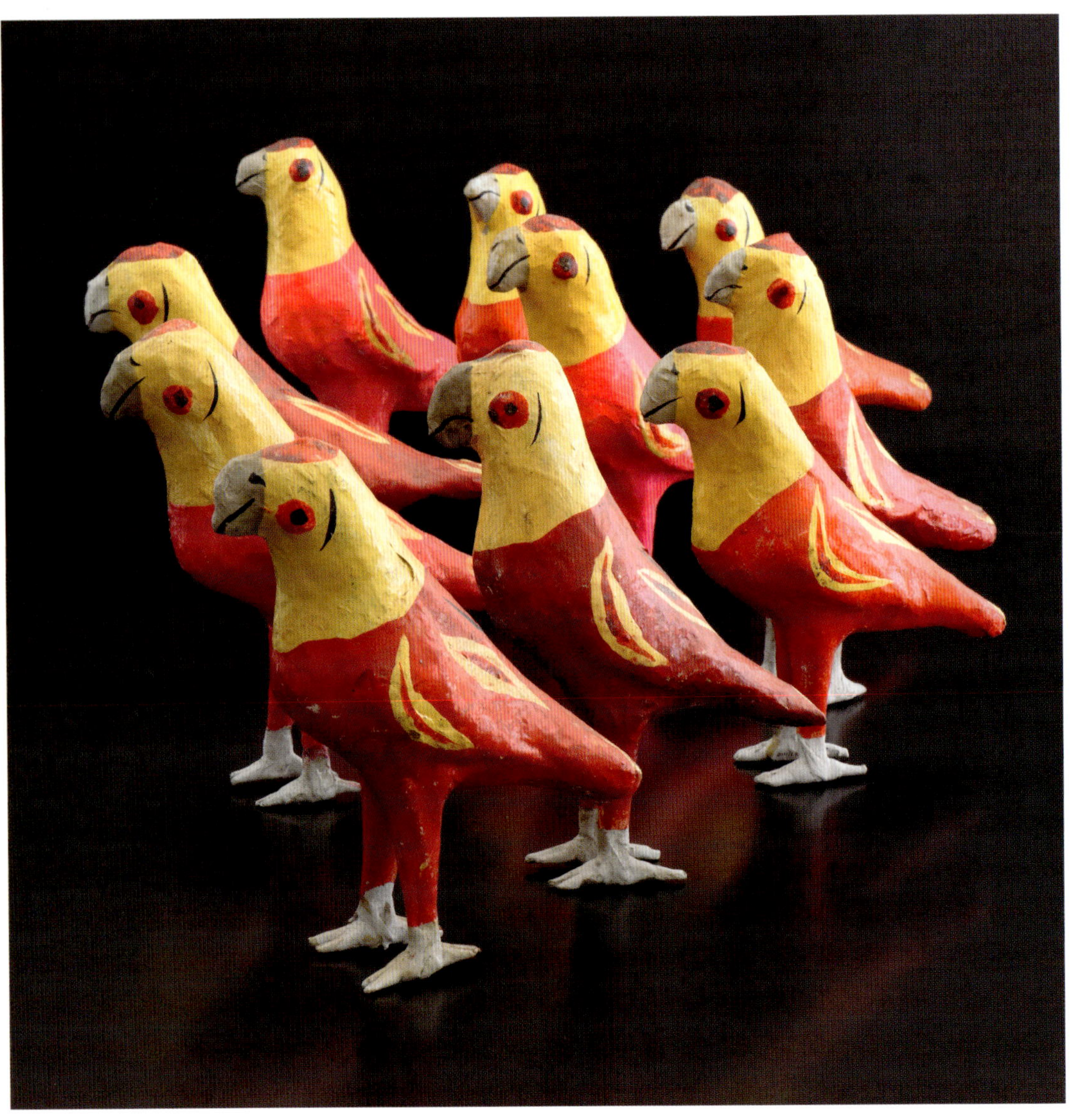

Parrots, papier-mâché, 20th century.
Cotorras, papel maché, siglo XX.

OPPOSITE: **Retablo, El Santo Niño de Atocha,** oil on tin, glass, metal, ca. 19th–20th century. PÁGINA OPUESTA: **Retablo con el Santo Niño de Atocha,** óleo sobre hojalata, vidrio, metal, alrededor del siglo XIX o XX.

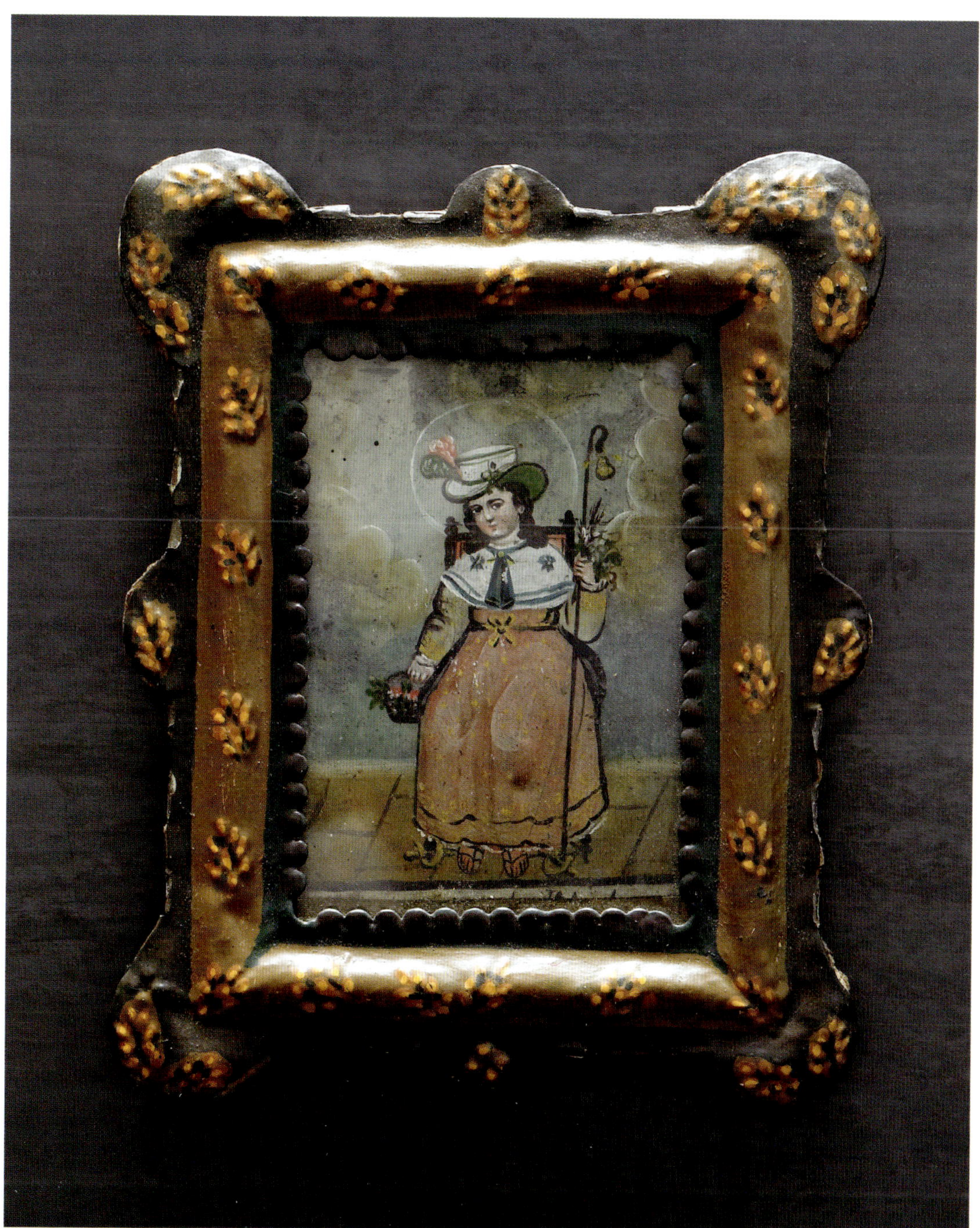

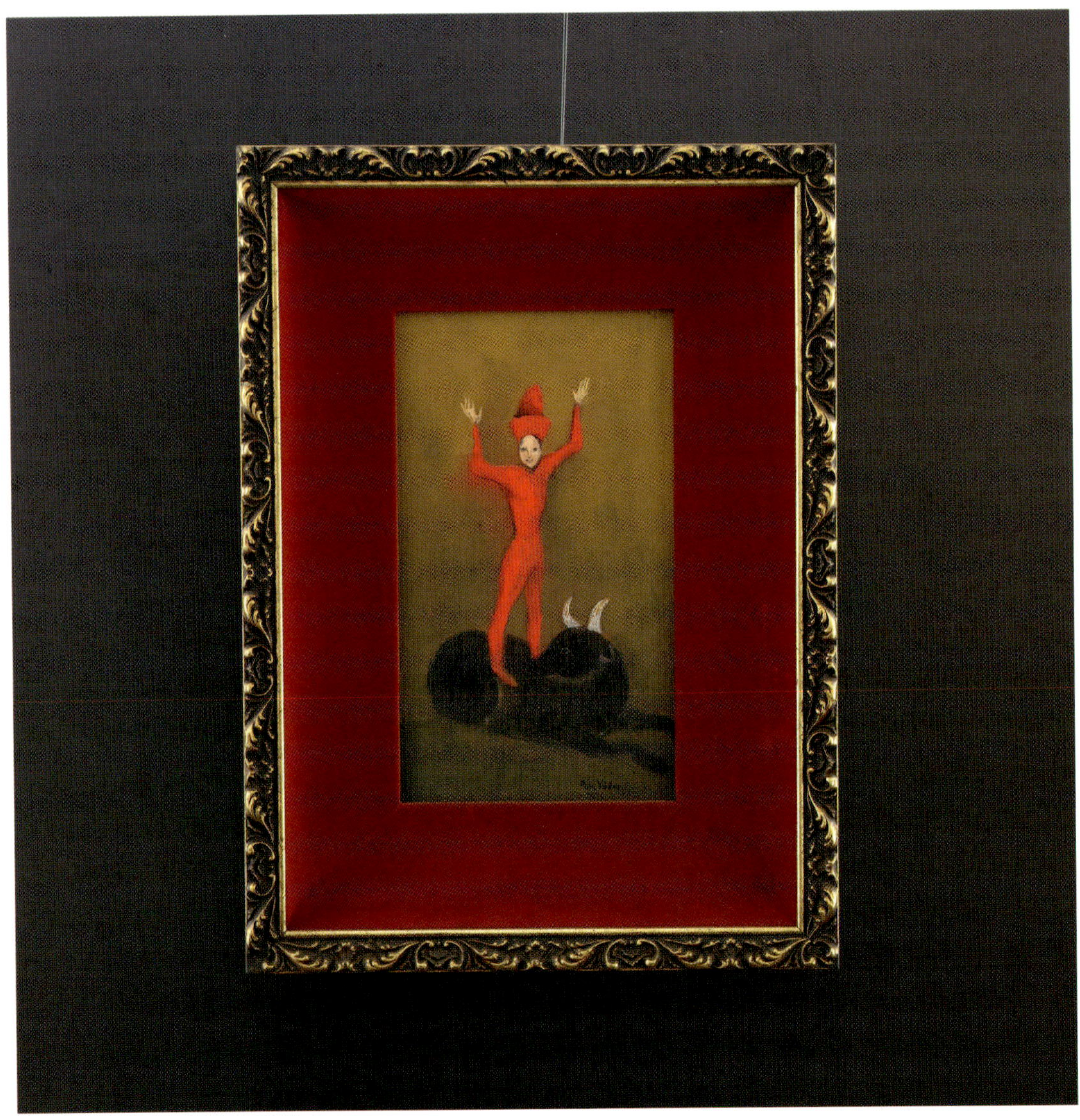

Figure on Bull, artist: Puri Yáñez, oil on board, velvet, 20th century, Spain. **Figura encima de un toro,** artista: Puri Yáñez, óleo sobre tabla, terciopelo, siglo XX, España.

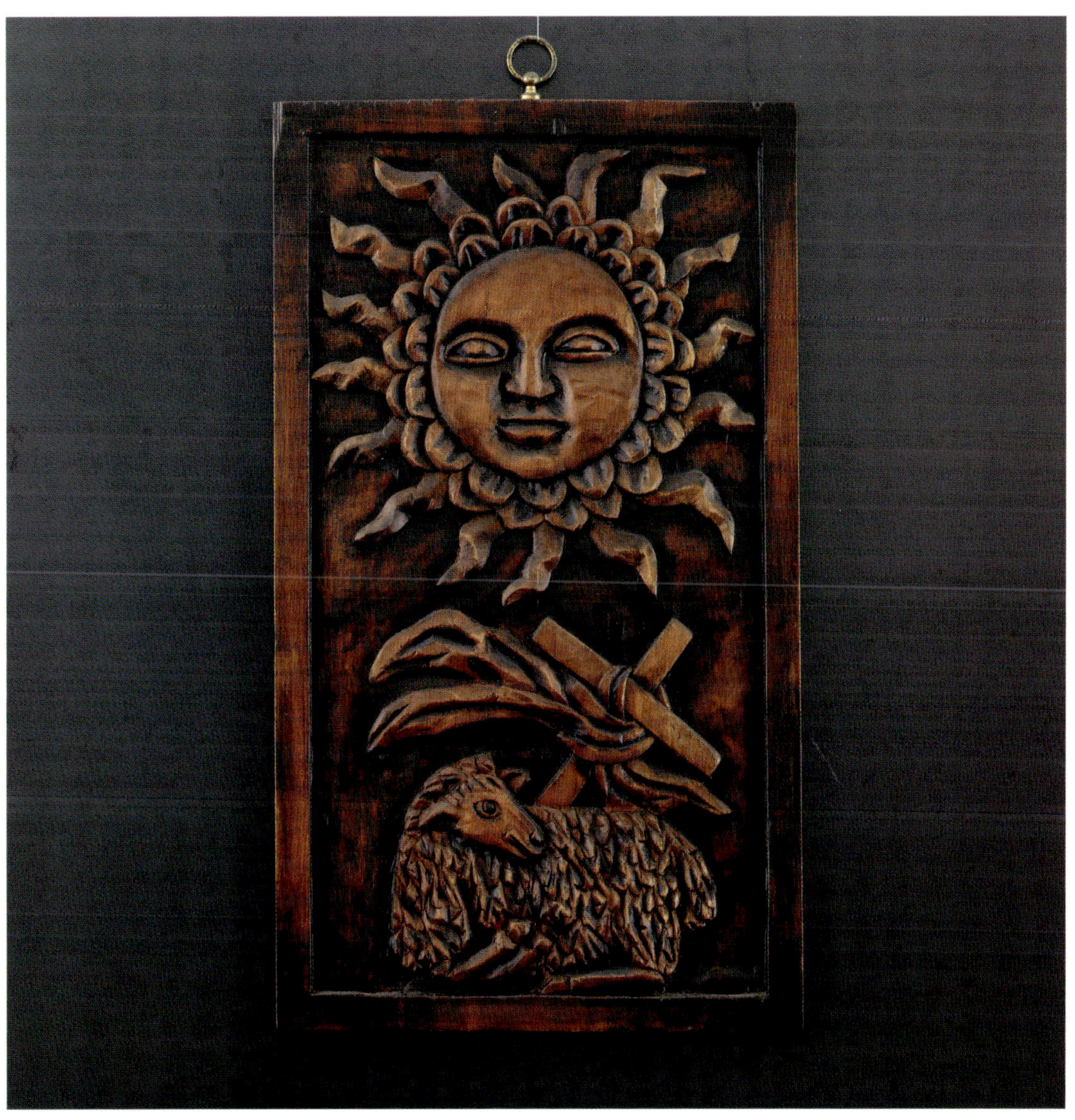

Panel with Lamb, Sun, Cross, carved wood, 20th century.
Panel con cordero, sol y cruz, talla en madera, siglo XX.

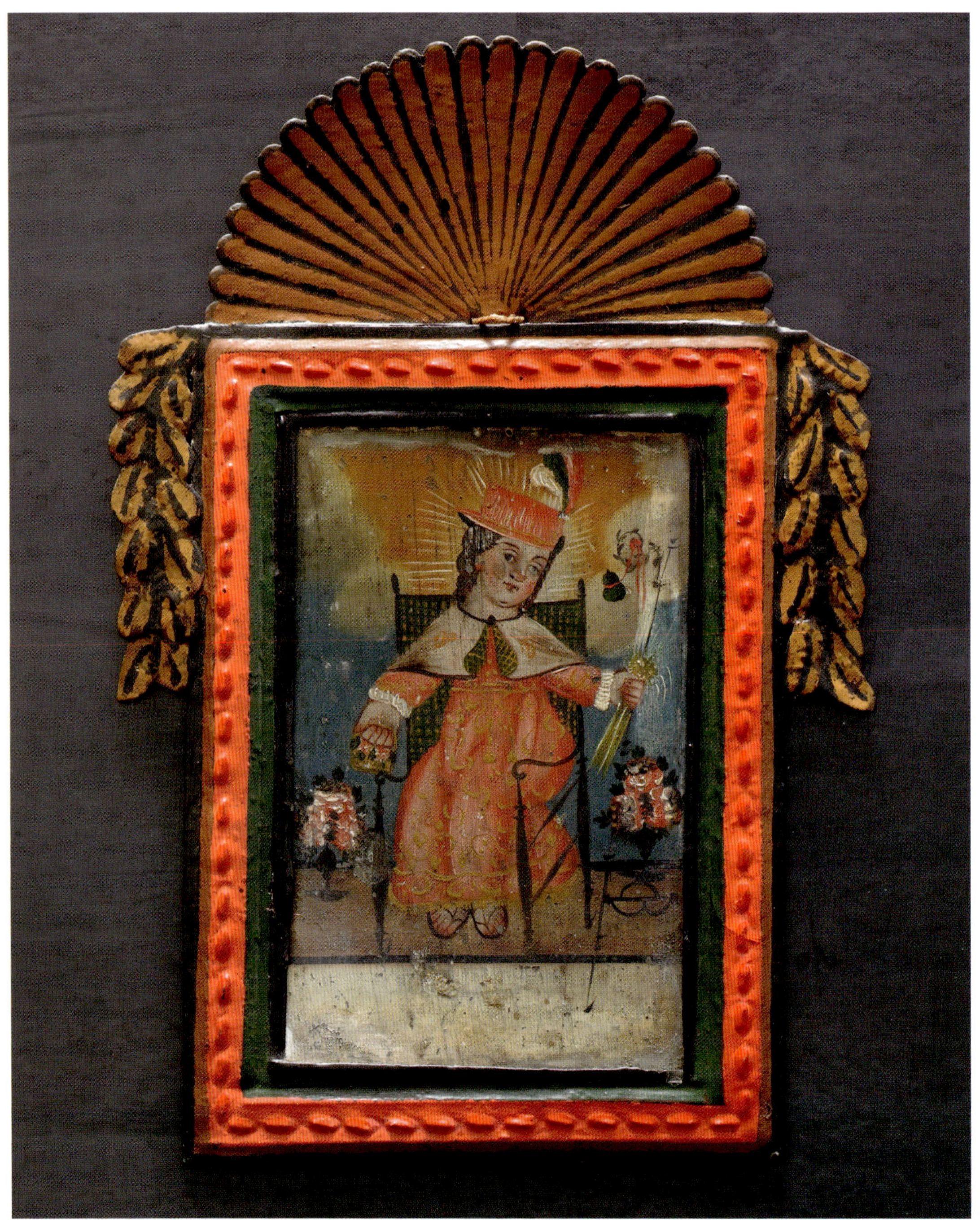

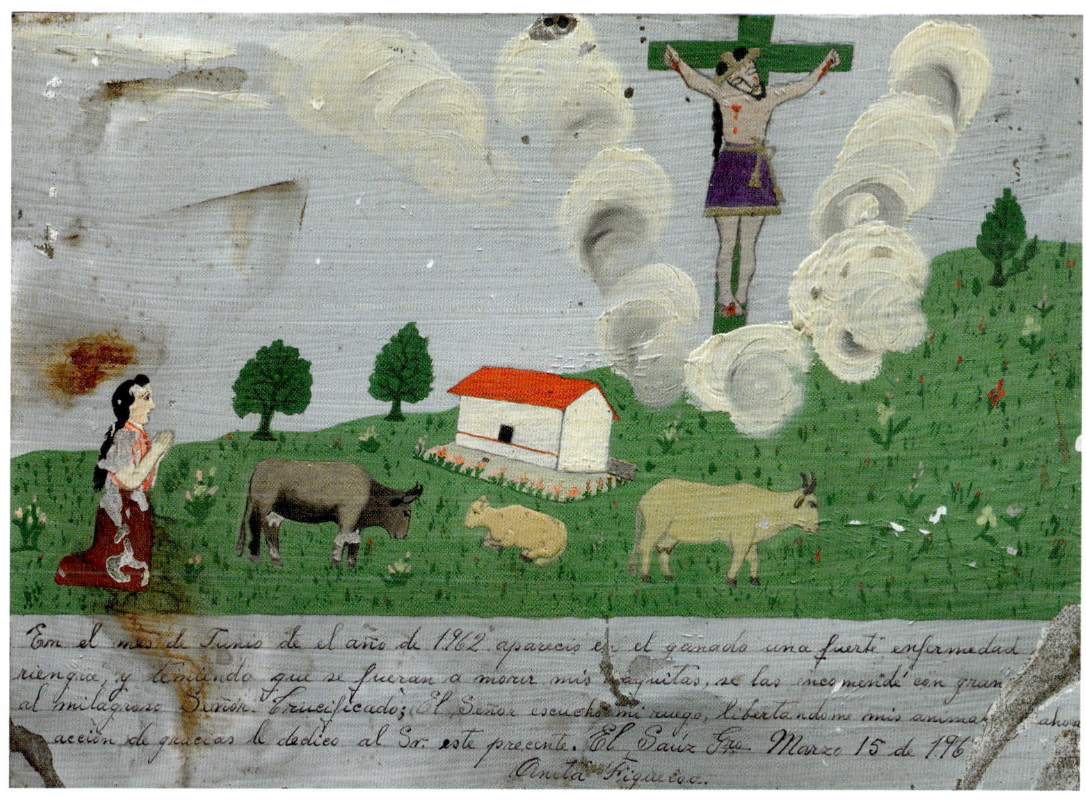

Ex-voto to Crucified Jesus, offerant: Anita Figueroa, oil on tin, ca. 1962. **Exvoto para Jesús crucificado,** ofrecido por: Anita Figueroa, óleo sobre hojalata, alrededor de 1962.

OPPOSITE: Retablo, El Santo Niño de Atocha, oil on tin, ca. 19th–20th century. **PÁGINA OPUESTA: Retablo con el Santo Niño de Atocha,** óleo sobre hojalata, alrededor del siglo XIX o XX.

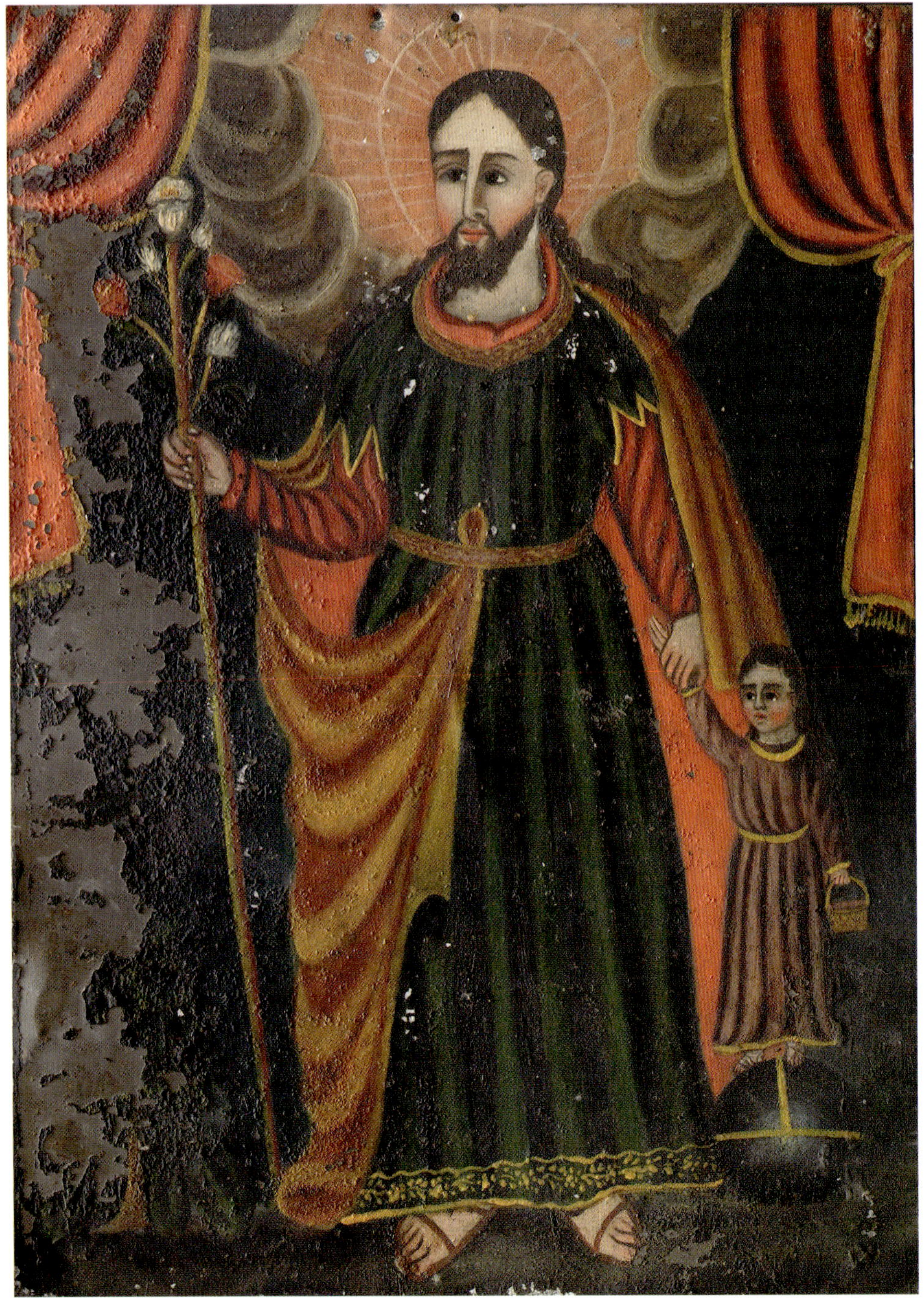

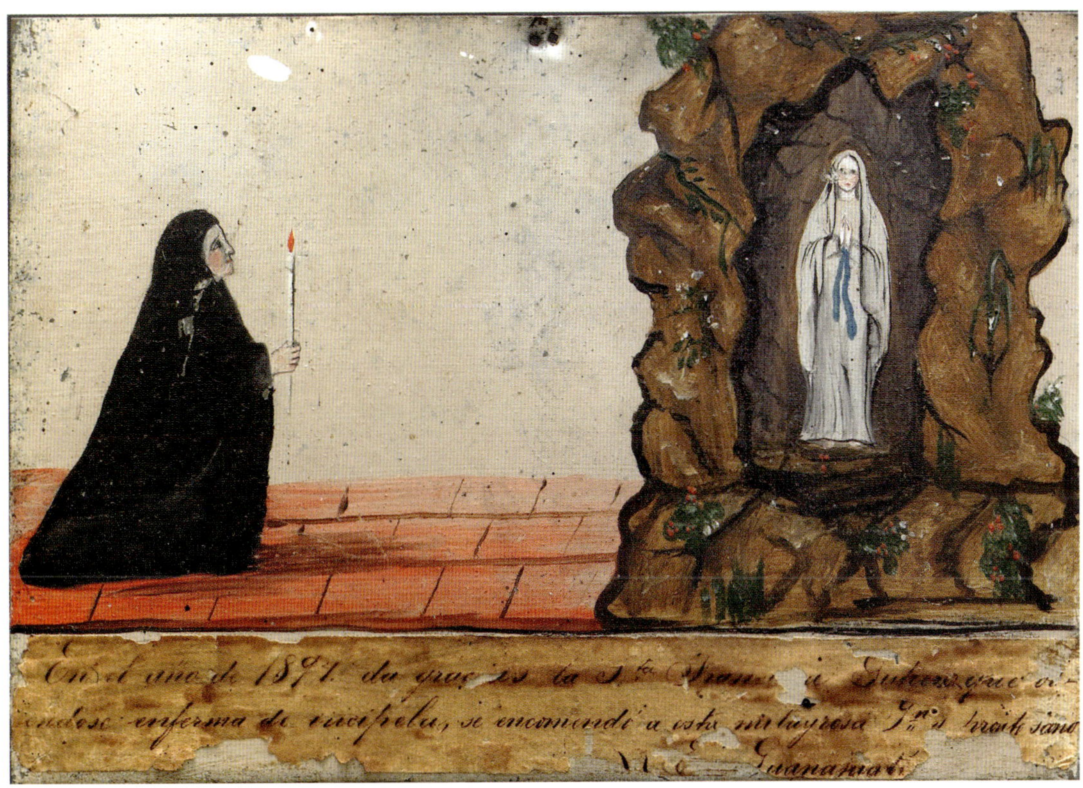

Ex-Voto to La Virgen de Lourdes, offerant: Francisca Gutiérrez, oil on tin, ca. 1894. **Exvoto para la Virgen de Lourdes,** ofrecido por: Francisca Gutiérrez, óleo sobre hojalata, alrededor de 1894.

OPPOSITE: **Retablo, Saint Joseph with baby Jesus,** oil on tin, ca. 19th–20th century. PÁGINA OPUESTA: **Retablo con San José con el Niño Jesús,** óleo sobre hojalata, alrededor del siglo XIX o XX.

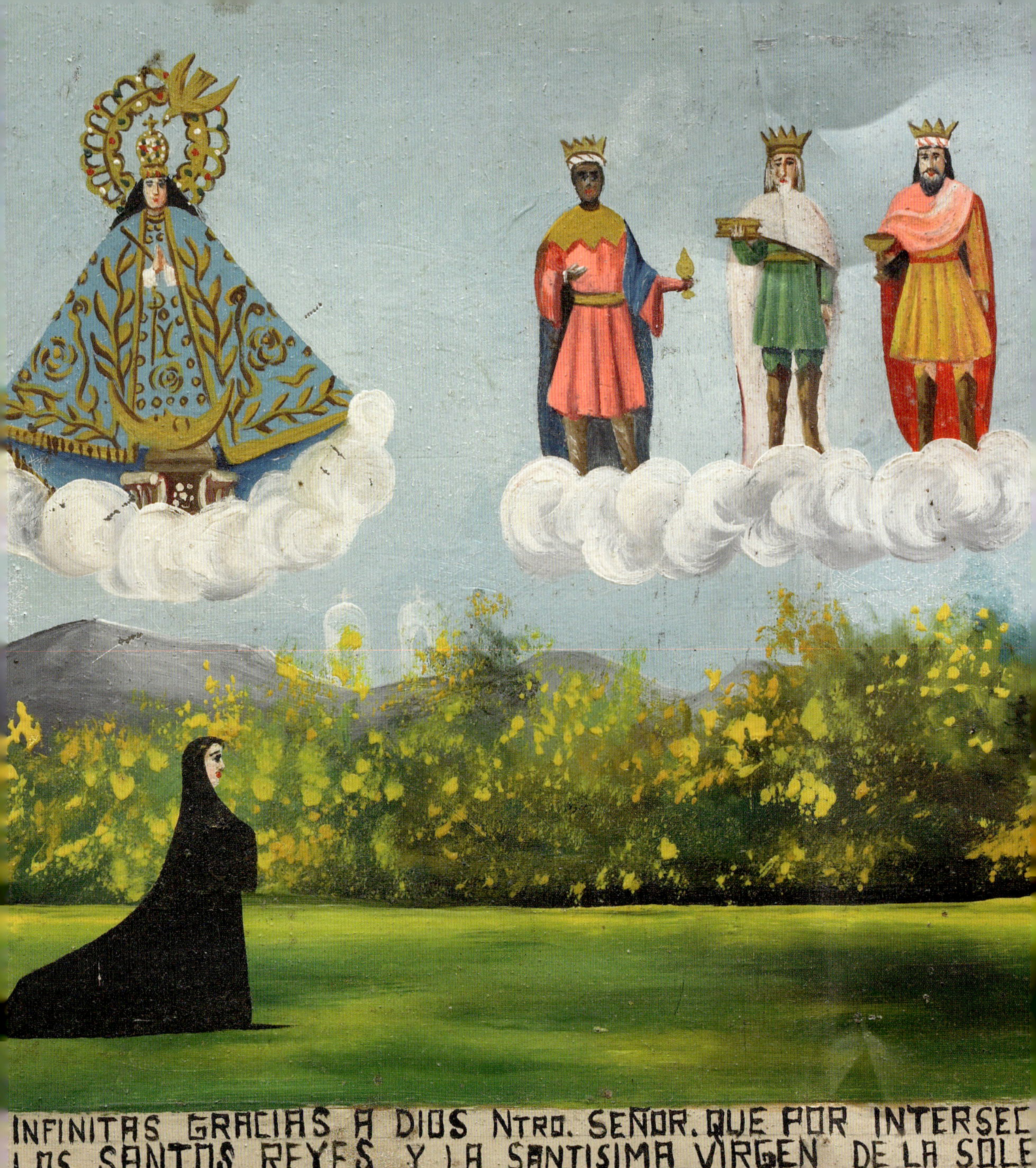
INFINITAS GRACIAS A DIOS NTRO. SEÑOR. QUE POR INTERSEC
LOS SANTOS REYES Y LA SANTISIMA VIRGEN DE LA SOLE
SIN NESECIDAD DE OPERACION.
MARIA ZARRAGA.

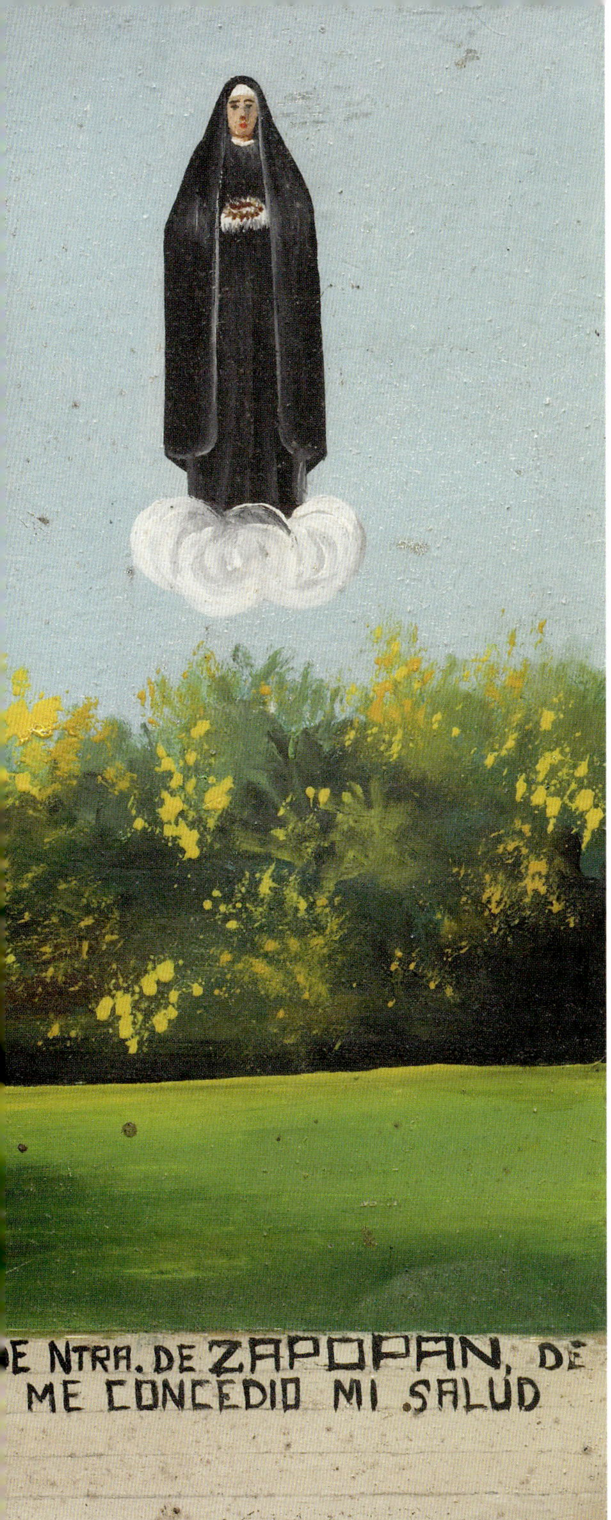

Ex-voto to La Virgen de Zapopan, offerant: María Zárraga, oil on tin, 20th century. **Exvoto para la Virgen de Zapopan,** ofrecido por: María Zárraga, óleo sobre hojalata, siglo XX.

NEXT PAGE, LEFT TO RIGHT: Saint Joseph with baby Jesus, oil on tin, ca. 19th–20th century. **Still Life with Pantry Shelves,** artist: Raúl, oil on canvas, 20th century. **SIGUIENTE DOBLE PÁGINA, DESDE LA IZQUIERDA: San José con el Niño Jesús,** óleo sobre hojalata, alrededor del siglo XIX o XX. **Naturaleza muerta con estanterías de alacena,** artista: Raúl, óleo sobre lienzo, siglo XX.

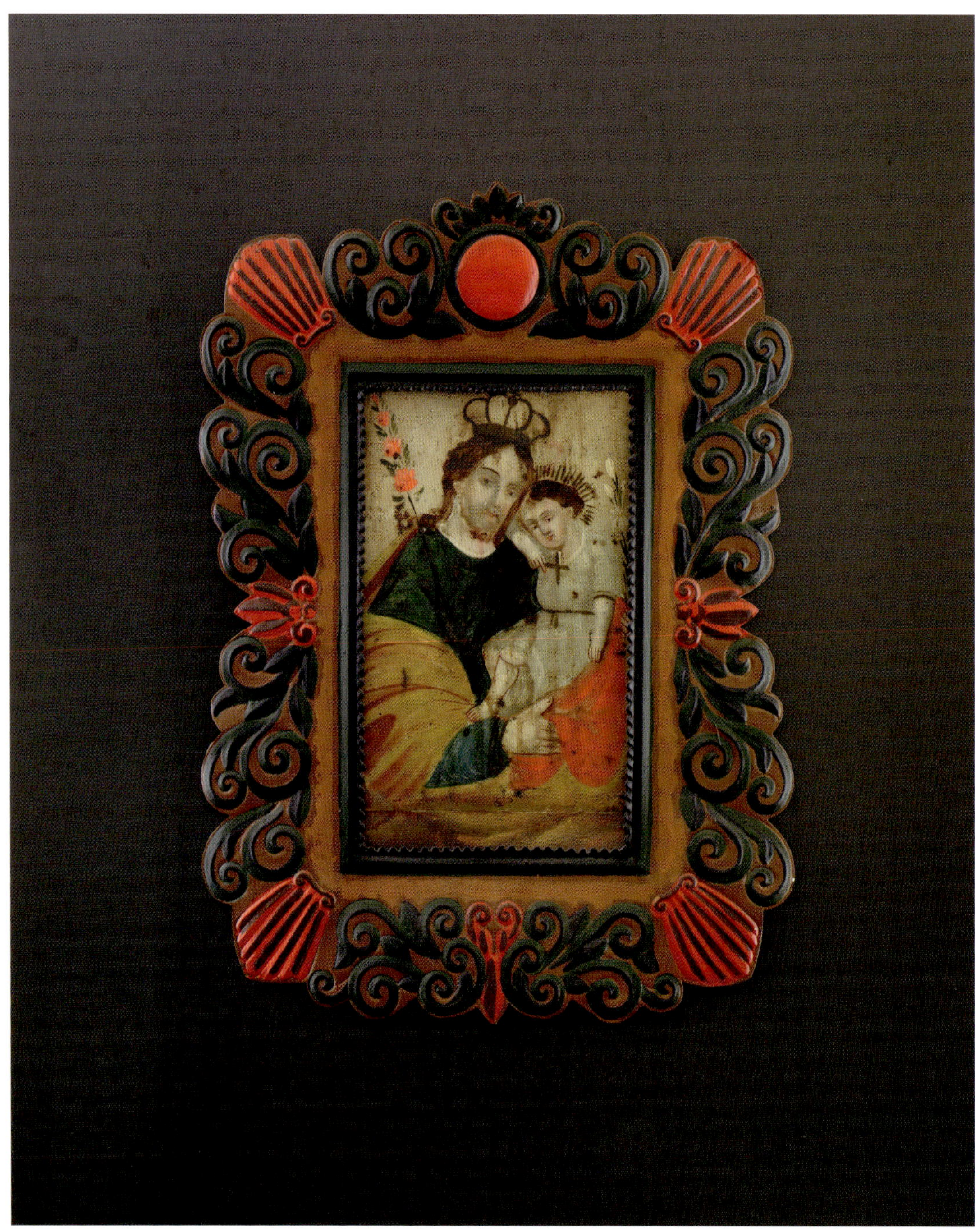

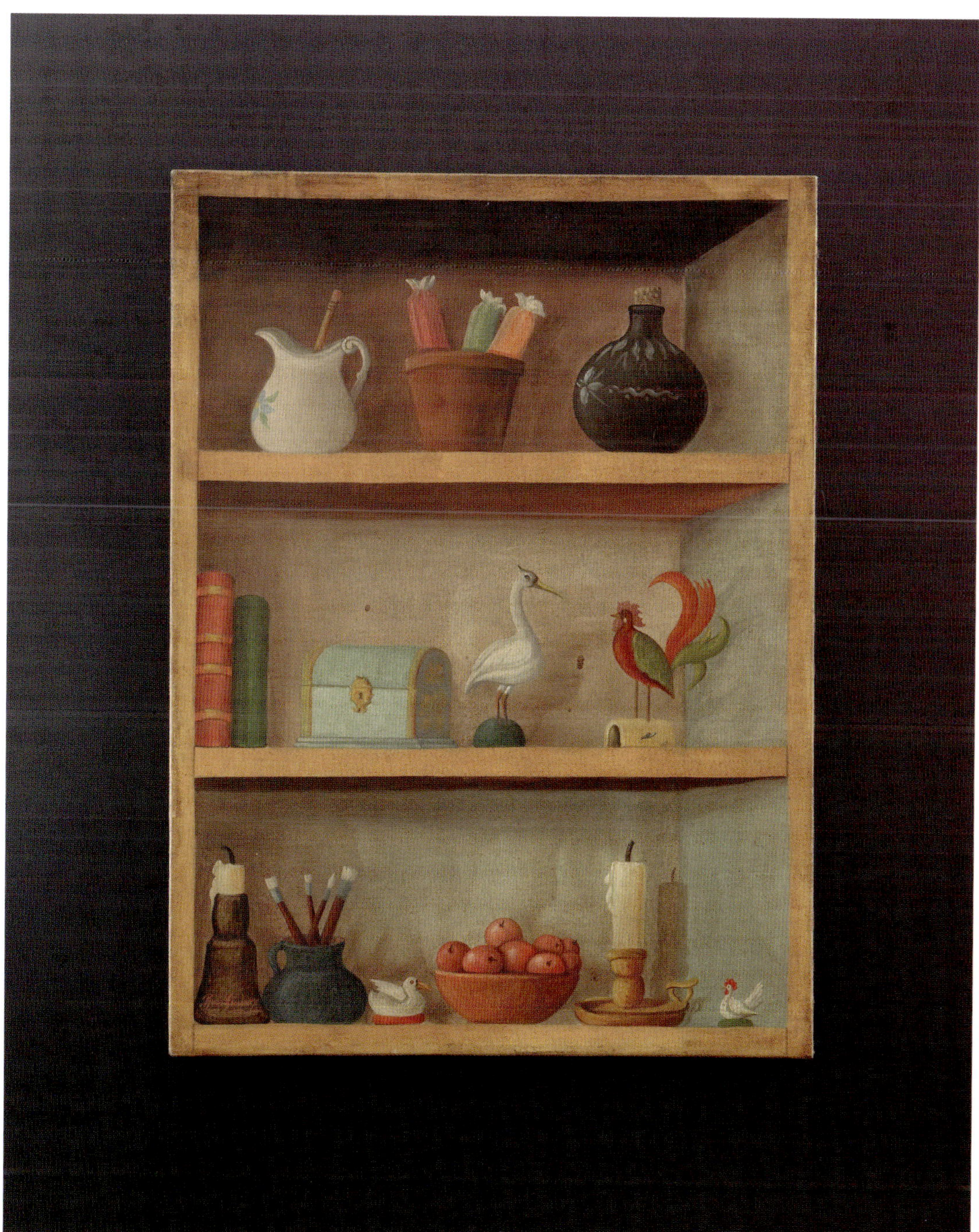

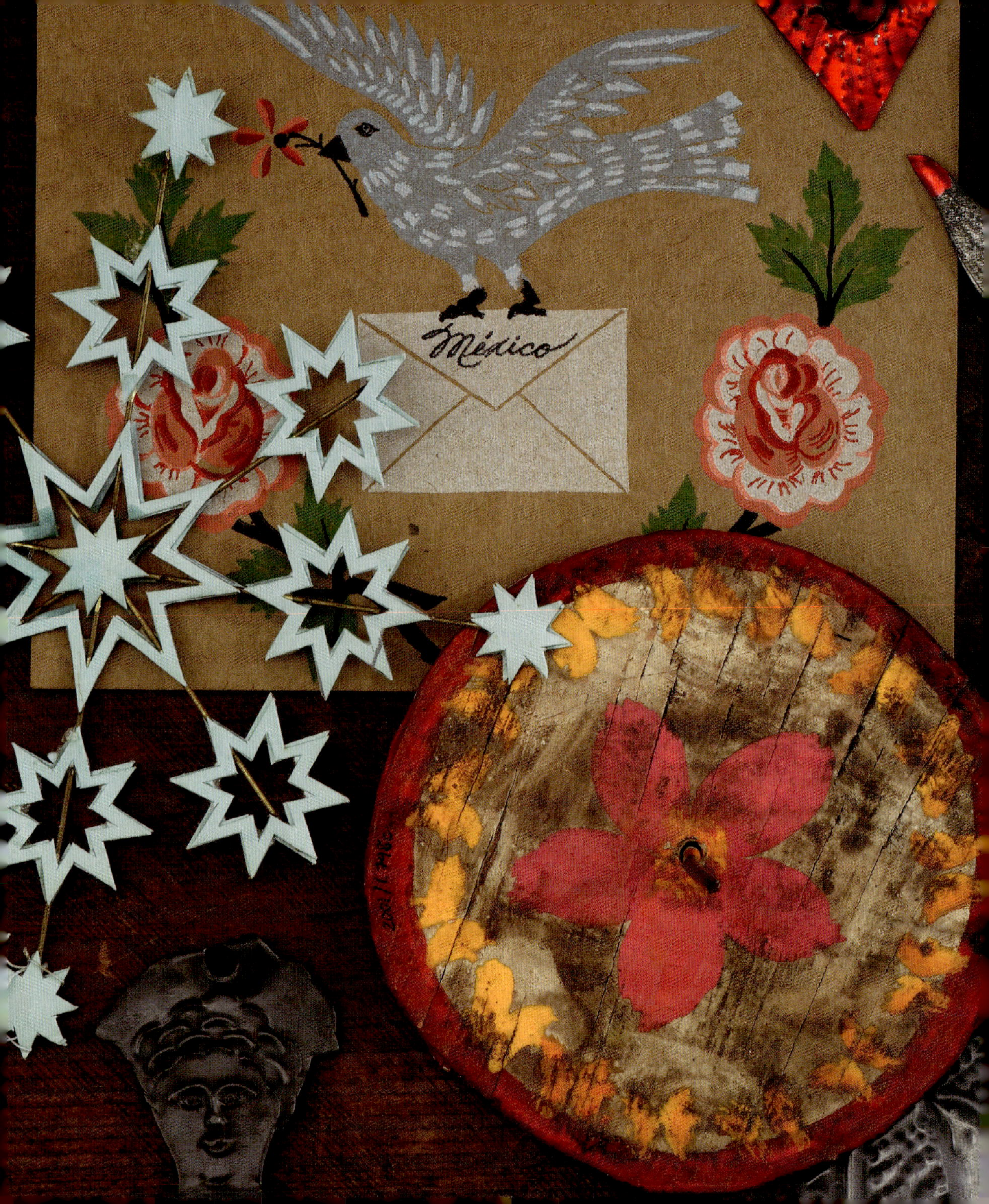
México

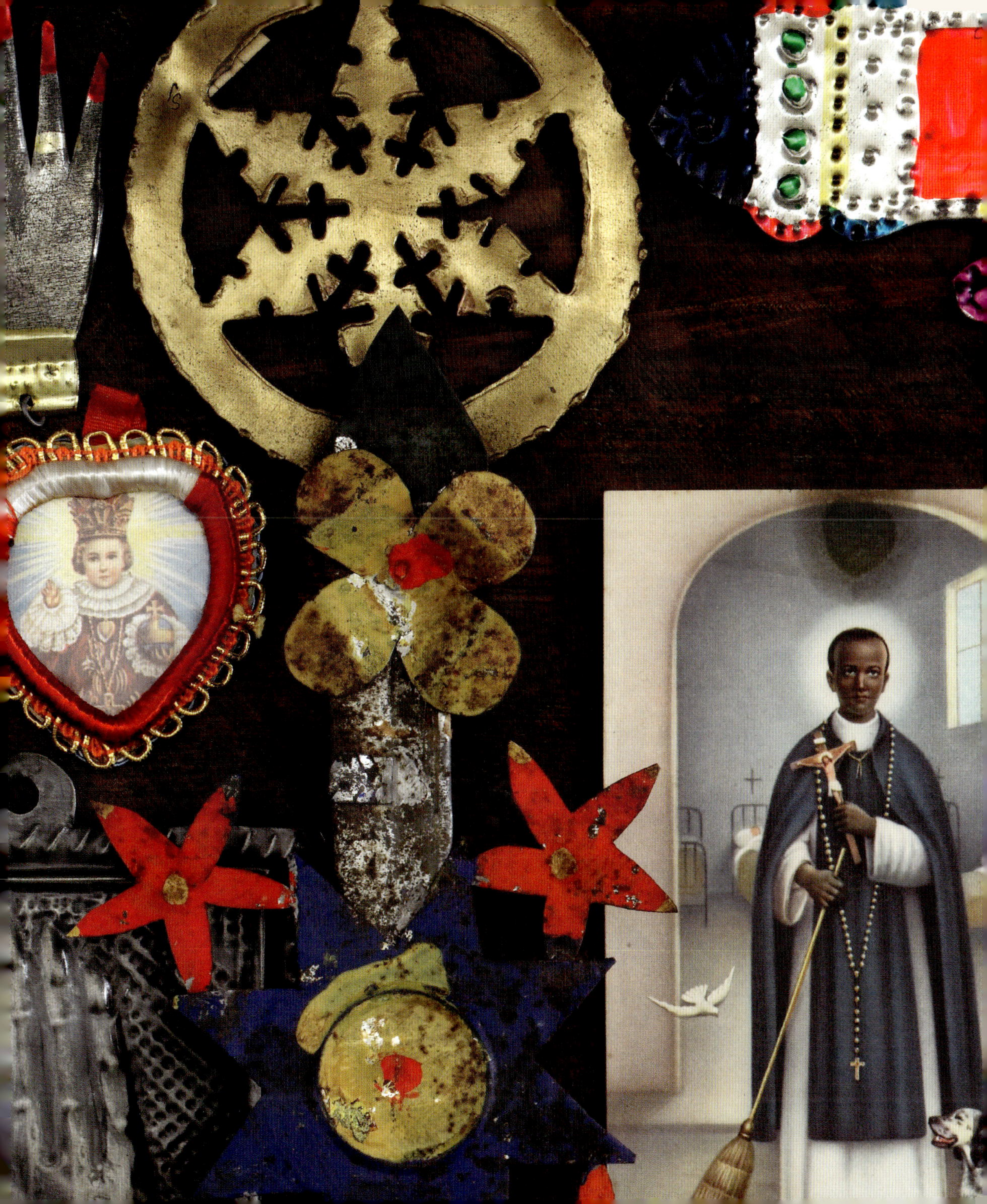

Image Credits
Créditos de las imágenes

All artwork from Mexico unless otherwise noted
Todas las obras de arte son de México al menos de que se indique lo contrario

"The Rex May Collection: A Visual Feast" by Marion Oettinger, Jr., PhD

"La Colección Rex May: un banquete para los ojos" por Marion Oettinger, Jr., PhD

Page 6: Mesh Mask, Man / Máscara de malla, hombre, 7 x 5.75 x 4.5 in / 18 x 15 x 11 cm; Mesh Mask, Woman / Máscara de malla, mujer, 7 x 5.75 x 4.5 in / 18 x 15 x 11 cm. Accession numbers 2001/1.722, 2001/1.721

Page 18: Flight into Egypt / Huida a Egipto, 57.25 x 50.5 x 4.25 in / 145 x 128 x 11 cm. Photograph by Susan Burdick / Fotografía de Susan Burdick

Page 23: Retablo, Santo Niño de Atocha / Retablo con el Santo Niño de Atocha, 12 x 8.25 x .5 in / 30 x 21 x 1 cm. Accession number 2001/1.107

Page 24: Saint Joseph with Baby Jesus / San José con el Niño Jesús, 18.5 x 13.75 in / 47 x 35 cm. Accession number 2001/1.142

Page 26: Vulture Mask / Máscara de zopilote, 14 x 10 x 20 in / 36 x 25 x 51 cm; Vulture Mask / Máscara de zopilote, 10 x 8.5 x 19 in / 25 x 22 x 48 cm. Accession numbers 2001/1.468, 2001/1.466

Page 33: Marionettes / Marionetas, Photograph by Kaz Tsuruta / Fotografía de Kaz Tsuruta

Page 36: clockwise from left: Female Saint / Figura de santa, 14.75 x 6.25 x 5.5 in / 37 x 16 x 14 cm; Saint Roch / San Roque, 13.25 x 6.5 x 3.5 in / 34 x 16 x 9 cm; Postcard, "San Martín de Porres" / Tarjeta postal, "San Martín de Porres", 5.5 x 3.5 in / 14 x 9 cm; Tree of Life / Árbol de la Vida, 14 x 5.5 x 1.25 in / 36 x 14 x 3 cm; Saint Joseph in Dome / San José en una cúpula, 9.25 x 4.5 x 4.5 in / 23 x 11 x 11 cm; Angel with Flowers / Ángel con flores, 8.5 x 5.5 x 4.5 in / 22 x 14 x 11 cm; Pendant Heart / Pendiente en forma de corazón, 3.75 x 3 x .5 in / 10 x 8 x 1 cm. Accession numbers 2001/1.573, 2001/1.572, 2001/1.567, 2001/1.564, 2001/1.566a–c, 2001/1.570, 2001/1.571

Page 38: 11 x 4 x 2.75 in / 28 x 10 x 7 cm. accession number 2001/1.494

Page 41: 22 x 9 x 6 in / 56 x 23 x 15 cm. accession number 2001/1.583

Page 44: 16.5 x 6 x 7 in / 42 x 15 x 18 cm. accession numbers 2001/1.923, 2001/1.922

Page 46: all 3.75 x 3.25 x 2.5 in / 10 x 8 x 6 cm. Accession numbers 2001/01.1013a–b, 2001/01.1015a–b, 2001/01.1016a–b, 2001/01.1018a–b, 2001/01.1023a–b, 2001/01.1026a–b, 2001/01.1035a–b, 2001/01.1040a–b

Page 48: left to right, top to bottom: Owl Mask / Máscara de lechuza, carved wood / talla en madera, 7.75 x 5.5 x 3.25 in / 20 x 11 x 8 cm; Mask, Pink Face with Mustache / Máscara de cara rosada con bigote, carved, painted wood / talla en madera pintada, 7 x 6.5 x 4.5 in / 18 x 16 x 11 cm; Wolf Mask / Máscara de lobo, carved, painted wood, metal / talla en madera pintada, metal, 9 x 6 x 4 in / 23 x 15 x 10 cm; Mask with Horns (detail) / Máscara con cuernos (detalle), carved, painted wood, hair, leather / talla en madera pintada, cabello, cuero, 17 x 5.75 x 3.75 in / 43 x 15 x 10 cm; Mask, White Face with Beard / Máscara de cara blanca con barba, carved, painted wood, glass / talla en madera pintada, vidrio, 8 x 6.75 x 4.5 in / 20 x 17 x 11 cm; Mask, Pink Face with Mustache / Máscara de cara rosada con bigote, carved, painted wood / talla en madera pintada, 6.5 x 6 x 4.25 in / 16 x 15 x 11 cm; Mask, Devil Face / Máscara con cara de diablo, carved, painted wood / talla en madera pintada, 12 x 10 x 6.5 in / 30 x 25 x 16 cm; Mask, Pink Face with Beard / Máscara de cara rosada con barba, carved, painted wood / talla en madera pintada, 9.5 x 6 x 4.5 in / 24 x 15 x 11 cm; Mask, Español / Máscara de español, carved, painted wood / talla en madera pintada, 8 x 7 x 3 in / 20 x 18 x 8 cm, Veracruz, México / Veracruz, México; Mask, Pink Face with Beard and Topknot / Máscara de cara rosada con barba y moño, carved, painted wood / talla en madera pintada, 12.25 x 6 x 4.25 in / 31 x 15 x 11 cm; Mask, Pink Face with Long Beard / Máscara de cara rosada con barba larga, carved, painted wood / talla en madera pintada, 11 x 6.75 x 6 in / 28 x 17 x 15 cm. Accession numbers 2001/1.684, 2001/1.422, 2001/1.782, 2001/1.719, 2001/1.420, 2001/1.418, 2001/1.415, 2001/1.421, 2001/1.419, 2001/1.416, 2001/1.414

Page 49: all 3.75 x 3.25 x 2.5 in / 10 x 8 x 6 cm. Accession numbers 2001/01.1013a–b, 2001/01.1015a–b, 2001/01.1016a–b, 2001/01.1018a–b, 2001/01.1023a–b, 2001/01.1026a–b, 2001/01.1035a–b, 2001/01.1040a–b

Pages 50–51: clockwise from top left: Greeting card / Tarjeta de felicitación, l4.75 x 6.25 in / 12 x 16 cm; Hand / Mano 3.5 x 1.75 x .125 in / 9 x 4 x .3 cm; Snowflake / Copo de nieve 3.5 x 3.5 x .125 in / 9 x 9 x .3 cm; Cross / Cruz 12 x 9 x .125 in / 30 x 23 x .3 cm; Postcard / Tarjeta postal 5.5 x 3.5 in / 14 x 9 cm; Tree of Life / Arbol de la Vida 14 x 5.5 x 1.25 in / 36 x 14 x 3 cm; Votive Plaque / Placa votiva 6.25 x 4 x .125 in / 16 x 10 x .3 cm; Snowflake / Copo de nieve 3.5 x 3.5 x .125 in / 9 x 9 x .3 cm; Votive Figure / Figura votiva 8 x 2.5 x .125 in / 20 x 6 x .3 cm; Halo / Halo 6.5 x 6.5 in / 16 x 16 cm. Center left: Halo / Halo 4.5 x 4.5 x 1 in / 11 x 11 x 2.5 cm. Center right: Pendant / Pendiente, 2.5 x 2.25 x .25 in / 6 x 6 x .6 cm. Accession numbers 2001/1.512, 2001/1.587, 2001/1.490a, 2001/1.2, 2001/1.567, 2001/1.564, 2001/1.5, 2001/1.490b, 2001/1.3, 2001/1.579, 2001/1.798c, 2001/1.562.

Page 53: clockwise from top left: Hand / Mano, 3.5 x 1.75 x .125 in / 9 x 4 x .3 cm; Snowflake / Copo de nieve, 3.5 x 3.5 x .125 in / 9 x 9 x .3 cm; Pendant Heart / Pendiente en forma de corazón, 2.5 x 2.25 x .25 in / 6 x 6 x .6 cm; Tree of Life / Árbol de la Vida, 14 x 5.5 x 1.25 in / 36 x 14 x 3 cm; Votive Plaque with Hand / Placa votiva con mano, 6.25 x 4 x .125 in / 16 x 10 x .3 cm; Halo for Saint Marcus / Halo para San Marcos, 4.5 x 4.5 x 1 in / 11 x 11 x 2.5 cm. Accession numbers 2001/1.587, 2001/1.490a, 2001/1.562, 2001/1.564, 2001/1.5, 2001/1.798c

Page 54: clockwise from left: Still Life with Pantry Shelves / Naturaleza muerta con estanterías de alacena, 23.75 x 17.75 in / 60 x 45 cm; Still Life in Nicho / Naturaleza muerta en nicho, 28.25 x 21 in / 72 x 53 cm; Retablo, Virgin of Guadalupe / Retablo con la Virgen de Guadalupe, 14 x 10 in / 36 x 25 cm; Trumpet / Trompeta, 6.5 x 17.25 x 4.25 in / 16 x 44 x 11 cm; Book / Libro, 3 x 14.5 x 7.5 in / 8 x 37 x 19 cm; Miniature Violin / Violín en miniatura, 13 x 4.25 x 1.5 in / 33 x 11 x 4 cm. Accession numbers 2001/1.101, 2001/1.96, 2001/1.37, 2001/1.463, 2001/1.798e, 2001/1.464

Page 56: Bull / Toro, 5.75 x 5.25 x 2.25 in / 15 x 13 x 6 cm; Cat / Gato, 5.5 x 5 x 2.5 in / 14 x 13 x 6 cm. Accession numbers 2001/1.816, 2001/1.824

Page 57: clockwise from top left: Lamb / Cordero, 5 x 5.25 x 2.5 in / 13 x 13 x 6 cm; Horse / Caballo, 5.25 x 5.5 x 2.5 in / 13 x 14 x 6 cm; Lamb with Basket / Cordero con cesto, 5 x 5.5 x 2.25 in / 13 x 14 x 6 cm; Bull / Toro, 5.5 x 5 x 2.25 in / 14 x 13 x 6 cm; Horse / Caballo, 5.25 x 5.5 x 2.25 in / 13 x 14 x 6 cm; Lamb / Cordero, 5 x 5.25 x 2 in / 13 x 13 x 5 cm. Accession numbers 2001/1.822, 2001/1.825, 2001/1.823, 2001/1.817, 2001/1.828, 2001/1.820

Page 58: Postcard, "La Rosa" / Tarjeta postal, "La Rosa", 6 x 4 in / 15 x 10 cm; Franciscan Figure / Figura de franciscano, 19 x 7 x 6 in / 48 x 18 x 15 cm; Head with Golden Halo (detail) / Cabeza con halo dorado (detalle), 20 x 9 x 7.5 in / 50 x 23 x 19 cm. Accession numbers 2001/1.578, 2001/1.576, 2001/1.575

Page 59: clockwise from left: Cat / Gato, 5.5 x 5 x 2.5 in / 14 x 13 x 6 cm; Bull / Toro, 5.75 x 5.25 x 2.25 in / 15 x 13 x 6 cm; Lamb with Basket / Cordero con cesto, 5 x 5.5 x 2.25 in / 13 x 14 x 6 cm; Bull / Toro, 5.5 x 5 x 2.25 in / 14 x 13 x 6 cm; Horse / Caballo, 5.25 x 5.5 x 2.25 in / 13 x 14 x 6 cm. Accession numbers 2001/1.824, 2001/1.816, 2001/1.823, 2001/1.817, 2001/1.828

Page 60: Head with Golden Halo (detail) / Cabeza con halo dorado (detalle), 20 x 9 x 7.5 in / 50 x 23 x 19 cm; Figure in Ecclesiastical Robe / Figura con vestidura eclesiástica, 18 x 6.5 x 6.75 in / 46 x 16 x 17 cm. Accession numbers 2001/1.574a–b, 2001/1.575

Page 61: Man with Coat / Hombre con abrigo, 13.75 x 5 x 4 in / 35 x 13 x 10 cm; Standing Man / Hombre de pie, 14 x 5 x 3 in / 6 x 13 x 8 cm. Accession numbers 2001/1.554, 2001/1.553

Page 62: clockwise from top: Saint Roch / San Roque,13.25 x 5 x 3.5 in / 34 x 16 x 9 cm; Angel with Flowers / Ángel con flores, 8.5 x 5.5 x 4.5 in / 22 x 14 x 11 cm; Pendant Heart / Pendiente en forma de corazón, 3.75 x 3 x .5 in / 10 x 8 x 1 cm; Female Saint / Figura de santa, 14.75 x 6.25 x 5.5 in / 37 x 16 x 14 cm. Accession numbers 2001/1.570, 2001/1.571, 2001/1.572

Page 63: clockwise from left: Female Saint / Figura de santa, 14.75 x 6.25 x 5.5 in / 37 x 16 x 14 cm; Saint Roch / San Roque, 13.25 x 6.5 x 3.5 in / 34 x 16 x 9 cm; Postcard, "San Martín de Porres" / Tarjeta postal, "San Martín de Porres", 5.5 x 3.5 in / 14 x 9 cm; Tree of Life / Árbol de la Vida, 14 x 5.5 x 1.25 in / 36 x 14 x 3 cm; Saint Joseph in Dome / San José en una cúpula, 9.25 x 4.5 x 4.5 in / 23 x 11 x 11 cm; Angel with Flowers / Ángel con flores, 8.5 x 5.5 x 4.5 in / 22 x 14 x 11 cm; Pendant Heart / Pendiente en forma de corazón, 3.75 x 3 x .5 in / 10 x 8 x 1 cm. Accession numbers 2001/1.573, 2001/1.572, 2001/1.567, 2001/1.564, 2001/1.566a–c, 2001/1.570, 2001/1.571

Page 64: Saint Figure Doll in Undergarments / Muñeca con figura de santa en paños menores, 20 x 9 x 4.5 in / 51 x 23 x 11 cm. Accession number 2001/1.579

Page 65: Nicho, Santo Niño de Atocha / Nicho con el Santo Niño de Atocha, 10 x 8 x 3.5 in / 25 x 20 x 9 cm; Standing Man in Urn / Hombre de pie en una urna, 5 x 2.75 x 2.75 in / 13 x 7 x 7 cm. Accession numbers 2001/1.509, 2001/1.510

Page 66: Figure, Virgin with Baby Jesus (detail) / Figura de la Virgen con el Niño Jesús (detalle), 21 x 7.5 x 6 in / 53 x 19 x 15 cm; Friar's Head Bank / Alcancía en forma de cabeza de fraile, 6 x 4 x 4.5 in / 15 x 10 x 11 cm; Saint Figure Doll in Undergarments / Muñeca con figura de santa en paños menores, 20 x 9 x 4.5 in / 51 x 23 x 11 cm; Figure, Saint Joseph with Baby Jesus / Figura de San José con el Niño Jesús, 16.25 x 5 x 6 in / 41 x 13 x 15 cm; Postcard, La Rosa / Tarjeta postal, La Rosa, 6 x 4 in / 15 x 10 cm; Franciscan Figure / Figura de franciscano, 19 x 7 x 6 in / 48 x 18 x 15 cm; Head with Golden Halo / Cabeza con halo dorado, 20 x 9 x 7.5 in / 50 x 23 x 19 cm; Figure in Ecclesiastical Robe / Figura con vestidura eclesiástica, 18 x 6.5 x 6.75 in / 46 x 16 x 17 cm. Accession numbers 2001/1.581, 2001/1.580, 2001/1.579, 2001/1.577, 2001/1.578, 2001/1.576, 2001/1.575, 2001/1.574a–b

Page 68: clockwise from top: Busts of Presidents (11) (detail) / Bustos de presidentes (11) (detalle), polychrome ceramic / cerámica policromada, 8 x 19.25 x 5.5 in / 20 x 49 x 14 cm; Bust, Ignacio López Rayón / Busto de Ignacio López Rayón, painted ceramic / cerámica pintada, 4.25 x 2.5 x 1.75 in / 11 x 6 x 4 cm; Bust, Juan Álvarez / Busto de Juan Álvarez, painted ceramic / cerámica pintada, 4 x 2.5 x 1.5 in / 10 x 6 x 4 cm. Accession numbers 2001/1.886, 2001/1.888, 2001/1.889

Page 69: Figure, Black Boy / Figura de niño negro, 7.25 x 3 x 2.5 in / 18 x 8 x 6 cm; Bust, Augustín de Iturbide / Busto de Agustín de Iturbide, 8 x 5 x 3 in / 20 x 13 x 8 cm; Bust, Carlota / Busto de Carlota, 7.75 x 5.25 x 3 in / 20 x 13 x 8 cm. Accession numbers 2001/1.885, 2001/1.884, 2001/1.883

Page 70: Skeleton Playing Trombone / Esqueleto tocando el trombón, 15.5 x 5 x 7 in / 40 x 13 x 18 cm; Skeleton Playing Horn / Esqueleto tocando la trompeta, 16 x 5 x 4.75 in / 41 x 13 x 12 cm. Accession numbers 2001/1.924, 2001/1.923

Page 71: Charro Playing Guitar / Charro tocando la guitarra, black ceramic / cerámica negra, 7.5 x 3.75 x 2.75 in / 19 x 10 x 7 cm; Figure, Standing / Figura de pie, black ceramic / cerámica negra, 6 x 2.5 x 1.75 in / 15 x 6 x 4 cm; Figure, Black Boy / Figura de niño negro, painted ceramic / cerámica pintada, 7.25 x 3 x 2.5 in / 18 x 8 x 6 cm; Soldier Drummer / Soldado tocando el tambor, painted ceramic / cerámica pintada, 6.5 x 3.5 x 2.5 in / 16 x 9 x 6 cm. Accession numbers 2001/1.895, 2001/1.896, 2001/1.891, 2001/1.890

Page 72: Bust, Juan Álvarez / Busto de Juan Álvarez, 4 x 2.5 x 1.5 in / 10 x 6 x 4 cm. Accession number 2001/1.889

Page 73: Bust, Ignacio López Rayón / Busto de Ignacio López Rayón, 4.25 x 2.5 x 1.75 in / 11 x 6 x 4 cm. Accession number 2001/1.888

Page 74: Bust, Bearded Man / Busto de hombre con barba, ceramic / cerámica, 8.5 x 6 x 3.5 in / 22 x 15 x 9 cm; Figure, Standing / Figura de pie, painted ceramic / cerámica pintada, 9.25 x 3.25 x 3.25 in / 23 x 8 x 8 cm; Charro Playing Guitar / Charro tocando la guitarra, black ceramic / cerámica negra, 7.5 x 3.75 x 2.75 in / 19 x 10 x 7 cm. Accession numbers 2001/1.894, 2001/1.892, 2001/1.895

Page 75: Figure, Standing / Figura de pie, 9.25 x 3.25 x 3.25 in / 23 x 8 x 8 cm. Accession number 2001/1.892

Page 76: Hermit and Devil Scene / Escena con el ermitaño y el diablo, 5.5 x 3 x 4 in / 14 x 8 x 10 cm; Figure, Don Pedrito / Figura de Don Pedrito, 9 x 4.5 x 4.5 in / 23 x 11 x 11 cm. Accession numbers 2001/1.508, 2001/1.507

Page 77: Hermit and Devil Scene / Escena con el ermitaño y el diablo, 5.5 x 3 x 4 in / 14 x 8 x 10 cm; Standing Man in Dome / Hombre de pie en una cúpula, 5 x 2.75 x 2.75 in / 13 x 7 x 7 cm. Accession numbers 2001/1.508, 2001/1.509

Page 78: Miniature Figure, Saint Joseph / Figura de San José en miniatura, 2.5 x 1.25 x 1 in / 6 x 3 x 2.5 cm; Miniature Figure, Mary / Figura de María en miniatura, 2.5 x 1.25 x 1 in / 6 x 3 x 2.5 cm. Accession numbers 2001/1.522, 2001/1.523

Page 79: Saint Francis of Assisi / San Francisco de Asís, 6.25 x 2 x 2 in / 16 x 5 x 5 cm. Accession number 2001/1.585

Page 80: Confessionary Scene / Escena en un confesionario, 3.5 x 3.25 x 2.25 in / 9 x 8 x 6 cm. Accession number 2001/1.515

Page 82: Virgen de San Juan de los Lagos / Virgen de San Juan de los Lagos, 13.25 x 6 x 3.5 in / 34 x 15 x 9 cm. Accession number 2001/1.556

Page 83: Nicho, Christ on Cross / Nicho con Cristo en la Cruz, 12 x 8.5 x 7 in / 30 x 22 x 18 cm. Accession number 2001/1.518

Page 84: Angel Head with Wings / Cabeza de ángel con alas, 3.25 x 6.75 x 1.5 in / 8 x 17 x 4 cm

Page 85: Figure, Virgen de San Juan de los Lagos / Figura de la Virgen de San Juan de los Lagos, 4 x 2.25 x 1.25 in / 10 x 6 x 3 cm. Accession number 2001/1.558. Accession number 2001/1.143

Page 86: Saint Anthony of Padua / San Antonio de Padua, 11.5 x 5.25 x 3 in / 29 x 13 x 8 cm; Santo Niño de Atocha / Santo Niño de Atocha, 11.5 x 4.5 x 3 in / 29 x 11 x 8 cm. Accession numbers 2001/1.496a–e, 2001/1.497

Page 87: Santo Niño de Atocha / Santo Niño de Atocha, 11 x 4 x 2.75 in / 28 x 10 x 7 cm; Saint, in Religious Robe / Santo con hábito religioso, 10 x 3.5 x 2.75 in / 25 x 10 x 7 cm. Accession numbers 2001/1.494, 2001/1.493

Page 88: Pendant Heart / Pendiente en forma de corazón, 3.5 x 2.75 x .25 in / 9 x 7 x .6 cm. Accession number 2001/1.584

Page 88: Nicho with Black Christ on the Cross / Nicho con Cristo negro en la Cruz, 11 x 8 x 4 in / 28 x 20 x 10 cm. Accession number 2001/1.492

Page 89: Nicho, Virgen de Guadalupe / Nicho con la Virgen de Guadalupe,14.5 x 8.5 x 4.5 in / 37 x 22 x 11 cm. Accession number 2001/1.485

Page 90: Nicho, Santo Niño de Atocha / Nicho con el Santo Niño de Atocha, 10 x 8 x 3.5 in / 25 x 20 x 9 cm. Accession number 2001/1.510

Page 91: Nicho, Virgen de la Soledad / Nicho con la Virgen de la Soledad, 9.5 x 6.5 x 4 in / 24 x 16 x 10 cm. Accession number 2001/1.516

Page 91: Miniature Milagro Offerings / Ofrendas de milagros en miniatura, 3 x 2.75 x .125 in / 8 x 7 x .3 cm. Accession number 2001/1.489

Page 92: Candomblé Musicians (15) (detail) / Músicos de Candomblé (15) (detalle), 5 x 20.5 x 1.5 in / 13 x 52 x 4 cm. Accession number 2001/1.875

Page 93: Candomblé Musicians (15) (detail) / Músicos de Candomblé (15) (detalle), 5 x 20.5 x 1.5 in / 13 x 52 x 4 cm. Accession number 2001/1.875

Page 93: Soldier (detail) / Soldado (detalle), 10.25 x 3.75 x 3 in / 26 x 10 x 8 cm; Dancer / Bailarín, 8.5 x 2.5 x 5 in / 22 x 6 x 13 cm. Accession numbers 2001/1.866, 2001/1.865

Page 94: Soldier on Horseback (detail) / Soldado a caballo (detalle), 10 x 9.25 x 4.25 in / 25 x 23 x 11 cm; Nahual / Nahual, 7.5 x 3 x 7 in / 19 x 8 x 18 cm. Accession numbers 2001/1.835, 2001/1.836

Page 95: Bearded Man Mask / Máscara de Barbón, 10 x 6 x 5.5 in / 25 x 15 x 14 cm. Accession number 2001/1.639

Page 96: Still Life in Nicho / Naturaleza muerta en nicho, 28.25 x 21 in / 72 x 53 cm; Miniature Violin / Violín en miniatura, 13 x 4.25 x 1.5 in / 33 x 11 x 4 cm; Archangel / Arcángel, 9.25 x 7.5 in / 23 x 19 cm; Female Saint / Figura de santa, 14.75 x 6.25 x 5.5 in / 37 x 16 x 14 cm; Still Life with Pantry Shelves / Naturaleza muerta con estanterías de alacena, 23.75 x 17.75 in / 60 x 45 cm; Bust, Mexican President / Busto de presidente mexicano, 11 x 6.5 x 4.5 in / 28 x 16 x 11 cm; Our Lady of Refuge of Sinners / Nuestra Señora del Refugio de Pecadores, 14 x 10 in / 36 x 25 cm. Accession numbers 2001/1.96, 2001/1.464, 2001/1.22, 2001/1.573, 2001/1.101, 2001/1.881, 2001/1.140

Page 99: Still Life in Nicho / Naturaleza muerta en nicho, 28.25 x 21 in / 72 x 53 cm; Bust, Mexican President / Busto de presidente mexicano, 11 x 6.5 x 4.5 in / 28 x 16 x 11 cm. Accession numbers 2001/1.96, 2001/1.881

Page 100: Nicho Box, Nativity / Caja de nicho con Nacimiento, 30 x 16 x 5.5 in / 76 x 41 x 15 cm; Nicho Box, Virgin and Saint Joseph / Caja de nicho con la Virgen y San José, 9.5 x 6.5 x 3.5 in / 24 x 16 x 9 cm. Accession numbers 2001/1.392, 2001/1.397

Page 102: Nicho Box, Nativity (detail) / Caja de nicho con Nacimiento (detalle) 30 x 16 x 5.5 in / 76 x 41 x 15 cm Accession number 2001/1.392

Page 103: Mask / Máscara, 7.5 x 5.75 x 5 in / 19 x 15 x 13 cm; Mask / Máscara, 7.5 x 5.75 x 4.5 in / 19 x 15 x 11 cm. Accession numbers 2001/1.716, 2001/1.717

Page 104: Nicho Box, Nativity (detail) / Caja de nicho con Nacimiento (detalle) 30 x 16 x 5.5 in / 76 x 41 x 15 cm. Accession number 2001/1.392

Page 105: Nicho Box, Nativity (detail) / Caja de nicho con Nacimiento (detalle), 30 x 16 x 5.5 in / 76 x 41 x 15 cm. Accession number 2001/1.392

Page 106: Nicho Box, Nativity / Caja de nicho con Nacimiento, 30 x 16 x 5.5 in / 76 x 41 x 15 cm; Nicho Box, Nativity / Caja de nicho con Nacimiento, 13 x 8 x 3 in / 33 x 20 x 8 cm. Accession numbers 2001/1.392, 2001/1.393

Page 108: Nicho Box, Nativity (detail) / Caja de nicho con Nacimiento (detalle), 30 x 16 x 5.5 in / 76 x 41 x 15 cm. Accession number 2001/1.392

Page 109: Nicho Box, Nativity / Caja de nicho con Nacimiento, wood, potato paste, varnish / madera, pasta de papa, barniz, 30 x 16 x 5.5 in / 76 x 41 x 15 cm; Nicho Box, Virgin and Saint Joseph / Caja de nicho con la Virgen y San José, wood, potato paste, varnish, paint, leather / madera, pasta de papa, barniz, pintura, cuero, 9.5 x 6.5 x 3.5 in / 24 x 16 x 9 cm. Accession numbers 2001/1.392, 2001/1.397

Page 110: Nicho Box, Hat Shop (detail) / Caja de nicho con sombrerería (detalle), 7.5 x 7 x 2.5 in / 19 x 18 x 6 cm. Accession number 2001/1.395

Page 111: Nicho Box, Procession (detail) / Caja de nicho con procesión (detalle), 36 x 23 x 6 in / 91 x 58 x 15 cm. Accession number 2001/1.391

Page 112: Nicho Box, Procession (detail) / Caja de nicho con procesión (detalle), 36 x 23 x 6 in / 91 x 58 x 15 cm. Accession number 2001/1.391

Page 113: Nicho Box, Nativity (detail) / Caja de nicho con Nacimiento (detalle), 30 x 16 x 5.5 in / 76 x 41 x 15 cm. Accession number 2001/1.392

Page 114: Vulture Mask / Máscara de zopilote, 14 x 10 x 20 in / 36 x 25 x 51 cm; Vulture Mask / Máscara de zopilote, 10 x 8.5 x 19 in / 25 x 22 x 48 cm. Accession numbers 2001/1.468, 2001/1.466

Page 115: Soldier Drummer / Soldado tocando el tambor, 6 x 3.5 x 2.5 in / 17 x 9 x 6 cm; Soldier Drummer / Soldado tocando el tambor, 6 x 3.5 x 2.5 in / 17 x 9 x 6 cm. Accession numbers 2001/1.887, 2001/1.890

Page 116: Rabbit / Conejo, 11.75 x 3.75 x 9 in / 30 x 10 x 23 cm. Accession numbers 2001/1.898

Page 117: Palm Trees (11) / Palmeras (11), 10.5 x 4.5 x 4.5 in / 27 x 11 x 11 cm. Accession number 2001/1.526–2001/1.535, 2001/1.867

Page 118: Mask with Crown / Máscara con corona, 13 x 7.5 x 6 in / 33 x 19 x 15 cm. Accession number 2001/1.592

Page 118: Mask with Hat / Máscara con sombrero, 14.5 x 8 x 6 in / 37 x 20 x 15 cm. Accession number 2001/1.588

Page 119: Mask, Devil Face / Máscara con cara de diablo, 12 x 10 x 6.5 in / 30 x 25 x 16 cm. Accession number 2001/1.415

Page 120: Devil Puppet / Títere del diablo, 15.5 x 6 x 2 in / 39 x 15 x 5 cm. Accession number 2001/1.171

Page 120: Bellboy Puppet / Títere de un botones, 8 x 3.5 x 1.25 in / 20 x 9 x 3 cm. Accession number 2001/1.167

Page 121: Witch with Rats Puppet / Títere de bruja con ratas, 13.5 x 5 x 2.5 in / 34 x 13 x 6 cm. Accession number 2001/1.172

Page 122: Baby Jesus with Halo / Niño Jesús con halo, 22 x 9 x 6 in / 56 x 23 x 15 cm. Accession number 2001/1.583

Page 123: Grasshopper / Saltamontes, 4 x 12 x 4 in / 10 x 30 x 10 cm. Accession numbers 2001/1.694a–b

Page 124: Deer Head Mask / Máscara de cabeza de venado, 19 x 7 x 13 in / 48 x 18 x 33 cm; Deer Head Mask / Máscara de cabeza de venado, 17.5 x 7 x 9.5 in / 44 x 18 x 24 cm. Accession numbers 2001/1.190, 2001/1.279

Page 126: Mask, Pink Face with Beard / Máscara de cara rosada con barba, 9.5 x 6 x 4.5 in / 24 x 15 x 11 cm. Accession number 2001/1.421

Pag 127: Mesh Mask, Man / Máscara de malla, hombre, 7 x 5.75 x 4.5 in / 18 x 15 x 11 cm; Mesh Mask, Woman / Máscara de malla, mujer, 7 x 5.75 x 4.5 in / 18 x 15 x 11 cm. Accession numbers 2001/1.722, 2001/1.721

Page 128: Mask, Pink Face with Mustache / Máscara de cara rosada con bigote, 7 x 6.5 x 4.5 in / 18 x 16 x 11 cm. Accession number 2001/1.422

Page 129: Mask, Spaniard / Máscara de español, 8 x 7 x 3 in / 20 x 18 x 8 cm. Accession number 2001/1.419

Page 130: Mask, White Face with Sideburns / Máscara de cara blanca con patillas, 8 x 6.75 x 4.5 in / 20 x 17 x 11 cm. Accession number 2001/1.420

Page 130: Mask, Pink Face with Mustache / Máscara de cara rosada con bigote, 6.5 x 6 x 4.25 in / 16 x 15 x 11 cm. Accession number 2001/1.418

Page 131: Mask, Pink Face with Hair / Máscara de cara rosada con cabello, 8 x 9 x 4 in / 20 x 23 x 10 cm. Accession number 2001/1.591

Page 132: clockwise from top left: Mask, White Face with Sideburns / Máscara de cara blanca con patillas, carved, painted wood, glass / talla en madera pintada, vidrio, 8 x 6.75 x 4.5 in / 20 x 17 x 11 cm; Mask, Pink Face with Mustache / Máscara de cara rosada con bigote, carved, painted wood / talla en madera pintada, 6.5 x 6 x 4.25 in / 16 x 15 x 11 cm; Mask, Spaniard / Máscara de español, carved, painted wood / talla en madera pintada, 8 x 7 x 3 in / 20 x 18 x 8 cm; Mask, Pink Face with Beard / Máscara de cara rosada con barba, carved, painted wood / talla en madera pintada, 9.5 x 6 x 4.5 in / 24 x 15 x 11 cm. accession numbers 2001/1.420, 2001/1.418, 2001/1.419, 2001/1.421

Page 134: Coffin with Skeletons / Ataúd con esqueletos, 4 x 10 x 3 in / 10 x 25 x 8 cm. Accession number 2001/1.944

Page 135: Wolf Mask / Máscara de lobo, 9 x 6 x 4 in / 23 x 15 x 10 cm. Accession number 2001/1.782

Page 136: Church / Iglesia, 16.5 x 8 x 9 in / 42 x 20 x 23 cm. Accession number 2001/1.469

Page 137: left to right, top to bottom: Dog Head Mask, Black and White / Máscara de cabeza de perro blanca y negra, bamboo, fabric, paper, paint / bambú, tela, papel, pintura, 10 x 16 x 14 in / 25 x 41 x 36 cm; Vulture Mask / Máscara de zopilote, bamboo, fabric, paper / bambú, tela, papel, 10 x 8.5 x 19 in / 25 x 22 x 48 cm; Dog Head Mask, Black / Máscara de cabeza de perro negro, bamboo, fabric, paper, paint / bambú, tela, papel, pintura, 9 x 14 x 14.5 in / 23 x 36 x 37 cm; White Bird's Head Mask / Máscara de cabeza de pájaro blanco, bamboo, fabric, paper, / bambú, tela, papel, 10.5 x 10 x 17 in / 27 x 25 x 43 cm; Vulture Mask / Máscara de zopilote, bamboo, fabric, paper / bambú, tela, papel, 14 x 10 x 20 in / 36 x 25 x 51 cm; Dog Head Mask / Máscara de cabeza de perro, bamboo, fabric, paper, paint / bambú, tela, papel, pintura, 12 x 9 x 13 in / 30 x 23 x 33 cm. Accession numbers 2001/1.799, 2001/1.466, 2001/1.800, 2001/1.467, 2001/1.468, 2001/1.801

Page 138: Figure, Virgin with Baby Jesus / Figura de la Virgen con el Niño Jesús, 21 x 7.5 x 6 in / 53 x 19 x 15 cm. Accession number 2001/1.581

Page 139: Head with Golden Halo / Cabeza con halo dorado, 20 x 9 x 7.5 in / 50 x 23 x 19 cm. Accession number 2001/1.575

Page 140: Church / Iglesia, 16.5 x 8 x 8 in / 42 x 20 x 20 cm. Accession number 2001/1.802

Page 140: Standing Man / Hombre de pie, 14 x 5 x 3 in / 36 x 13 x 8 cm. Accession number 2001/1.553

Page 141: Nahual / Nahual, 7.5 x 3 x 7 in / 19 x 8 x 18 cm. Accession number 2001/1.834

Page 142: Archangel / Arcángel, 12.75 x 11 x 1 in / 32 x 28 x 2.5 cm. Accession number 2001/1.21

Page 143: Santo Niño de Atocha / Santo Niño de Atocha, 9.75 x 8 in / 25 x 20 cm. Accession number 2001/1.127

Page 145: Saint Marcus and the Lion, with Book / San Marcos y el león, con libro, 25 x 13 x 8 in / 63 x 33 x 20 cm. Accession numbers 2001/1.798a, 2001/1.798b, 2001/1.798e

Page 146: Parrots (10) / Cotorras (10), 9 x 3 x 7 in / 23 x 8 x 18 cm. Accession numbers 2001/1.804–2001/1.813

Page 147: Retablo, Santo Niño de Atocha / Retablo con el Santo Niño de Atocha, 8.25 x 6.75 x .5 in / 21 x 17 x 1 cm. Accession number 2001/1.109

Page 148: Figure on Bull / Figura encima de un toro, 15 x 12 x .5 in / 38 x 30 x 1 cm. Accession number 2001/1.26

Page 149: Panel with Lamb, Sun, Cross / Panel con cordero, sol y cruz, 21.5 x 11.75 x .75 in / 55 x 30 x 2 cm. Accession number 2001/1.133

Page 150: Retablo, Santo Niño de Atocha / Retablo con el Santo Niño de Atocha, 12 x 8.25 x .5 in / 30 x 21 x 1 cm. Accession number 2001/1.107

Page 151: Ex-voto to Crucified Jesus / Exvoto para Jesús Crucificado, 9.75 x 14 in / 25 x 36 cm. Accession number 2001/1.77

Page 152: Retablo, Saint Joseph with Baby Jesus / Retablo con San José con el Niño Jesús, 13.75 x 10 in / 35 x 25 cm. Accession number 2001/1.103

Page 153: Ex-Voto to the Virgin of Lourdes / Exvoto para la Virgen de Lourdes, 6.75 x 10 in / 17 x 25 cm. Accession number 2001/1.110

Page 154: Ex-voto to the Virgin of Zapopan / Exvoto para la Virgen de Zapopan, 14.25 x 18 in / 36 x 46 cm. Accession number 2001/1.78

Page 156: Saint Joseph with Baby Jesus / San José con el Niño Jesús, 18.5 x 13.75 in / 47 x 35 cm. Accession number 2001/1.142

Page 157: Still Life with Pantry Shelves / Naturaleza muerta con estanterías de alacena, 23.75 x 17.75 in / 60 x 45 cm. Accession number 2001/1.101

Pages 50–51: clockwise from top left: Greeting card / Tarjeta de felicitación, I4.75 x 6.25 in / 12 x 16 cm; Hand / Mano 3.5 x 1.75 x .125 in / 9 x 4 x .3 cm; Snowflake / Copo de nieve 3.5 x 3.5 x .125 in / 9 x 9 x .3 cm; Cross / Cruz 12 x 9 x .125 in / 30 x 23 x .3 cm; Postcard / Tarjeta postal 5.5 x 3.5 in / 14 x 9 cm; Tree of Life / Arbol de la Vida 14 x 5.5 x 1.25 in / 36 x 14 x 3 cm; Votive Plaque / Placa votiva 6.25 x 4 x .125 in / 16 x 10 x .3 cm; Snowflake / Copo de nieve 3.5 x 3.5 x .125 in / 9 x 9 x .3 cm; Votive Figure / Figura votiva 8 x 2.5 x .125 in / 20 x 6 x .3 cm; Halo / Halo 6.5 x 6.5 in / 16 x 16 cm. Center left: Halo / Halo 4.5 x 4.5 x 1 in / 11 x 11 x 2.5 cm. Center right: Pendant / Pendiente, 2.5 x 2.25 x .25 in / 6 x 6 x .6 cm. Accession numbers 2001/1.512, 2001/1.587, 2001/1.490a, 2001/1.2, 2001/1.567, 2001/1.564, 2001/1.5, 2001/1.490b, 2001/1.3, 2001/1.579, 2001/1.798c, 2001/1.562.

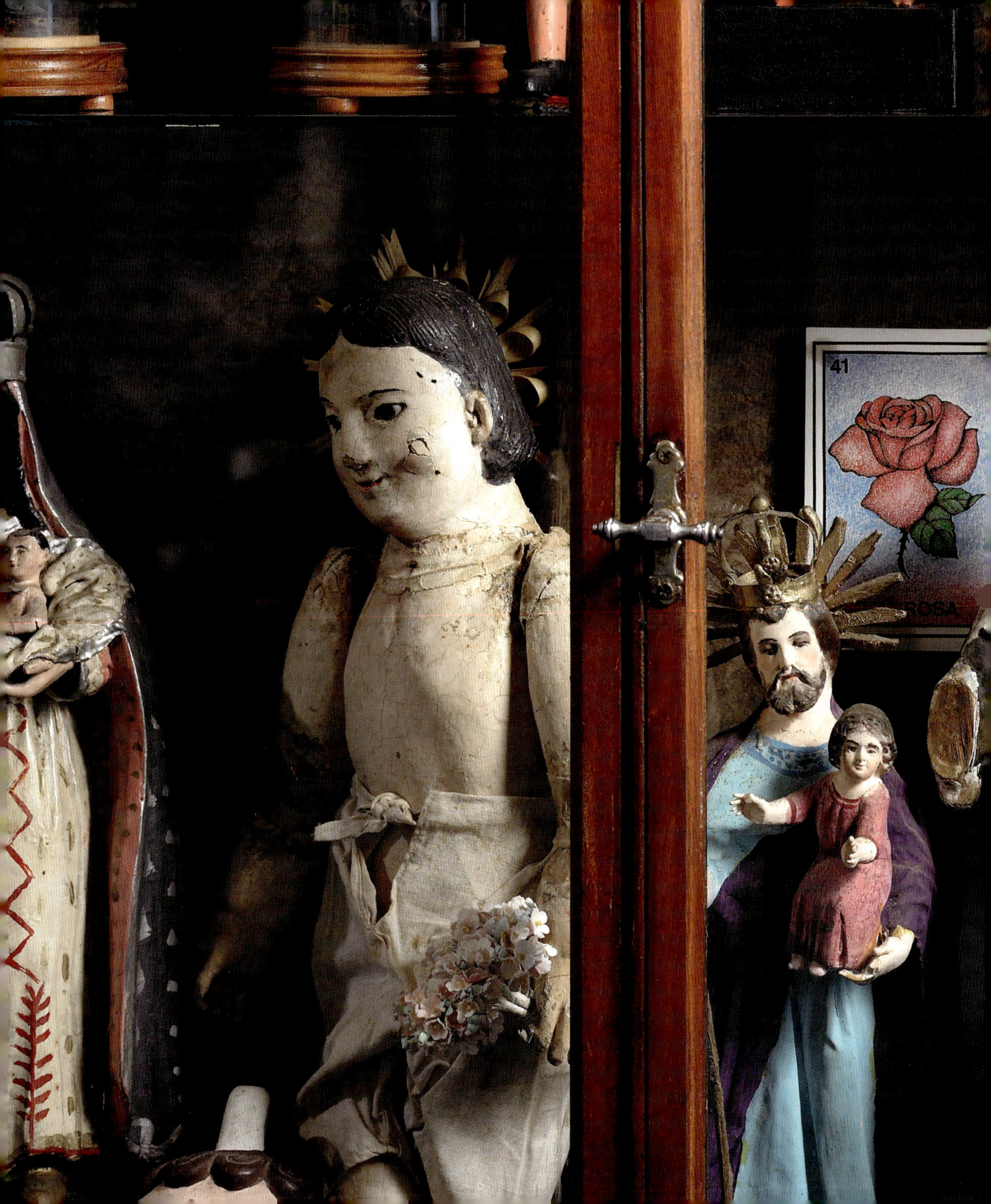
41
ROSA

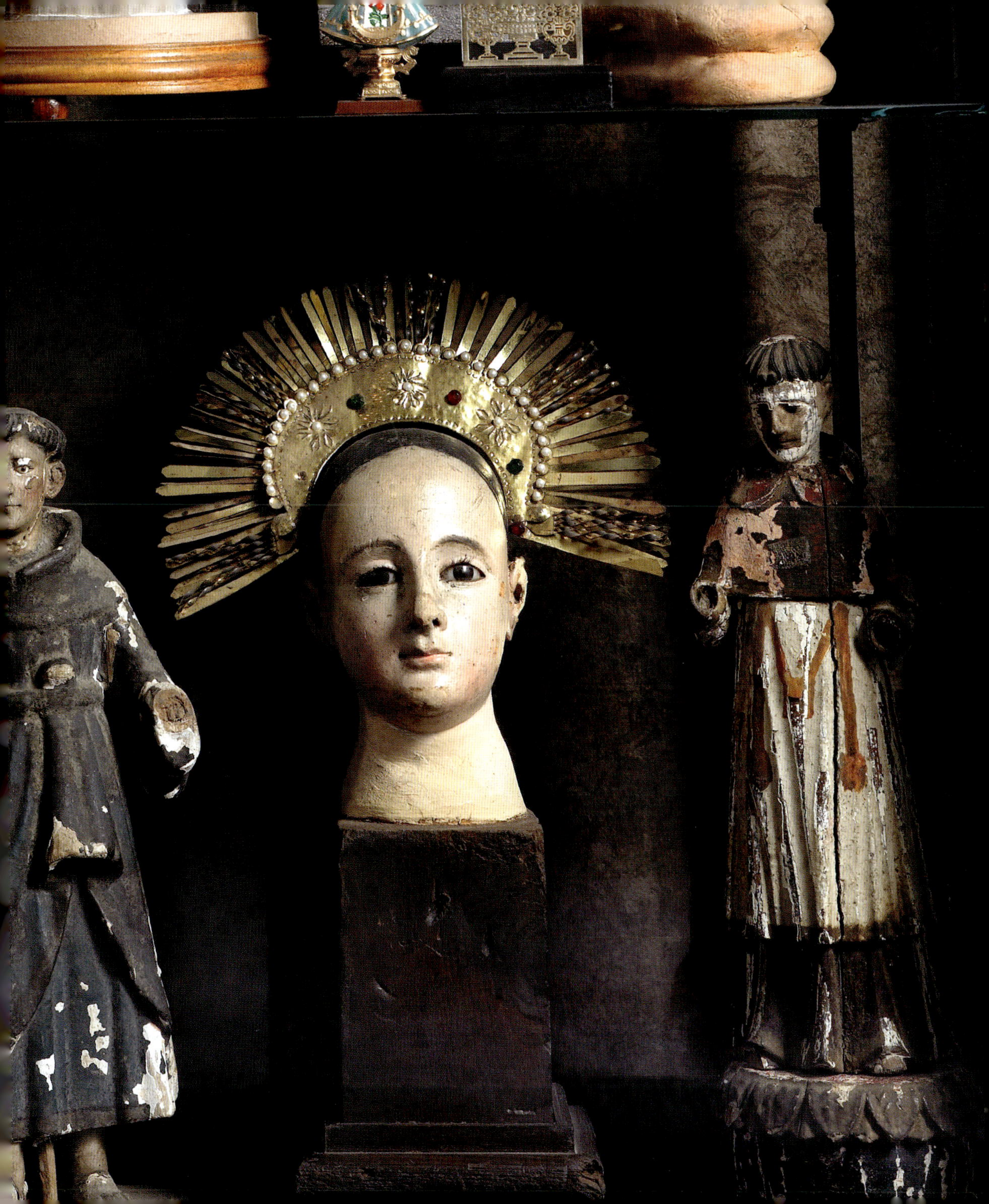